AF456439

Le Troisième Centenaire

de

l'Édit de Nantes

en Amérique et en France

PARIS
Agence Générale de la Société
54, rue des Saints-Pères, 54
1898

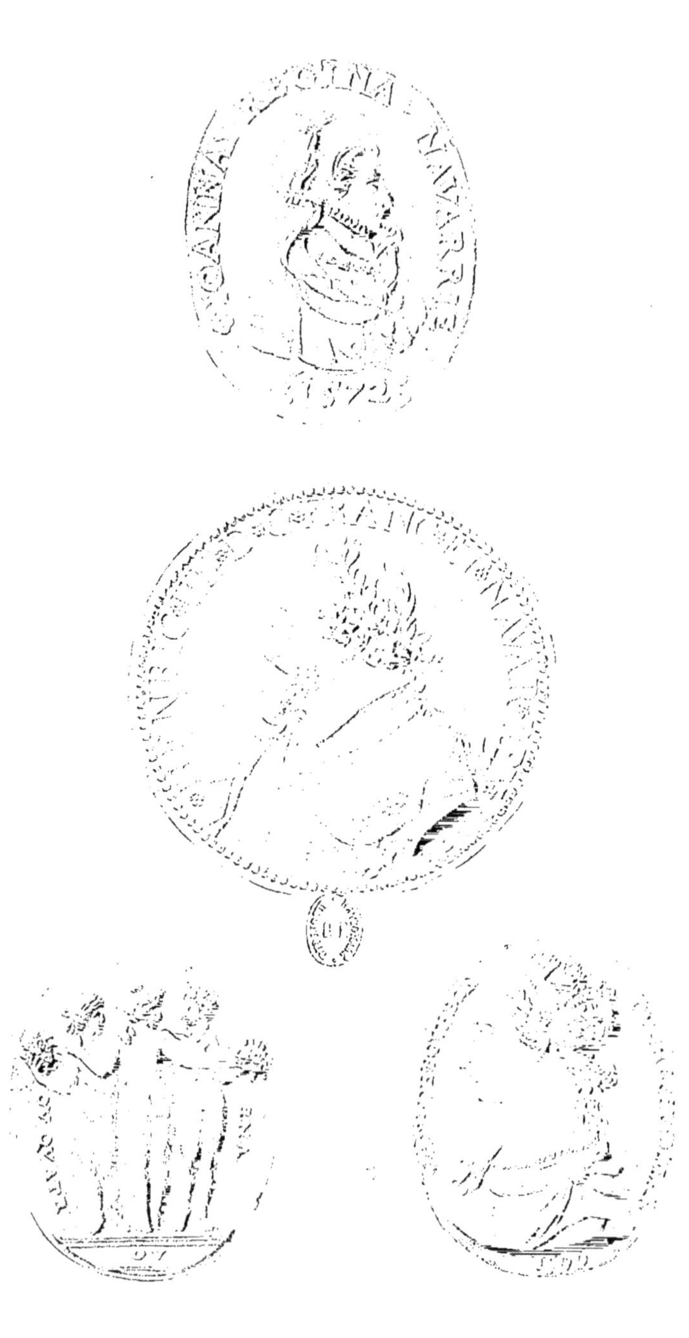

MORNAY

SOCIÉTÉ DE L'HISTOIRE

DU

PROTESTANTISME FRANÇAIS

LE TROISIÈME CENTENAIRE DE L'ÉDIT DE NANTES

(AVRIL-JUIN 1898)

I. — A New-York

C'est une femme américaine qui, la première, a eu l'idée de commémorer solennellement le troisième centenaire de l'édit de Nantes[1]. Mme veuve James M. Lawton descend des familles huguenotes de *Bayard* et de *Peyster* (dont le nom primitif doit avoir été Pasteur) et est, à New-York, la cheville ouvrière du comité de la Société huguenote d'Amérique. Une circonstance particulière à cette association a sans doute contribué à y faire naître l'idée que Mrs. Lawton vient de réaliser. Cette Société a été fondée en 1883, dans une réunion tenue chez feu M. John Jay, la veille du jour anniversaire de la première signature mise par Henri IV au bas de l'Édit, le 12 avril. Et lorsqu'elle eut été définitivement constituée, le 12 juin 1885, elle

1. Nous avons uniformément écrit édit de Nantes, avec un é minuscule, excepté lorsque le mot Édit tout seul, sans contexte explicatif, doit signifier l'édit de Nantes. Le mot Église est écrit avec un É majuscule lorsqu'il s'agit de la communauté, et avec un petit é lorsqu'il s'agit de l'édifice où elle se réunit. — *Réd.*

résolut, dans l'article V de ses statuts, de tenir chaque année son assemblée générale, le 13 avril, « jour anniversaire de la promulga-« tion de l'édit de Nantes qui accorda la liberté de culte aux hugue-« nots de France ». Lors de son dernier voyage en Europe, en octobre 1894, Mrs. Lawton se mit en rapport avec les Sociétés huguenotes de Paris et de Londres, et c'est dès le mois de février 1897 qu'elle leur fit parvenir l'invitation officielle que ce *Bulletin* a reproduite dans son numéro du 15 octobre de la même année. Des deux délégués désignés par notre Société d'Histoire pour répondre à cette invitation, un seul, le soussigné, a pu se rendre à New-York — et, par conséquent, c'est lui seul qui est chargé de résumer ici ses impressions.

New-York et la Huguenot Society.

Un mot d'abord sur la ville, le pays et la Société huguenote. J'avais visité les États-Unis, une première fois, il y a tantôt vingt-cinq ans, en automne 1873[1], et j'en étais revenu très frappé par les ressources inépuisables, le caractère éminemment entreprenant, l'activité juvénile, dédaigneuse des apparences, du nouveau continent et de ses habitants. New-York était alors une grande ville très remuante, déjà riche, mais aux rues mal tenues, aux devantures peu attrayantes, faisant souvent l'effet d'un bazar ou d'un chantier et ne soutenant décidément pas la comparaison avec Paris ou Londres. Aujourd'hui, il ne faut pas se le dissimuler, la métropole des États-Unis entre en concurrence avec celles du vieux monde, non seulement pour les ressources, l'activité prodigieuse, mais encore en ce qui concerne l'aspect extérieur. Les rues et avenues de New-York sont à peu près aussi bien tenues que celles de Paris ou de Londres, les magasins luxueux aux vitrines artistiques, les maisons monumentales, les églises souvent remarquables au point de vue architectural y foisonnent, et Central Park tend à devenir une succursale transatlantique du bois de Boulogne. Il y a même des musées dont certaines toiles ou collections ne le cèdent en rien aux plus belles du continent. Et, pour être juste, il faut ajouter que, d'une manière générale, le pauvre et le riche vivent et circulent plus aisément, plus rapidement et plus confortablement à New-York

1. On trouvera mes impressions de cette époque dans *Le Naufrage de la* Ville-du-Havre *et du* Loch-Earn, *Souvenirs personnels par N. Weiss*, Paris, Société des Écoles du Dimanche, 1 vol. in-18 de 182 pages, 1874.

qu'à Paris ou à Londres. Cette existence, que regrettent presque toujours ceux qui en ont joui, paraît dispendieuse aux Européens, mais le travail étant beaucoup plus largement rémunéré aux États-Unis qu'en Europe, il en résulte qu'en moyenne, avec un revenu équivalent, l'Américain jouit d'une civilisation matérielle et même intellectuelle plus avancée et plus complète aux États-Unis, que l'Européen dans les villes les plus civilisées de l'Europe. On peut même dire que dans cet immense pays où règnent une liberté, un esprit d'initiative, d'indépendance et parfois de sacrifice pour l'intérêt général que nous n'oserions même pas rêver ici, tout tend vers ce but : rendre au plus grand nombre possible la vie aussi facile, aussi agréable, aussi bonne à vivre que possible.

C'est pour cela que les organisations, institutions, sciences ou arts dont le but pratique, l'utilité, la valeur immédiates ne sautent pas aux yeux, n'existent guère aux États-Unis. On n'y comprend ni l'art pour l'art, ni la science pour la science, ni les recherches désintéressées, et il n'y a pas très longtemps, on n'y comprenait guère l'importance d'un musée. Ceci explique que les Sociétés historiques, par exemple, y soient relativement rares et peu prospères, Elles rentrent un peu dans la catégorie des objets de luxe, comme les vieux livres et les vieux tableaux. Pourtant la Société huguenote compte près de 300 membres et a déjà publié un volume de documents et près de trois volumes d'articles et de travaux divers[1]. Une belle salle dans *United Charities Building*, un de ces immenses édifices construits uniquement pour offrir un bureau ou un siège à des institutions de toute nature, est déjà remplie de livres et de gravures et ouverte tous les jours à ceux qu'intéresse notre histoire. Mrs. Lawton s'y tient presque en permanence et les diverses commissions, dont se compose aux États-Unis toute association qui se respecte, y fonctionnent régulièrement. Mais trop de personnes n'y

1. On trouvera plus loin la description du volume de documents. Le premier volume des *Proceedings* se compose de deux livraisons de 56 et 401 pages in-8° et va jusqu'à juillet 1889; — le deuxième, de deux parties, p. 1-188 et 189-321, va jusqu'à juin 1894; — et le troisième ne se compose encore que d'une première partie de 149 pages avec le portrait de M. John Jay, allant jusqu'à juin 1896. — Il a paru, en outre, en 1886, une brochure de 86 pages in-8°, intitulée *Huguenot Society of America. Commemoration of the Bicentenary of the Revocation of the Edict of Nantes*, october 22[d], 1885; — en 1888, 16 pages de *Constitution and By-Laws*; — et, en 1890, *Catalogue of the Books, Pamphlets, and Manuscripts belonging to the Huguenot Society of America... compiled by Elizabeth G. Baldwin*, in-8° de 107 pages.

voient encore qu'une organisation qui leur permet de retrouver leurs ancêtres ou de compléter leur arbre généalogique. N'est-il pas vrai, d'ailleurs, qu'en Europe aussi, il n'y a que peu de personnes assez cultivées pour s'intéresser à des études historiques un peu spéciales ? Nos sociétés savantes sont rarement prospères et trop de gens relativement instruits s'imaginent qu'elles ne sont qu'un innocent passe-temps. Un peu de réflexion devrait pourtant, semble-t-il, faire comprendre que le présent, avec ses aspirations, ses divisions, ses difficultés et ses misères, a ses origines dans le passé et qu'il n'est pas indifférent de les connaître ou de les ignorer. — Quoi qu'il en soit, il faut savoir gré à ceux qui cherchent à rappeler les dates capitales de ce passé.

Les fêtes de Pâques.

A New-York, les solennités ont commencé le jour de Pâques, 10 avril. Les principaux membres de la Société huguenote et les délégués étrangers (MM. A. Giraud-Browing, R. Hovenden et E. Belleroche de la Société de Londres, et le soussigné) avaient été invités à assister au service religieux dans une des principales églises protestantes épiscopales de la cité, *Grace Church*, joli édifice en style gothique dont l'intérieur était tapissé de verdure, de palmes et de fleurs de lis. Après le service liturgique orné de fort beaux chants et devant une foule qui se pressait jusque dans les moindres recoins de la vaste nef, le révérend Huntington, qui est lui-même descendant de huguenots (famille *le Baron*), a pris la parole en commentant 1 Pierre I, 3-4[1]. — Il a mis en relief ce fait que les nations qui ont cru à la résurrection ont été les plus fortes parmi les races de la terre et que les huguenots ont été de celles-là. Leurs ancêtres furent parmi les principaux fondateurs du peuple américain et de la République des États-Unis; ils n'hésitèrent pas à traverser l'Atlantique, lorsque l'édit de Nantes, qui leur avait assuré la liberté de conscience et de culte, eut été déchiré. Les auteurs responsables de la Révocation appartiennent au même parti clérical que combat aujourd'hui un peuple voisin avec lequel l'Amérique ne peut que sympathiser. Puisse l'esprit de l'édit de Nantes qui fut un esprit de paix, l'emporter sur celui qui a fait perdre au sang de

1. « Béni soit Dieu, le Père de Notre-Seigneur Jésus-Christ, qui, selon sa grande miséricorde, nous a régénérés, pour une espérance vivante par la résurrection de Jésus-Christ d'entre les morts, pour un héritage incorruptible, sans tache, inaltérable, lequel nous est réservé dans les cieux... »

France une partie du fer qui faisait sa force et son éclat au temps de Louis XIV.

Le lendemain et le surlendemain 11 et 12 avril, réceptions chez le président de la Société, M. H.-G. Marquand, et chez Mrs. J. Lawton, présidente du Comité de la Bibliothèque. M. Marquand descend d'une famille rochelaise et est actuellement un des bienfaiteurs de la ville de New-York. On peut dire que le *Metropolitan Museum of Art*, où nous avons été reçus, après avoir passé par les principales allées de *Central Park*, ne mérite vraiment ce nom que grâce à l'admirable collection de tableaux de maîtres que lui a libéralement abandonnée M. Marquand. Chez Mrs. Lawton nous avons pu faire connaissance avec une partie de la haute société de New-York, c'est-à-dire avec presque tous les membres de la Société huguenote portant pour la circonstance les insignes de l'association, une châtelaine en or suspendue à une colombe aux ailes déployées, ou une fleur de souci, en or et en émail.

Les « lectures » ou conférences.

C'est le mercredi 13 avril qu'a eu lieu la commémoration proprement dite. La plupart des 250 personnes qui avaient la veille défilé dans les salons de Mrs. Lawton se sont retrouvées à 11 heures dans l'église française du Saint-Esprit, la plus ancienne église huguenote des Etats-Unis, représentant aujourd'hui celle établie en 1687 dans une rue alors appelée *Petty-Coat-lane*, transférée en 1704 au coin des rues *Pine* et *Nassau*, en 1834 à l'angle des rues *Church* et *Franklin* et enfin en 1863 dans la partie occidentale de la 22e rue où elle se trouve actuellement. Comme plusieurs églises du Refuge anglais, celle du Saint-Esprit se rattache, depuis 1804, au type anglican ou épiscopal, mais tous les services s'y font, comme depuis l'origine, en français. Le pasteur actuel est le Révérend A. Wittmeyer auquel on doit la publication de l'unique volume de textes paru sous les auspices de la Société huguenote, c'est-à-dire du premier registre de baptêmes, mariages et sépultures de son Église [1].

1. *Registers of the Births, Marriages, and Deaths of the « Eglise Françoise à la Nouvelle York »*. From 1688 to 1804, edited by the Rev. Alfred V. Wittmeyer, rector of the French Church du Saint-Esprit; and Historical Documents relating to the French Protestants in New-York during the same period. Un vol. in-8° de LXXXVIII-331 pages plus XLII pour l'index

Après un court service liturgique accompagné de chants, une première série de cinq études est lue, en anglais naturellement. M. E. Belleroche raconte *les événements qui précédèrent l'édit de Nantes*. — M. Samuel M. Jackson, professeur d'histoire ecclésiastique à l'université de New-York, en analyse avec beaucoup d'exactitude et de sagacité *les principales dispositions* et lui assigne *sa place dans l'histoire de la tolérance religieuse*. — Le travail de M. P. de Félice sur *l'inobservation de l'édit de Nantes*, qu'on trouvera plus loin, avait été résumé par l'auteur; il a été fort bien traduit par M. F. F. Dufais. — On sait que M. le Dr Henry N. Baird, professeur de grec à l'université de New-York, est l'auteur de la plus complète et actuellement la meilleure histoire de la Réforme française en six volumes in-8° qui se trouvent dans toutes les bonnes bibliothèques. Il a développé un petit paragraphe de son ouvrage en nous montrant *le côté fort et le côté faible de l'œuvre de Henri IV*. — Enfin le soussigné avait résumé en anglais quelques parties de l'étude ci-après imprimée, sur *les difficultés et les obstacles* que rencontra l'édit de Nantes.

A quatre heures de l'après-midi, nouvelle réunion dans *Assembly Hall*, une salle du bâtiment où se trouve le siège de la Société. Il s'agit de l'élection du Comité. Presque tous les membres présents à New-York y prennent part et discutent avec beaucoup d'animation les diverses questions à l'ordre du jour. M. Henry G. Marquand ayant été contraint par l'âge et par l'état de sa santé à donner sa démission, est remplacé par M. Frédéric J. de Peyster. Puis on nomme comme vice-présidents des représentants des principaux États ou villes de l'Union où il y a des descendants de huguenots: MM. William Jay, de New-York; Lea Luquer, de Bedfort N.-Y.; Henry M. Lester, de New-Rochelle; A. T. Clearwater, de Kingston; Nathaniel Thayer et Richard Olney, de Boston, Mass.; William Ely, de Providence; l'évêque Henry A. Neely, du Maine; le professeur D. D. Demarest, de New-Brunswick, N.-J.; Thomas F. Bayard, du Delaware; A. M. Du Puy, de New-York; le colonel R. L. Maury, de Richmond en Virginie; B. K. Neufville, de Charleston dans la Caroline du Sud; — M. George S. Bowdouin (Beaudoin), de New-York, et M. Lea Mc Luquer, aussi de New-York, sont nommés trésorier et secrétaire.

alphabétique. — Il y a, dans la 16e rue de New-York, une autre Église française, congrégationaliste ou presbytérienne, dirigée par M. le pasteur Grandliénard et à laquelle se rattachent, de préférence entre autres, les Suisses français.

Le jeudi 14 avril, deuxième et dernière séance à l'église du Saint-Esprit. Notre aimable confrère anglais, M. A. Giraud Browning, nous entretient de *l'hôpital pour les pauvres huguenots réfugiés à Londres*, et de ceux qui le fondèrent. — Une société qui s'occupe aussi beaucoup des origines du peuple américain, c'est la *Holland Society*. On lui doit la publication (entre autres) du plus ancien registre de baptêmes et mariages de l'Église de New-Paltz[1] où l'on trouve beaucoup de noms français alliés aux premiers réfugiés wallons ou hollandais. Cette société est représentée par son secrétaire M. Theo. M. Banta qui lit quelques pages de M. G. Wildeman sur *l'Église wallonne de Haarlem*. — Le révérend Vedder, de l'Église française de Charleston dans la Caroline du Sud, remplace M. T. W. Bacot qui avait été délégué par elle. Avec infiniment d'esprit et de bonne grâce M. Vedder nous parle des descendants actuels des nombreux huguenots qui s'établirent jadis à Charleston. — Ceux de la Virginie, non moins nombreux et souvent influents aujourd'hui, sont représentés par le colonel Richard L. Maury. — Enfin, après quelques remarques de MM. A. T. Clearwater et J. C. Pumpelly sur *l'influence des huguenots à New-York* et *dans l'État de New-Jersey*, M. George T. Davis nous raconte *l'histoire de New-Rochelle*, la jolie ville d'été fondée en 1688 par des huguenots de New-York.

Le banquet.

Le jeudi soir les solennités officielles se terminent, comme, d'ailleurs, chaque assemblée annuelle, par un magnifique banquet servi dans la plus belle salle du meilleur restaurant de New-York, Delmonico, au coin de la 5e avenue et de la 44e rue. La salle, brillamment illuminée, est ornée de moulures style Louis XV, la paroi du fond derrière la table d'honneur (recouverte d'une nappe fleurdelisée), tapissée de drapeaux américains, anglais, français, italiens, sans compter, en mémoire de la France d'autrefois, un superbe étendard de soie blanche semé de fleurs de lis en or. L'entrée se fait solennellement, en procession, le nouveau président offrant le bras au délégué français et prenant place, au centre de la table d'honneur réservée au Comité, aux délégués étrangers et des divers

1. *Collections of the Holland Society of New-York*, vol. III, *Records of the Reformed Dutch Church of New Paltz, N. Y. Containing an account of the organization of the Church and the registers of Consistories, members, marriages and baptisms.* Un vol. de VIII-269 pages in-8°, Index *Printed for the Society*, 1896.

États ainsi qu'à quelques invités (l'évêque de New-York, les présidents des Sociétés hollandaise, de Saint-Michel, de Saint-André, de Saint-Georges, du Mayflower, de Luther, etc.). Environ 200 membres sont assis autour de 27 tables qui remplissent la vaste salle [1]. Chacun trouve sa place grâce à une petite carte portant son nom sous une charmante fleur de souci en relief reproduisant l'un des insignes de la Société huguenote. Le menu est une brochure

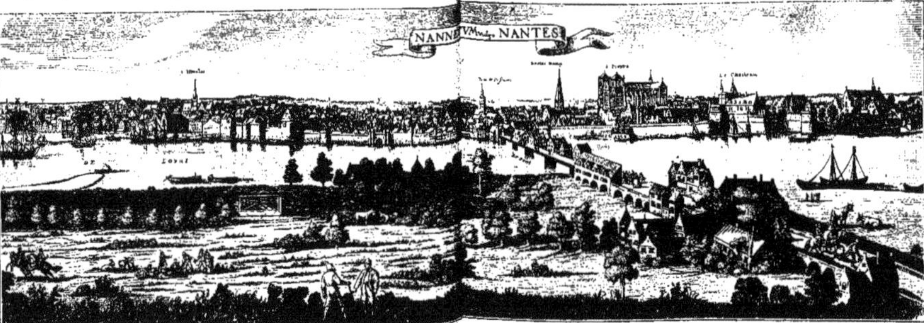

NANTES AU DIX-SEPTIÈME SIECLE

imprimée sur papier de Hollande chez Tiffany, portant au centre de la couverture le sceau doré de la Société huguenote, un navire abordant au rivage des Etat-Unis au-dessus de la date MDLXIV et en exergue *Huguenot Society of America* MDCCCLXXXIII, et brochée de fils de soie tricolores. Les deux premiers feuillets renferment les noms des membres des divers Comités de la Société hugue-

1. Une photogravure au magnésium de la salle du banquet, où l'on reconnaît plusieurs des assistants, a paru dans le numéro illustré du *Mail and Express Magazine* du samedi 23 avril 1898.

note ainsi que des invités, puis vient le menu proprement dit [1] suivi de la série des toasts et d'une pièces de vers de circonstance.

Pendant le dîner un orchestre exécute plusieurs morceaux de Bach, Raff, Massenet, et, dans les intervalles des toasts, un chœur chante les airs nationaux des États-Unis, d'Angleterre, de France, etc. Le premier toast est porté par le nouveau président, M. F. de Peyster, à la mémoire des huguenots. Pendant qu'on boit à la santé de leurs descendants, le chœur chante le psaume XXV. L'édit de Nantes est célébré par M. Van de Water; l'adoucissement des mœurs, le développement de la civilisation, des arts et de la liberté,

1. Huîtres de Marennes; — Potages: Oxtail, Bisque d'écrevisses; — Hors-d'œuvre: Bouchées à la reine; — Poisson: Aiguillettes de bars à la Joinville, Pommes duchesse; — Relevé: Filet de bœuf aux champignons, tomates farcies; — Asperges nouvelles; — Sorbet; — Rôts: Pigeonneaux; — Froid: Pâté de foie gras, salade de laitue; — Entremets de douceur: Savarin aux ananas, Glaces de fantaisie, Café, Fruits, etc.

dus à l'immigration huguenote sont mis en relief avec beaucoup d'esprit par le meilleur orateur des États-Unis M. Chauncey M. Depew (Dupuy). — M. H. M. Baird boit à l'union pour l'action des Français et des Hollandais de New-York. — M. A. Giraud Browing répond au nom des délégués étrangers et M. W. E. Dodge au nom des sociétés représentées, en exaltant l'hospitalité que le Refuge a portée à un si haut degré. Inutile d'ajouter que, pendant plusieurs heures, des applaudissements frénétiques saluent ces divers discours et qu'il est fort tard lorsqu'au milieu d'une pluie battante, chacun regagne sa voiture.

Le lendemain des fêtes.

Parmi les choses officieuses, mais non moins intéressantes, qui ont complété le programme officiel, il convient de citer une trop courte excursion à Yonkers, petite ville sur la rive gauche de l'Hudson au nord de New-York. Là se trouve, au milieu des arbres et de la verdure, la paisible retraite toute pleine de livres français et huguenots, de notre excellent ami M. le Dr H. M. Baird. Nous espérions qu'il continuerait et achèverait l'ouvrage de son regretté frère sur le Refuge huguenot aux États-Unis. Il a dû y renoncer à cause des déplacements que ce travail aurait entraînés, et se contente de préparer sans hâte une biographie anglaise de Th. de Béze. — Le soir de ce vendredi 15 avril, malgré une série d'averses, toujours plus violentes, dit-on, à New-York qu'ailleurs, un certain nombre de sociétaires vont à *Assembly Hall*, entendre une conférence du soussigné, avec projections sur les origines de la Réforme à Paris.

Le lendemain on répond à une invitation de *Columbia University*. Les bâtiments[1] à peine achevés de cette nouvelle université s'élèvent sur une hauteur qui domine d'un côté le cours majestueux de l'Hudson, de l'autre l'immense étendue de l'agglomération newyorkaise. Comme la plupart des établissements de l'enseignement supérieur aux États-Unis, celui-ci est dû à l'initiative et aux sacrifices de quelques particuliers et, pour cette raison même, il se tient en contact permanent avec le public. Peu nous importe, en France, que notre haut enseignement soit populaire. N'est-ce pas l'État, c'est-à-dire le ministère de l'Instruction publique qui l'organise dans son infaillible sagesse, sans nous demander autre chose que de l'approuver et de payer notre part de contributions destinée à son entretien[1] ? Aux États-Unis il s'agit, au contraire, de gagner et de conserver la confiance du bon public. De là, entre autres, les *University Teas* [2], c'est-à-dire les invitations envoyées périodiquement à tout ce qu'il y a d'intelligent. On s'y rend en foule, les dames en majorité. On visite les salles, on se renseigne sur ce qui s'y passe, et sur ce qui y manque, — parfois ces visites sont précédées ou suivies de notes dans les journaux exposant les besoins de l'établissement, — on discute, on critique, et finalement on s'intéresse à ce qui est l'affaire, non d'une puissance occulte et irresponsable, mais de tout le monde.

Il reste à rappeler, — sommairement puisque l'espace m'est mesuré, — une réception intime chez M. G. H. Marquand dont la demeure est, dans toutes ses parties, à la fois une œuvre d'art et un musée qu'on ne se lasserait pas de parcourir et d'admirer, — et une excursion à New-Rochelle. M. Henry M. Lester avait bien voulu nous convier à cette dernière avec M. A. Giraud Browning. Le temps était malheureusement affreux, de sorte que nous n'avons pu que nous représenter combien ces vastes avenues ombragées de vieux arbres, partout bordées de gazon et de villas, et rafraîchies par la brise de mer, sont agréables à habiter pendant la belle saison. Nous avons visité la plage garnie de rochers appelée jadis *Bonnefoy's Point*, où abordèrent en 1688 les huguenots qui trouvaient la Nouvelle-York trop encombrée. La falaise qui surplombe cette plage du *Long Island Sound* est couverte de verdure et d'arbres dont quelques-uns peuvent avoir été témoins de ce débarquement. La ville vient d'acheter ce terrain et de le convertir en une promenade publique appelée *Hudson Park*. En face

1. Un exemple récent de cette prétention de l'État à tout diriger est la demande par le ministre de l'Instruction publique d'un crédit de 30,000 francs pour fêter le centenaire de Michelet dont il n'a nullement eu la première idée, et qui aurait été infiniment plus intéressant s'il n'avait été célébré que par ceux qui en avaient eu la pensée.

2. Voici comment ces invitations sont libellées : « *Columbia University Teas, 1898. — Les Directeurs des départements d'astronomie, de mécanique, de physique, d'anglais et de littérature* (etc.) *vous prient de leur faire le plaisir de visiter les salles de physique le samedi après-midi 16 avril, de 3 à 6 heures* » (Adresse). Chaque professeur envoie ces invitations à ses amis et relations. Le samedi après-midi est, comme on le sait, un jour de congé même dans le monde des affaires.

de la pointe où abordèrent jadis nos ancêtres, la Société historique de Westchester[1] et les descendants des huguenots de New-Rochelle ont dressé un bloc de granit sur l'une des faces duquel une plaque en bronze rappelle l'événement. Ce petit monument a été solennellement inauguré le 27 avril 1898, mais M. E. Belleroche est le seul délégué européen qui a pu assister à cette cérémonie. Le souvenir des huguenots est aussi perpétué par un vitrail dans l'église presbytérienne de New-Rochelle, représentant aujourd'hui, plus exactement peut-être que les églises épiscopales, celle qu'ils avaient fondée quelque temps après la Rochelle d'outre-mer[2].

La Presse. — Bibliographie.

Bien qu'absorbée par la guerre avec l'Espagne — qu'elle a d'ailleurs fortement contribué à rendre inévitable — la presse américaine a cependant rendu compte de ce troisième centenaire de l'édit de Nantes. Il a été annoncé et expliqué dans le *New York Times* du 6 février[3] et le *Commercial Advertiser* du 1er avril, et, avec une appréciation du rôle des huguenots aux États-Unis, dans le *Mail and Express* du 9 avril. Le *Daily Tribune* du 10 a donné, avec le programme détaillé des fêtes, les portraits, très ressemblants, de MM. Henry G. Marquand, Frédéric J. de Peyster, T. G. Oakley Rhinelander et Henry M. Baird. Le même journal a brièvement rendu compte des séances et du banquet dans ses numéros des 14 et 15 avril. Le *New-York Herald* des 11, 12 et 16, le *New-York Times* et le *World* du 14 en ont parlé également, ce dernier en donnant des portraits fantaisistes de M. Baird et du soussigné, et un croquis du service à *Grace Church*. M. Vedder a résumé ses impressions dans un intéressant article du *Charleston News and Courier* du 2 mai. — A Philadelphie le centenaire de l'Édit a été célébré dans la *First Reformed Church* le 24 avril, par deux conférences du Rev. Dr P. Vollmer sur les *caractères particuliers de la Réforme huguenote* et sur le *Refuge huguenot*. Le *Public Ledger* de Philadelphie du 25 avril a donné, avec le portrait de l'auteur, un résumé de ces deux conférences.

Mais les articles les plus intéressants dont j'aie eu connaissance sont ceux du *Charleston Sunday News* du 10 avril et de l'*Evening*

1. Nom du comté de l'état de New-York où se trouve New-Rochelle.
2. Conf. dans le *Bulletin* de 1895, un article de M. G. Bonet-Maury.
3. Le Rév. Mc Dermot y a répondu, dans le *Catholic World* d'avril, par un article haineux sur les Huguenots, ces « mendiants dont les principes calvinistes auraient fait les plus grands criminels de l'histoire ! ».

Bulletin de Philadelphie[1] des 5 et 6 mai. Le premier de ces deux journaux a donné un aperçu de ce que chaque province de l'ancienne France a fourni au Refuge dans la Caroline du Sud. Ainsi du Languedoc vinrent les Brie, de Rousserie, Gaillard (Montpellier), Aunant (Nîmes), du Bosc (Saint-Ambroix), Guibal (Saint-André), Carion (Faugères), Cordes (Mazamet), qui avaient commencé par gagner la Suisse puis l'Angleterre, avant de s'établir dans le nouveau monde. Paris y envoya les Bonhoste, Picard, Horry; le Berry, les de Richebourg, Isaac Porcher le médecin et Claude Philippe le pasteur, etc., etc. — Les deux articles de l'*Evening Bulletin* résument un livre encore inédit d'un Rev. A. Stapleton, de Lewisburg, sur l'influence exercée par le Refuge huguenot, surtout en Pensylvanie. Soixante ans avant l'arrivée de Penn une famille huguenote s'était établie sur une île du Delaware. W. Penn amena avec lui Gabriel Rappe, Nicolas Riboleau, André Imbert, Samuel Robinet, Pierre Chevalier, Jean Delaval, Edmond de Castle, Jean Durant, André Souple, Archibald Mickley et Jean Du Pois. Plus tard vinrent les Garrigues, Anthoine Duché, Boudinot, Bénezet. Parmi les institutions importantes qu'on doit aux huguenots l'auteur cite *Faneuil Hall*, de Boston, le berceau de la liberté américaine donné à la ville par Pierre Faneuil en 1742 ; — *Bowdoin College*, la première école d'enseignement supérieur dans le Maine, fondé et doté en 1794 par le gouverneur James Bowdoine en mémoire de son grand-père huguenot ; — *Vassar College*, le plus grand collège de jeunes filles du monde fondé par Matthew Vassar, de Poughkeepsie, qui descendait de réfugiés français ; — le grand établissement pour les sourd-muets de Washington, créé par le huguenot Thomas Hopkins Gallaudet ; — le Capitole, de la même ville, construit par Benjamin Latrope. — Dans les sciences il cite les Grinnel, Dana, Le Conte, Maury, Tourge, Legare, Pintard, etc. M. Stapleton a relevé les noms d'environ 800 huguenots qui se fixèrent en Pensylvanie entre 1682 et 1789 (Boileau, de Camp, Lebo, Boyer, Grenoble, Benoit, Martine, Dupree, Dundore, de Haven, Pershing, du Barry, Noll, Delaplaine, Beaumont, Berthold, Barrel, etc., etc.), et constaté que, dans tous les domaines, leurs descendants se sont distingués dans une proportion bien plus élevée

1. C'est à Philadelphie que se trouve une des Églises françaises les plus florissantes des États-Unis ; c'est celle de *Saint-Sauveur* dirigée par le Rév. C. Miel, D. D., ancien catholique, qui depuis dix-huit ans publie une revue mensuelle, française et anglaise, intitulée l'*Avenir*, et paraissant le 15 de chaque mois (Adresse : Wayne, Penna). Le n° du 15 juin de cette petite revue renferme quelques lignes sur le centenaire de l'édit de Nantes.

qu'aucun autre élément de l'émigration européenne en Amérique.

On prépare, à New-York, un compte rendu des fêtes qui renfermera le texte de la plupart des travaux dont je n'ai donné plus haut que le titre. J'aurai sans doute l'occasion de parler de ce volume quand il aura paru, et de compléter, à ce moment, ces notes nécessairement sommaires.

II. — A Nantes

Grâce, en grande partie, à l'hospitalité de Mme J. M. Lawton, la semaine du 10 au 17 avril, à New-York, nous laisse les plus agréables souvenirs. Mais elle ne pourra pas nous faire oublier celle du 30 mai au 4 juin à Nantes. — En fait de commémorations historiques nous avions jusqu'ici regardé celle du deuxième centenaire de la Révocation comme tenant le premier rang. Il y a treize ans c'était, après 1859, la première fois que nous avions été invités à nous souvenir d'une date capitale de notre histoire. Il suffit de se reporter à notre *Bulletin* de l'année 1885 pour constater avec quel ensemble, dans le monde entier, les descendants des huguenots tressaillirent à la mémoire de leur commune origine et des souffrances de leurs pères. Et tous ceux qui ont eu le privilège d'assister, à Paris, à la séance de l'Oratoire du jeudi soir 22 octobre de cette année n'oublieront jamais l'émotion qu'ils éprouvèrent. Assurément l'édit de Nantes n'évoque pas de faits tragiques et n'a pas eu des conséquences aussi considérables que sa révocation. De plus, les horreurs de celle-ci ont été si grandes qu'on sait partout ce que signifie ce mot de Révocation, tandis que l'édit de Nantes est relativement inconnu. Il ne fallait donc pas s'attendre à ce que le rappel de ce dernier événement eût, surtout au dehors, autant d'écho que celui du premier. Mais, cette réserve faite, les réunions de Nantes ont certainement été aussi belles, aussi unanimes, aussi impressionnantes que celles de 1885.

Elles ont tout d'abord été une véritable surprise. Depuis qu'une campagne cléricale aussi lâche qu'odieuse a été menée dans une certaine presse à gages, contre les minorités religieuses, on se demandait si les protestants se soucieraient, par des assemblées solennelles et publiques, de fournir un nouveau prétexte à la calomnie. On se disait aussi que Nantes est en Bretagne et que la Bretagne est une des provinces les plus catholiques de la France. On prétendait même que... les autorités ne verraient pas sans ennui une commémoration qui devait rappeler les divisions d'autrefois! — Or, toutes ces craintes, toutes ces suppositions se sont évanouies. Les protestants se sont dit qu'à des paroles de haine ou à des insinuations malveillantes il convenait d'opposer publiquement le souvenir d'un Édit qui demanda et obtint, pour un temps du moins, la tolérance. Dès qu'on fut à Nantes, on s'aperçut qu'on était dans une ville libérale où les protestants sont trop connus pour être mal vus. Et quant aux prétendues préoccupations officielles, on s'est demandé, non sans sourire, qui avait bien pu imaginer qu'il y eût un inconvénient quelconque à rappeler une des dates les plus honorables de l'histoire de France.

A d'autres égards aussi, ces fêtes inoubliables ont été une surprise pour les plus optimistes. Nantes est à une extrémité du territoire. Si des sociétés de courses, ou de gymnastique, ou autres s'y étaient donné rendez-vous, les compagnies de chemins de fer auraient, comme elles le font généralement dans les pays civilisés, offert des réductions de prix pour des déplacements assez considérables et onéreux. Or il s'agissait, dans l'espèce, d'une sorte de congrès historique intéressant surtout les protestants. Le refus des célèbres Compagnies a été unanime. Comme, malgré cela, près de 400 personnes sont venues à Nantes, de tous les points du territoire et même de l'étranger, — qui n'avait pas été convié, — elles avaient évidemment voulu se ménager l'occasion de nous voter des remerciements. Enfin l'Église réformée de Nantes, bien que relativement importante, n'étant pas très nombreuse, on se demandait comment elle pourrait offrir l'hospitalité pendant au moins cinq jours à tant de gens. Eh bien, grâce à la générosité princière de M. Durand-Gasselin, le véritable promoteur des fêtes, grâce aux arrangements pris par les deux pasteurs et quelques autres de leurs paroissiens, grâce surtout au dévouement de M. le pasteur Diény qui était plus spécialement chargé de ces soins, cette hospitalité a vraiment été à la hauteur des circonstances, ce qui n'est pas peu dire[1].

Nous ne pouvons, dans ce *Bulletin*, donner un compte rendu complet de toutes les séances, au nombre de près de 20, qui se sont tenues pendant quatre ou cinq jours de cette semaine. On le trouvera d'ailleurs dans un volume que la commission des fêtes de Nantes prépare et auquel nous invitons nos lecteurs à souscrire[2].

1. Il y eut environ 260 délégués *officiels* et à peu près une centaine de personnes qui vinrent du dehors sans titre officiel. Une cinquantaine furent reçues dans des maisons particulières, plus de 300 ont été hébergées dans les hôtels. On a remarqué, du dehors, des Anglais, et une Américaine, Mrs. Mitchell Tyng.

2. Ce volume renfermera, en outre, des notices sur les Églises d'An-

Nous reproduirons ici avec un soin et une exactitude tout particuliers ce qui se rapporte à notre Société d'Histoire. C'est, à la requête des promoteurs des fêtes, sous son patronage qu'elles ont eu lieu, et c'est notre Société qui leur a donné leur véritable caractère, celui d'assemblées du Protestantisme français. Les divergences entre telles et telles Églises ou tendances protestantes sont devenues un thème à « variations » tellement banales, qu'il n'est pas inutile d'affirmer de temps en temps l'existence d'*un Protestantisme français*. Ceux qui ont été à Nantes ont, une fois de plus, constaté que si nos « divisions » sont le résultat logique de l'usage de notre liberté, aucun d'entre nous n'entend renier aucune parcelle de notre passé, ni surtout faire bande à part en présence de nos ennemis ou de nos détracteurs.

Nantes et le Protestantisme.

L'Église réformée de Nantes est une des plus anciennes de France, et une de celles dont l'histoire est le mieux connue, grâce à feu M. B. Vaurigaud, prédécesseur des pasteurs actuels, qui l'a racontée d'abord dans son *Essai sur l'Histoire des Églises réformées de Bretagne* (3 vol. in-8°, 1870)[1], puis dans son *Histoire de l'Église réformée de Nantes* (1 vol. in-8°, 1880), ouvrages que lui avait beaucoup facilités un de ses collègues de l'époque de la Révocation, Philippe le Noir, sieur de Crevain, dont il avait en 1851 publié l'*Histoire ecclésiastique de Bretagne depuis la Réformation jusqu'à l'édit de Nantes*[2]. Les adhérents à la Réforme ne furent jamais très nombreux en Bretagne, ni à Nantes, sauf toutefois dans les rangs de la noblesse à laquelle appartenaient, entre autres, les célèbres familles de Rohan, de la Muce, etc.[3]. Mais ils donnèrent beaucoup de preuves de courage, de piété, de dévouement à la Cause. A Nantes même, quelques-uns d'entre eux se distinguèrent jusque dans ces dernières

gers, Laval, Le Mans, Nantes et Saumur et des illustrations. On souscrit chez M. le past. Diény, rue Gigant à Nantes (Loire-Inf.). Prix : 4 francs. Le prix de la médaille dont nous donnons une reproduction et à laquelle on souscrit à la même adresse, est de 6 francs (bronze) et 12 francs (argent).

1. Dont le manuscrit original est conservé à la Bibliothèque de notre Société.

2. Et dont la même Bibliothèque conserve deux volumes manuscrits de Miscellanées.

3. Je cite plus loin des extraits d'anciens registres concernant cette noblesse récemment publiés. On peut consulter aussi E. Frain, *Familles de Vitré*, et *Une terre, ses possesseurs catholiques et protestants* (1879); — et l'abbé Paul Paris-Jallobert, anciens registres paroissiaux, de *Cleusné* (Rennes) et *Vitré* (1890).

années, par leur intérêt pour le bien public[1]. Actuellement on compte environ 900 protestants à Nantes et aux environs dont la

TEMPLE PROTESTANT DE NANTES.

population dépasse 125,000 âmes. Le temple où se réunissent ces

1. M. Dobrée, qui a légué à la ville de Nantes un admirable musée, était protestant.

protestants ne manque pas de caractère. Il a été construit en 1855, lorsque le président honoraire de notre Société, M. Charles Read était à la tête des affaires protestantes au ministère des cultes. Il s'élève, non comme beaucoup de nos temples, surtout de ceux qui furent construits sous l'Empire, dans quelque rue ou coin reculé, mais sur une grande place, la place Gigant. La façade, dont on a sous les yeux une reproduction, est peut-être plus réussie, avec ses deux clochetons, que l'intérieur, qui forme une vaste salle hexagonale à deux rangs de tribunes en forme de loges. La chaire, au fond, un peu élevée, est séparée des premiers bancs par une large estrade sur laquelle prendront place les orateurs et les comités des Sociétés protestantes qui se sont donné rendez-vous à Nantes à l'occasion de ces solennités.

Avant d'arriver au temple, au sortir de la gare, on passe près de l'ancien château où demeuraient jadis les ducs de Bretagne et où Henri IV a séjourné lors de la signature de l'Édit. Près de là s'élève la cathédrale encore inachevée et surtout remarquable par les tombeaux de François II duc de Bretagne, de sa femme Marguerite de Foix, ainsi que du général Lamoricière. C'est dans le même quartier que se trouvent les plus vieilles rues de la cité, datant de l'époque où elle ne s'étendait que sur la rive droite de la Loire.

Les deux premières journées.

Le lundi soir 30 mai à 8 heures, tout le bas du temple et une partie des tribunes se remplissent pour écouter la prédication d'ouverture que M. le pasteur B. Couve prononce sur la prière d'Esdras (ch. IX). Résumant à grands traits les trois siècles de notre histoire depuis 1598, et montrant avec beaucoup de sobriété et de force comment et pourquoi nous ne sommes plus « *qu'un reste de réchappés* », il termine en se demandant ce que nous faisons et ce que nous devrions faire de l'égalité et de la liberté dont nous ne jouissons aujourd'hui que parce que l'édit de Nantes nous en assura les prémices. — Prêche simple, grave, point déclamatoire, mais sérieux, « huguenot », et pourtant moderne de ton et d'allure.

Le mardi matin 31 mai, après une réunion de prières — qui a lieu chaque matin à 8 h. 1/2, — à 9 heures, réception des délégués par le Conseil presbytéral. M. le pasteur Dartigue, qui préside, leur souhaite la bienvenue, les félicitant de cette démonstration par le fait, de la solidarité protestante et du respect de tous pour la liberté de conscience de chacun — exprimant l'assurance que la France ne saurait, sans renier sa tradition et son génie, renoncer aux bienfaits de la liberté et de la paix religieuse. M. Fargues, pasteur en retraite, rend hommage au libéralisme des Nantais, rappelant avec beaucoup d'à-propos qu'il n'y eut pas à Nantes de Saint-Barthélemy et formant le vœu qu'au prochain centenaire l'Église protestante se confonde avec la patrie gagnée à l'Évangile. — Puis c'est une succession de « délégués ». Tous sont applaudis. On ne peut qu'indiquer les paroles de MM. Couve et de Schickler, au nom de la Commission Fraternelle, le premier s'écriant : « Levons-nous et marchons, prenons l'engagement de nous aimer les uns les autres et aussi ceux du dehors, essayons de payer nos dettes » ; — et le second félicitant l'Église de Nantes « de nous avoir fourni l'occasion de nous unir tous dans une même pensée pour le passé et pour l'avenir ». — M. le pasteur Lods rappelle que les premiers protestants français ayant été nommés luthériens, nous avons une même origine que ceux qu'on appelle « de la confession d'Augsbourg ». M. le pasteur Girardez apporte les salutations du pays de Montbéliard : « L'édit de Nantes a été un trait de lumière, c'est à nous de fa re le plein jour » ; — M. R. Hollard, ceux des Églises indépendantes de l'État : « Soyons aussi fidèles dans l'usage de la liberté, que nos pères l'ont été pour la conquérir » ; — M. M. Lelièvre, celles des Églises méthodistes « qui professent la même vénération que l'Église réformée pour les martyrs auxquels nous devons et l'Évangile et la liberté ». — Puis c'est le tour des doyens des Facultés protestantes de Montauban, de Paris et de Genève. M. Bruston rappelle que c'est à l'édit de Nantes que nos anciennes Académies doivent leur origine et leur organisation. — M. Sabatier : « la Faculté de Paris n'est que celle de Strasbourg d'avant 1870... ; l'édit de Nantes, en donnant la paix, rendit service à l'Église catholique aussi bien qu'aux protestants et prépara en définitive le grand siècle ; et c'est de la Révocation que date cette antinomie entre la liberté et la religion que le protestantisme est destiné à résoudre en montrant que la liberté est faite pour la religion et la religion pour la liberté ».

Après M. Montet, qui apporte le salut fraternel de Genève, les élèves de ces diverses Facultés sont heureusement représentés par MM. Bourguet, Patry et Jalaguier, et MM. Allier et Robert parlent chaleureusement pour l'Union chrétienne des jeunes gens et pour le Cercle des étudiants protestants. M. Dartigue répond aux divers orateurs et lit, avant de clore cette première séance, plusieurs adresses, notamment des protestants de Transylvanie.

A 3 heures de l'après-midi, le temple se remplit de nouveau pour les séances réunies de la Société de l'Histoire du Protestantisme français et d'Encouragement à l'Instruction primaire parmi les protestants de France. Longue séance qui ne dure pas moins de trois heures, comme du reste chacune des deux séances de jour. Mais on écoute avec attention et tout ce qui est dit ayant été sérieusement préparé, de fréquents applaudissements soutiennent les orateurs et les encouragent. Ils éclatent avant même que M. le baron F. de Schickler prenne la parole en ces termes :

ALLOCUTION

DU

PRÉSIDENT DE LA SOCIÉTÉ D'HISTOIRE DU PROTESTANTISME FRANÇAIS

Messieurs,

L'Église de Nantes nous convie à célébrer solennellement le 300e anniversaire de l'Édit donné par Henri IV et que l'histoire a enregistré sous le nom de la ville où en ont été signés les articles, les publics et les secrets. La rédaction d'un pareil Édit, les bases sur lesquelles il repose, les conséquences qu'il permettait d'espérer, tout concourt à faire de sa signature un des événements majeurs des temps modernes. On a eu raison d'affirmer qu'en France il en marque réellement le commencement. Aussi, remerciant avec vous le Conseil presbytéral de Nantes d'avoir, d'accord avec le vénérable Consistoire, compris notre désir à tous de le commémorer sur les lieux mêmes, et de nous y avoir offert une si magnifique hospitalité, ne serez-vous pas surpris qu'après les actions de grâces rendues à Dieu qui conduit les destinées des peuples vers le but connu de lui seul, on demande aux représentants de notre Société d'inaugurer ces grandes assises du Protestantisme français. Avant tout c'est d'histoire qu'il s'agit aujourd'hui.

A mesure que le cours des années a ramené à la fin de notre XIXe siècle les dates qui marquèrent, pour nos coreligionnaires du XVIe, du XVIIe ou du XVIIIe, les étapes d'une voie parfois bien douloureuse, nous avons eu à cœur d'en rappeler le souvenir. Cette fois, si j'ose m'exprimer ainsi, nous commé-

morons une véritable date *jubilaire*. Et c'est ce caractère, singulièrement exceptionnel et heureux, que je me sens pressé de mettre en pleine lumière. Si l'évocation, nécessaire pourtant, des douleurs du passé est une amère souffrance, ce doit être une joie de se reporter aux heures d'apaisement, de justice, de liberté. — Ah ! je ne l'ignore pas, et nous serons bien forcés de le constater, le ciel n'était pas absolument sans nuages, les espérances conçues ne se sont point réalisées, les promesses n'ont pas été toutes tenues; en un mot il y a eu accalmie bienfaisante et non cessation à jamais des tristes divisions et des intolérances cruelles. Mais, laissez-moi, oubliant à dessein que le bel horizon entrevu s'est trop promptement voilé, laissez-moi saluer avec vous l'acte lui-même et ce qui en est demeuré ineffaçable, le principe qui s'inscrivait ce jour-là dans le droit des nations.

Aussi, tant ce fait est majeur, il n'est pas un des pays de la chrétienté qui ne devrait pouvoir s'associer aux hommages rendus aux auteurs de l'édit de Nantes, ainsi que l'ont senti, il y a quelques semaines, les descendants des Réfugiés citoyens de la République des États-Unis. Quand Dieu permet qu'un grand progrès s'accomplisse, qu'une grande vérité s'affirme, le bienfait n'est pas pour un seul : les conséquences, plus ou moins tardivement, finissent par s'imposer à tous. Et je n'hésite pas à l'ajouter, cette conquête de l'esprit moderne effectuée il y a trois siècles, nous convierions volontiers nos frères catholiques à s'en féliciter avec nous. Si tous les Nantais peuvent se réjouir du retentissement que, sous tant de cieux divers, l'édit de 1598 a donné au nom de leur belle cité, ce serait à tous les Français qu'il appartiendrait d'être fiers de l'initiative prise par leur patrie. Après avoir partagé avec ses sœurs du continent la lourde responsabilité des bûchers allumés et des luttes fratricides poursuivies au nom de l'Évangile d'amour et de paix, la France n'a-t-elle pas eu le noble privilège d'admettre la première, formellement, la liberté des consciences individuelles et la coexistence légale de deux cultes dans une même monarchie ?

Je dis la coexistence légale de deux cultes, et non encore leur parfaite égalité : on n'en était pas là et il a fallu traverser bien d'autres tourmentes pour y parvenir. Mais si la religion professée par le souverain conservait la suprématie très accentuée, si en face du culte catholique partout rétabli le culte protestant était limité à certains lieux et exclu d'une infinité d'autres, il n'en était pas moins acquis désormais que les formes extérieures de l'adoration et les conceptions de la foi n'avaient rien à faire avec la loyauté du sujet, avec les droits du citoyen. Un Duquesne, s'il avait vécu alors, n'aurait pas eu besoin de répondre, comme il le fit au petit-fils d'Henri IV en se refusant à abjurer : « Puisque c'est le commandement du Seigneur de rendre à César ce qui appartient à César et à Dieu ce qui appartient à Dieu, César ne trouvera sans doute pas mauvais qu'en lui rendant religieusement ce qui lui est dû, on rende aussi à Dieu ce qui lui appartient. » Il y a toute une révolution dans ce qu'un historien catholique définit « l'introduction de la tolérance dans le droit public et les mœurs d'un peuple chrétien ». « Cette nouveauté, ajoute-t-il, bien qu'inconnue partout ailleurs devint une institution en France, institution qui vécut un siècle et qu'ensuite on put abattre et non déraciner. »

Tellement inconnue, en effet, messieurs, qu'au XVIe et au XVIIe siècle les princes protestants ont été, sur ce point, aussi autoritaires que les catholiques. L'on a assez reproché à Élisabeth ses rigueurs contre quiconque refusait en Angleterre de la regarder comme chef de l'Église ; vous n'ignorez pas ce que fut l'intolérance luthérienne dans les pays scandinaves; même à l'heure actuelle oserions-nous affirmer que les principes de l'édit de Nantes sont partout acceptés sans contrôle et universellement observés ?

L'on a dit, il est vrai, que, dans certains cantons suisses, dans certaines vallées reculées des Grisons, il y avait eu déjà quelques exemples de simultanéité permise des deux religions, et que l'ardent attachement des Provinces-Unies à la Réforme ne les empêchait pas toujours de laisser tacitement célébrer les exercices du culte de l'Église romaine. Mais y a-t-il là rien de comparable aux stipulations expresses d'avril et mai 1598 sur les Églises, les Synodes, l'instruction, les tribunaux, et jusqu'à l'entretien des pasteurs qui, bien que rarement effectué, n'en constitue pas moins un premier exemple de qu'on appelle aujourd'hui le budget des cultes?

L'on a dit encore que l'édit de Nantes avait été précédé d'autres édits, dont quelques-uns contenaient même des dispositions presque plus larges que les siennes. L'ordonnance de janvier 1562, contrastant avec les interdictions et menaces de 1561, permettait, en effet, les prêches, prières et autres exercices, à la condition qu'ils se fissent de jour et hors l'enceinte des villes, sans la limitation du nombre de lieux de culte qu'on trouve en 1563 dans l'édit d'Amboise où le principe de la liberté de conscience est cependant formellement reconnu. Par l'édit de pacification de Beaulieu, en 1576, Henri III supprimait la plupart des restrictions de Charles IX et déclarait les protestants capables de tous offices, allant même au delà des clauses consenties l'année suivante dans le célèbre édit de Poitiers, dont l'exécution loyale eût donné satisfaction aux protestants. Mais c'est précisément cette exécution entière et consciencieuse qui avait toujours fait défaut : la non-observation de l'édit qui devait consacrer la paix provoquait alors une nouvelle guerre civile. Comme l'écrit d'Aubigné dans son *Histoire universelle*, « la première prise d'armes fut pour défendre le premier édit; les seconds troubles eurent pour amorce le second édit violé, les troisièmes le troisième et ainsi successivement jusqu'au dernier. » Ce que Charles IX accorda en mars 1568, il le révoqua en septembre; le même Henri III, qui promettait en 1577 et en 1580 à ses sujets réformés de ne « jamais les molester pour le fait de la religion contre leur conscience », ordonnait en 1585 de les expulser du royaume, en 1587 de saisir leurs biens, et en 1588 jurait de les exterminer jusqu'au dernier. Les édits des Valois étaient des concessions temporaires, non des lois fondamentales; ils n'assuraient que des trêves, et c'est à la paix légale, durable, à la paix autant qu'on peut la dire ici-bas définitive, qu'aspiraient les plus grands cœurs et les meilleurs esprits.

Cette paix religieuse, la plus précieuse de toutes, les Protestants crurent pouvoir enfin y compter le jour où le protecteur né et déclaré de leurs Églises devint, par un étrange revirement des destinées humaines, le chef légitime de tous les Français. Tandis qu'avec leur concours accoutumé il renversait une à une les barrières dressées sur sa route, les anciens frères d'armes du Béarnais, défenseurs et soutiens du roi de France, attendirent d'abord patiemment la réalisation de leurs espérances, s'étonnant seulement de la voir constamment reculée. Il fallut deux ans pour que les édits de proscription d'Henri III fussent officiellement abrogés et l'édit de Poitiers remis en vigueur. D'ailleurs cet édit, comme le remarque Henri Martin, « était presque réduit à néant dans l'application, par le mauvais vouloir des magistrats et des officiers royaux et par les nombreux traités particuliers conclus avec les ligueurs ». Il n'en était point qui ne contînt des interdictions de l'exercice du culte réformé soit dans des villes, soit dans des cantons, soit dans une province entière comme la Provence. Et à chacune de ces infractions aux articles les plus positifs de l'édit de Poitiers, à chacune de ces exigences nouvelles consenties par le roi auquel, selon ses propres paroles, on faisait chèrement acheter sa couronne, grandissaient leurs craintes de voir pacifier le royaume à leurs dépens.

N'étaient-elles point naturelles leurs défiances, croissantes à mesure que se multipliaient leurs griefs ? A la distance où nous en sommes l'édit de Nantes semble suivre d'assez près l'avènement de Henri IV. Rappelez-vous que neuf années l'en séparent. S'ils n'avaient rien obtenu du souverain professant la même foi qu'eux, que pouvaient-ils attendre alors que son abjuration le plaçait, à leurs yeux, dans l'absolue dépendance de leurs adversaires ? Aux murmures des exaltés, se plaignant de l'ingratitude du monarque « pour lequel ils avaient employé leurs biens et leurs vies et qu'ils avaient, disaient-ils, conduit par la main au trône où Dieu l'avait fait seoir », à ces murmures, les modérés, Duplessis-Mornay avant et plus que tous les autres, avaient grand'peine à répondre par l'exposé des difficultés de la situation de Henri IV, et par l'assurance d'une affection persistante que ses actes ne semblaient que trop démentir[1]. Une crise était imminente.

1. « Les restrictions que l'édit de 1577 avait subies, la lenteur des Parlements à l'enregistrer, leur répugnance à l'appliquer, les difficultés et les

HENRI IV, D'APRÈS THOMAS DE LEU.

Faut-il l'avouer, elle n'eût pas mécontenté les intransigeants et les ambitieux de l'un et de l'autre bord, toujours enclins à pêcher en eau trouble. La sagesse de Henri IV sut la prévenir à temps. Par la reprise de leurs assemblées politiques les Protestants avaient resserré leur union : le règlement élaboré dans l'assemblée de Sainte-Foy, revisé à Saumur et à Loudun les replaçait dans l'état où ils se trouvaient avant l'avènement de Henri IV, moins un protecteur officiel, mais avec l'attente de l'édit définitif qu'ils ne cessaient de réclamer. Le roi comprit la nécessité de cet édit rédigé entièrement à nouveau et préparé désormais d'un commun accord, délibéré et convenu avec eux ainsi qu'il le constatera dans le préambule (« nous avons sur ce fait conféré avec eux par diverses fois »), ce qui lui ôterait le caractère transitoire des précédents, octroyés de plus ou moins mauvaise grâce pour interrompre momentanément des luttes violentes entre frères ennemis. Le souverain qui signerait celui-ci connaissait par expérience les besoins des Protestants : il les avait toujours eus pour compagnons, jamais pour adversaires, et ne chercherait pas un esprit de révolte dans leurs légitimes revendications. Acceptant, malgré son premier froissement, la permanence de leur assemblée de Loudun, il consentait, en juillet 1596, à y envoyer de Vic et Soffrey de Calignon entamer les négociations préparatoires, continuées à Vendôme, en mars 1597 à Saumur et à partir de juin à Châtellerault, avec l'adjonction fort heureuse de Schomberg et du

chicanes soulevées dans son exécution avaient achevé de le discréditer auprès des Réformés : d'ailleurs des concessions obtenues durant la guerre civile, tour à tour retirées, rendues, diminuées, augmentées, et à travers les désordres du Royaume trop souvent méconnues par ceux qui devaient les appliquer, pouvaient être estimées provisoires et précaires ; l'avenir ne paraissait pas garanti... et surtout l'abjuration du Roi leur avait enlevé à la fois leur soutien et leur modérateur ».

VICOMTE DE MEAUX.

« Les Huguenots ne pouvoient se résoudre à déchoir sous un Roy dont ils s'estoient figurés avoir droit de tout prétendre et de tout emporter, pour avoir esté nourri parmi eux, avoir esté longtemps leur chef pour seule existence effective et avoir tant contribué à le faire véritable Roy. »

DUC DE SAINT-SIMON.

président de Thou, dont le catholicisme était aussi avéré que leur modération et leur droiture.

L'assemblée de Châtellerault avait décidé de ne se séparer point avant la conclusion et la vérification de l'Édit : c'est à elle que la France doit « tout autant si ce n'est plus qu'à Henri IV », déclare M. Anquez, « d'avoir devancé les autres peuples chrétiens dans les voies de la société nouvelle qui sépare — selon l'expression d'Augustin Thierry — le devoir social des choses de la conscience et le croyant du citoyen ».

Nous n'analyserons pas ici les laborieuses négociations de ces deux années, plus d'une fois suspendues et prêtes même à se rompre, et où plus d'une fois aussi les concessions des délégués protestants furent jugées trop grandes par leurs collègues de l'assemblée, tandis que celles accordées par les commissaires du roi étaient reprises et non ratifiées par lui. Le volumineux et important dossier provenant de Duplessis-Mornay que possède la Bibliothèque du Protestantisme français, et où figurent plusieurs actes de cette assemblée revêtus des signatures originales, et les cahiers des demandes des réformés avec les réponses en marge de la main et avec le paraphe du président de Thou, jettent de vives lumières sur les exigences, et, hâtons-nous de le dire, sur les atténuations mutuelles jusqu'à l'achèvement du grand œuvre de progrès et de paix.

S'il pouvait être encore besoin de justifier l'inébranlable persévérance — souvent qualifiée d'opiniâtreté — des membres de l'assemblée de Châtellerault, il suffirait de renvoyer au mémoire publié vers la fin de l'année 1597 sous ce titre : « *Plaintes des Églises Réformées de France sur les violences et injustices qui leur sont faites en plusieurs endroits du Royaume, et pour lesquelles elles se sont, en toute humilité, à diverses fois, adressées à Sa Majesté.* » Après avoir rappelé qu'ils ne sont « ni Espagnols, ni Ligueurs, et n'ont pas si peu servi le Roi et l'État contre ces Espagnols et ces Ligueurs pour mériter d'être à jamais misérables », après avoir évoqué le souvenir de la naissance et de l'éducation protestante de Henri IV, ils accentuent les raisons de leurs méfiances et de leurs demandes de garanties en relevant une suite de faits, dont plusieurs d'une gravité extrême, et dont la seule énumération remplit près de soixante pages. On a cru reconnaître, peut-être avec raison, la plume de d'Aubigné dans ce mémoire ; quelques historiens, surpris sans doute d'une telle accumulation de griefs, l'ont taxé d'exagération. Or, messieurs, plus on découvre, sous la poussière des archives, de documents contemporains, plus on s'aperçoit que nous nous trouvons, au contraire, en présence d'une enquête sérieusement poursuivie de province en province et où les faits énoncés ont pour bases d'incontestables certitudes. Les *Plaintes* se terminent par cet appel direct : « Opposez donc, Sire, votre bonne volonté et votre autorité à nos maux.. La seule gloire de Dieu, la liberté de nos consciences, le repos de l'État, la sureté de nos biens et de nos vies, c'est le comble de nos souhaits, le but de nos requêtes. » La vraie réponse de Henri IV fut la signature de l'édit de Nantes, déclaré expressément, ce qui le mettait hors de pair avec tous les précédents, *loi* « générale, nette, claire et absolue ».

Que stipulaient donc les quatre-vingt-douze articles signés le 13 avril, le Brevet, les cinquante-sept articles secrets du 30 avril et les vingt-trois articles du 2 mai de cette *loi du Royaume* dont nous célébrons aujourd'hui le souvenir ?

Et tout d'abord *la liberté de l'exercice public*, non point dans tous les lieux du royaume comme l'eussent voulu les Protestants, mais dans ceux où il avait été fait et continué pendant 1596 et jusqu'en août 1597, dans deux lieux par bailliage ou sénéchaussée, dans les châteaux des seigneurs hauts justiciers, pour tous ceux qui voudraient y assister, dans les simples fiefs pour les gentilshommes qui les habitaient et pour leurs familles.

Il est vrai que, d'autre part, tandis qu'on interdisait expressément le culte réformé dans les endroits exemptés par les traités conclus avec les Ligueurs, et que dans certaines villes on le reléguait aux faubourgs ou à une distance plus grande encore, à trois lieues pour Nantes, à cinq lieues pour Paris, l'Édit débutait par le rétablissement de la religion catholique, apostolique et romaine partout où on avait cessé de l'exercer, avec retour des églises, maisons et biens ecclésiastiques à leurs premiers possesseurs : de ce chef, assure-t-on, la messe fut rétablie sur plus de deux mille autels où on ne la célébrait plus, et Henri IV eut soin de ne pas oublier cet argument pour vaincre les résistances parlementaires et calmer les rancunes pontificales. Mais, gardons-nous de méconnaître, même avec les restrictions imposées à nos coreligionnaires, les bienfaits corollaires de cette liberté d'exercice, la permission de bâtir des temples, l'établissement de cimetières spéciaux partout où les catholiques continueraient à refuser l'usage des leurs, l'autorisation pour les ministres de séjourner dans toutes les villes indistinctement, leur admission auprès des malades, dans les hôpitaux et les prisons, la pleine liberté pour les pères de famille de choisir la religion de leurs enfants, ainsi que la défense de les leur enlever, « par force ou par induction », pour les baptiser catholiques. La minutieuse précision de ces détails, la satisfaction donnée aux légitimes besoins de la conscience des malades et des prisonniers, le respect si formel de l'autorité paternelle ne semblent-ils pas autant de réponses anticipées et péremptoires aux interdictions prononcées contre les pasteurs et les mourants et aux rapts d'enfants, tolérés, sinon trop souvent ordonnés par le petit-fils du signataire de l'édit de Nantes?

Cet Édit stipulait en second lieu la *liberté de l'enseignement*; non seulement l'admission des écoliers protestants dans les universités, collèges et écoles, mais l'autorisation pour les Réformés de tenir des écoles dans tous les lieux de plein exercice, l'érection d'universités à eux, la validité de legs pour l'entretien des écoliers, et la liberté pour les pères de famille de choisir les éducateurs de leurs enfants.

En troisième lieu l'*admissibilité aux charges publiques*, l'Édit déclarant les « Prétendus Réformés capables de tenir et exercer tous estats, dignitez, offices et charges publiques quelconques, royales, seigneuriales ou municipales et d'estre indiférremment receus en iceux », ne leur demandant que le serment « de bien et fidèlement servir le roi en l'exercice de leurs charges et garder les ordonnances ». Ainsi devait disparaître la clause si souvent insérée dans les lettres de provision ne leur donnant effet « qu'après qu'il sera apparu que l'impétrant est de la R. C. Ap. et Romaine ». Toutefois, ajoute le vieil Élie Benoît en commentant ces articles, « les Réformés se firent illusion sur cette matière importante, en se contentant d'une déclaration vague de leur capacité à l'égard des charges, sans solide obligation de les en pourvoir effectivement ».

Parmi ces offices, il en était cependant pour lesquels ils tinrent à sortir du vague de cette déclaration de capacité à les remplir tous, par la fixation de ceux dont ils devraient à l'avenir être positivement pourvus. Nous avons indiqué déjà le mauvais vouloir des Parlements : ils persistaient à fermer les cours de justice aux Protestants, même celles que les anciens édits leur avaient ouvertes. Il était indispensable de leur assurer la jouissance de leurs droits civils, la sécurité de leurs droits privés. Sur ce quatrième point les négociations furent encore plus compliquées et plus longues que sur les autres. L'accord finit par s'établir sur les bases suivantes. Pour juger « en toute souveraineté et dernier ressort » les affaires où les Réformés étaient parties, on maintint à Paris une *Chambre de l'Édit* composée de magistrats choisis par le roi, en érigeant une à Rouen et une à Rennes; on confirma les chambres existantes *mi* ou *tri-parties*, c'est-à-dire où la moitié ou un tiers des conseillers appartenaient à la Réforme, avec promesses d'autres, ainsi que de places dans les juridictions inférieures, et de deux maîtrises de requêtes dans le Conseil du roi. Bien que plusieurs de ces promesses soient restées lettres mortes, les chambres mi-parties devaient cependant remédier à un des plus sensibles griefs des Protestants.

Les stipulations que nous venons de résumer brièvement, sont contenues pour la plupart dans les articles destinés à être enregistrés et publiquement promulgués par les Parlements. Par égard pour certaines susceptibilités on réserva aux Brevet et articles secrets l'autorisation pour les Réformés de faire tous actes et fonctions appartenant tant à l'exercice de la religion qu'au règlement de la discipline, comme de tenir consistoires, colloques et synodes, l'entretien des ministres et écoles, tant par une allocation du roi de 45,000 écus (clause jamais complètement observée) que par des legs et contributions extraordinaires perçues sous son autorité, et la conservation pendant huit années, à partir de la publication de l'Édit, de toutes les places, villes et châteaux ayant garnison occupés par eux à la date du 30 avril 1598, avec allocation du trésor royal pour les réparations et la solde.

Après tant d'édits successivement jurés et violés, alors que leurs anciens adversaires restaient pourvus de places à leur dévotion, s'étonnera-t-on outre mesure que les Protestants aient cherché à prolonger « les seules garanties que le XVIe siècle connut pour assurer le respect du droit ». On leur a maintes fois reproché depuis « d'avoir », le mot est d'un historien catholique, « gardé leurs armes en cessant de combattre ». Mais, ainsi que conclut le même auteur, « les traces des discordes civiles ne s'effacent pas en un jour. Ce n'est qu'en tenant compte des exigences qu'elles ont enfantées qu'on parvient à les assoupir d'abord, pour les éteindre plus tard. Henri IV ne retirait pas aux Protestants leurs armes, mais la politique qu'il inaugurait, si elle eût été fermement suivie, leur ôtait l'occasion et la tentation d'en faire usage ».

Si elle eût été fermement suivie, messieurs, combien autres eussent été les destinées du beau pays de France! Eût-il jamais connu « cette plaie intérieure, la Révocation, fruit amer de cette horrible exécution d'un si pernicieux conseil », selon le mot étrangement frappant d'un Saint-Simon ?

Mais le 13 avril 1598 tout était à l'espérance. Venu à Nantes entrer en possession de ce duché de Bretagne qui, dernier rempart de la Ligue, accueillait son souverain légitime avec des transports de joie, ayant repris Amiens, au moment de conclure le traité mettant fin à la guerre avec l'Espagne, Henri IV achevait ce jour-là, moralement autant que matériellement, la conquête de son royaume. Avec une naturelle fierté, mais reconnaissant les faveurs divines, « ayant surmonté la tempeste, touchant le port du salut et le repos de l'Estat », il apposait une signature, retardée à dessein jusque-là, en bas de l'édit destiné à pourvoir à ce que Dieu fût adoré et prié par tous ses sujets... « s'il ne luy a plu permettre que ce soit encore en une même forme de religion, au moins d'une même intention » — et il revendiquait hautement, de par cet acte même, le titre glorieux de *roi très chrétien*. L'avait-il jamais mieux justifié ?

Avouons-le, il est de nos contemporains qui seraient précisément tentés de le lui refuser, de considérer comme une faiblesse coupable, comme une lourde faute cet édit de Nantes que Saint-Simon déclare « un chef-d'œuvre de politique et de grand sens ». Nous y voulons voir mieux encore, nous y voulons voir surtout, avec le respect de la foi personnelle et des droits de la conscience, l'appel fait à tous les enfants d'une même patrie à se dévouer à elle avec une même ardeur et, « par leur concorde, à rétablir l'opulence, la force, la splendeur de l'État ».

Et déjà, préoccupé de panser les blessures intérieures et de préparer l'exécution au dehors de ses vastes desseins, pressentis par son premier guide Coligny, Henri IV avait confié à Sully le soin de refaire les finances délabrées, il songeait à fonder l'Académie militaire conseillée par La Noue, il demandait à Olivier de Serres de relever l'agriculture en détresse et de fournir, par l'élève du mûrier et des vers à soie, des ressources nouvelles à l'industrie nationale. Les villes allaient se rebâtir, les campagnes se repeupler, les dettes de l'État se payer, les citoyens, redevenus frères, se rapprocher les uns des autres et faire succéder aux vieilles rancunes, aux préventions, aux discordes sanglantes « l'émulation religieuse et charitable où l'Église catholique, comme la protestante, devait trouver », selon les paroles si justes d'Eugène Bersier, « une véritable renaissance et un incomparable éclat ».

La belle fin de siècle que celle-là !

De la suivante faut-il, hélas ! évoquer maintenant les douleurs, les forces vives enlevées au pays par la destruction, systématiquement poursuivie jusqu'à l'abolition complète, de l'Édit juré par Henri IV, par Louis XIII, par Louis XIV lui-même? Mais après ces jours d'épreuves, par lesquelles sans doute le Père céleste avait voulu épurer et retremper ses enfants, quand s'est clos le XVIIIe siècle, au milieu d'effroyables secousses, une vérité cependant, grâce à Dieu, s'était désormais imposée à la conscience nationale : « Nul ne doit être inquiété pour ses opinions religieuses. » C'est le principe contenu en germe dans l'édit du 13 avril 1598, auquel les progrès des temps modernes devaient donner son plein épanouissement, substituant à une tolérance plus ou moins étendue le régime de l'entière liberté.

De ce régime de liberté les Protestants ont joui, à des degrés divers, pendant ce XIXe siècle qui s'achève à son tour. Il leur a été au moins permis de montrer leur foi par leurs œuvres. Ce qu'ont été les principaux résultats de leur activité moralisatrice et chrétienne, ce qu'ils ont effectué pour la propagation de l'Évangile, pour l'instruction des petits, pour le soulagement des misères d'où qu'elles vinssent et quelles qu'elles fussent, voilà ce que l'Église de Nantes, de la cité à jamais célèbre dans nos annales, a demandé à nos coreligionnaires d'exposer publiquement à ce Jubilé solennel. Et l'invitation a été entendue par les représentants des œuvres et par les conducteurs des Églises. De bien des côtés de la France protestante, des grands centres dont les noms sont à eux seuls toute une évocation de nos annales, des troupeaux disséminés mais résistants dont la perpétuité à travers tant d'orages est un réconfort et une leçon, des foyers qu'on croyait éteints et où le flambeau de l'Évangile se rallume et rayonne de jour en jour davantage, des Églises de la confession d'Augsbourg, sœurs des Réformées, et des Églises indépendantes, vous êtes venus, messieurs, rendre ensemble hommage aux souvenirs du passé et bénir Dieu dans le présent de ses constantes gratuités.

Vous le ferez d'un cœur débordant d'émotion et de reconnaissance envers l'auteur de toute grâce et de tout don, mais aussi dans un sentiment unanime de solidarité protestante et de patriotique fraternité. Ce n'est que dans la paix et par l'union que les Églises remplissent leur mission de lumière et d'amour. Et ce n'est que par le concours fraternel de tous les citoyens, par l'ardent dévouement de tous, sans arrière-pensée, sans réserve, qu'un pays peut répondre à ses hautes destinées.

S'il est des attardés qui, ne comprenant pas le grand exemple de Henri IV, remontant à plus de trois siècles en arrière, voudraient redresser les barrières vermoulues, ou reprendre les formules et les accusations intolérantes d'un autre âge, vous pourrez parfois vous en attrister, mais vous ne leur répondrez pas en les imitant. Vous serez, n'est-il pas vrai, messieurs et frères, de ceux qui, sans répudier leur glorieux héritage, sans abaisser leur drapeau, sans abdiquer leurs croyances et toujours prêts à en rendre compte, savent et veulent respecter celles des autres; de ceux qui célèbrent avec joie un anniversaire comme celui-ci, parce qu'il en est un d'apaisement et de concorde; qui ont les mains toujours tendues, prêtes à l'étreinte amie et au travail en commun; de ceux enfin qui aspirent à voir, selon le vœu du noble chancelier Michel de l'Hospital, ce précurseur de l'édit de Nantes, s'effacer de plus en plus les appellations des partis ecclésiastiques ou religieux, pour laisser briller dans un commun rayonnement, toujours plus pénétrant et plus lumineux, les noms aimés de chrétiens et de Français!

L'assemblée acclame cet appel à l'union, puis M. Ch. Frossard lui montre un exemplaire petit in-8°, de l'édit de Nantes imprimé à PARIS || Par les imprimeurs et libraires ordinaires du Roy || M.D.XCIX. || *Avec Privilège dudict seigneur.* Cet exemplaire avait appartenu à un avocat huguenot qui avait écrit sur ce titre : « *Acheté à Nismes le* 29 *avril* 1599 *du Térond* »; et marqué, en travers des armes de France, ces mots : « *Publié à Nismes le Vandredy le* 18 *febr* 1600 *à l'audian*ᶜᵉ *pr*ᵃˡˡᵉ » (présidialle)[1]. Ainsi dans une

1. M. le pasteur F. Viel, de Toulouse, me signale un exemplaire qui porte au bas du titre *Jouxte la copie imprimée à Paris.* M.DXCIX, et où la page 72 renferme, après le texte des 95 (et non 92) premiers articles :

Coppie de la subscription et signature des quatre deputez qui estoyent en Cour pour l'assemblée de Chastelleraud.

Nous soubsignez Jaques de Constans, gentilhomme ordinaire de la Chambre du Roy, et gouverneur des Isles et chasteau de Maran; Jean du Puis, sieur de Cazes, gentilhomme ordinaire de la Chambre du Roy;

ville en majorité huguenote, comme Nîmes, on n'avait pu obtenir la publication de l'édit de Nantes qu'un an après son enregistrement à Paris et deux ans après sa signature à Nantes ! Ce simple détail montre quelles difficultés s'opposaient à la reconnaissance d'une loi qui ne satisfaisait qu'à moitié ceux qui l'avaient obtenue à si grand' peine. M. P. de Félice, s'installant dans l'ancienne chaire du Désert, qui sert habituellement au lecteur, raconte aussitôt, avec beaucoup d'humour,

COMMENT L'ÉDIT DE NANTES FUT OBSERVÉ

L'édit de Nantes n'a jamais été vraiment observé, ni dans sa lettre, ni dans son esprit. Les nombreuses confirmations que le gouvernement juge opportun d'en publier, ne le prouvent pas moins que les *Plaintes* des Réformés. Dès le premier jour, l'une ou l'autre des libertés qu'il accorde, l'un ou l'autre des droits qu'il reconnaît, est battu en brèche, progressivement réduit, annihilé, enfin. Pendant la première moitié du XVIIe siècle, ce ne sont encore que des violations de détail, innombrables, il est vrai. A partir de la majorité de Louis XIV, plus exactement à partir de 1656 et, surtout, de 1660, on codifie l'injustice. Il y a un plan plus ferme, une méthode plus fixe, que nous révèlent les *Mémoires* du Clergé (1660). Ces *Mémoires* sont envoyés dans toute la France, pour ser-

Nicolas Grimonld, escuyer, sieur de la Motte, lieutenant général civil et criminel au bailliage d'Alençon ; Daniel Chamier, docteur en théologie, députés vers sa Maiesté de la part de l'Assemblée de ceux de la Religion, estant de présent à Chastelleraud, par permission de sa Maiesté, certifions que l'Esdit cy-dessus escrit est en tous ses poincts conforme et semblable à ce qui a esté traité et convenu avec nous par ceux du Conseil de ladite Maiesté, et le recevons d'icelle avec très humbles actions de grâces et prières à Dieu pour la prospérité de sa dite Maiesté. Fait à Nantes le dernier jour d'avril 1598. Signé Constans, Jean du Puis, de Cazes, Nicolas Grimould et Chamier.

Suivent les formules d'enregistrement au Parlement et en la Chambre des comptes de Paris, puis les « Articles particuliers accordés par le Roy à ceux de la Religion ; lesquels, quoy que non comprins en l'Édict donné à Nantes en avril 1598, sa Maiesté néantmoins veut et entend estre entièrement accomplis et observez tout ainsi que les généraux contenus au dit Edict M.DXCIX ». — Ces articles particuliers, au nombre de 56, commencent avec une pagination particulière, et forment 28 pages de l'opuscule.

vir de manuel aux adversaires des Réformés. L'Édit devient de jour en jour davantage un corps sans âme, une lettre morte. On enlève si bien aux Réformés toute possibilité d'exister légalement, que l'édit de Révocation s'appuie sur ce que celui de Nantes est devenu inutile, puisque, à quelques rebelles fanatiques et incorrigibles près, il n'y a plus, affirme-t-on, de Réformés en France.

Je ne saurais songer, vu les limites dans lesquelles je dois me tenir, à suivre dans ses détails cette inobservation multiple et progressive. Il faudrait énumérer tous les droits, toutes les libertés; montrer ensuite comment ils succombèrent l'un après l'autre sous les coups d'adversaires implacables et aux yeux desquels la fin justifiait tous les moyens; écrire en un mot un volume entier. Volume encore à faire, du reste, mais non ici, pour les lecteurs modernes.

Je laisserai donc de côté, tout d'abord, ce qui a été fait, au point de vue strictement politique, pour détruire ce qu'on a appelé l'État dans l'État. A cet égard, d'ailleurs, la conduite du pouvoir royal s'explique et même se justifie. Ou plutôt elle se justifierait, si le pouvoir n'avait pas profité de cet effacement de la puissance politique des Réformés pour les opprimer. En fait, on a d'autant plus violé les édits, et celui de Nantes, en particulier, qu'on a moins redouté les Réformés, et on ne les a plus redoutés à partir de la chute de La Rochelle. Là est, pour eux, l'importance de cet événement. Il en a eu une autre, plus générale et tout aussi fâcheuse pour notre pays, malgré les apparences premières. Mais j'ai encore moins à m'y arrêter dans ce moment.

Au point de vue confessionnel, si je peux employer cette expression, je dois également me restreindre.

Je ne dirai donc rien, par exemple, du droit de résidence accordé aux Réformés, nationaux ou étrangers (notamment, pour ceux-ci, aux pasteurs et professeurs[1]), dans toutes les villes du royaume et en toute liberté de conscience, droit

1. Art. VI des Généraux et I des Particuliers.

SOUSCRIPTION

A

L'HISTOIRE DU PROTESTANTISME

DANS

L'ALBIGEOIS ET LE LAURAGAIS

Depuis la révocation de l'Édit de Nantes, 1685 —, jusqu'à nos jours (600 p. environ, gr. In-8°, **5 fr.**, *pour les Souscripteurs jusqu'au 15* ~~Juillet~~ août — **7 fr. 50**, *après).*

Ce volume, rédigé sur un énorme stock de documents originaux, recueillis un par un dans les Archives publiques et privées, embrasse cette terre classique de la persécution où Albigeois et Réformés témoignèrent d'une invincible foi. Chaque date sinistre y est marquée de leurs larmes et de leur sang, et toutes les Églises de la région y figurent assez souvent, pour qu'on pût faire de chacune d'elles une monographie spéciale, comme il a été fait pour celle de Réalmont.

Le livre touche aux événements les plus saillants et aux personnalités les plus en vue : Édits persécuteurs, Assemblées du Désert, Proscriptions et Supplices, Guerre des Camisards, Petits Prophètes, Histoire du Château de Ferrières, Édit de tolérance, Révolution de 1789, Roques et Martin de Lacaune, Jean de Ligonier, Marie de Conte, Rapin de Thoyras, Corbière la Sicardié, Sirven, le Girondin Lasource, Jean Bon St-André, Bonifas-Laroque.

Si l'auteur n'a pas craint d'aborder les faits récents, la dernière crise à laquelle il a été mêlé, lui-même, — réorganisation des Cultes, Coup d'État de 1852, Synode officieux de 1848 et officiel de 1872, Luttes ecclésiastiques, Formation des Églises libres, etc., — c'est qu'il s'est senti capable de la plus stricte impartialité et qu'il ne souhaite rien tant que le réveil du sentiment huguenot, suivi du réveil du sentiment Chrétien.

Reste au public à soutenir et à encourager les labeurs de toute une vie.

Fischbacher, libraire-éditeur,
Paris, rue de Seine, 33.

Montp., impr. Grollier père.

BULLETIN DE COMMANDE

Je prie la **Librairie Fischbacher** *(Paris, rue de Seine, 33),* — *ou bien,* M. Bonnet, *libraire à Castres,* — M. Huc, *libraire à Castres,* — *de m'envoyer* **franco,** *contre la somme de* **cinq francs** *ci-jointe, 1 exemplaire de l'***Histoire du Protestantisme dans l'Albigeois** *de* M. Camille Rabaud.

Signature ....

Nom ....

Adresse ....

L'ENTRÉE DU CHATEAU DE NANTES.

qu'on limitera, puis qu'on supprimera, soit en ce qui concerne le séjour, soit en ce qui concerne la conscience; rien des procédés employés pour faire démolir, et démolir par centaines, des temples même anciens, parce qu'on s'aperçoit tout à coup, au bout de 60 ans, qu'ils sont trop près des églises catholiques, et que le chant des psaumes, le son des cloches, ou la rencontre possible des processions, ont le plus grave inconvénient pour le culte catholique et scandalisent les fidèles, qui jamais n'y avaient pensé jusqu'alors; rien sur l'application aux seuls Réformés de l'art. XVII des Généraux, qui défend « à tous prescheurs, lecteurs ou autres qui parlent en public », les paroles et discours qui risqueraient de provoquer des séditions, de sorte qu'on peut tout dire contre eux et qu'il ne leur est pas permis de se défendre; rien sur l'interdiction d'enlever par force ou par induction et contre le gré des parents, les enfants des Réformés, pour les faire baptiser catholiques (art. XVIII), alors que, même avant les odieux enlèvements d'enfants, dont les Réformés se sont, à trop juste titre, si souvent et si amèrement plaints, on décide que, malgré la volonté contraire du père, tout enfant d'un père mort catholique sera catholique; que si un père a témoigné, « en quelque manière que ce soit », même par un mot échappé dans un moment de dépit ou de découragement, le désir que ses enfants soient élevés dans la religion catholique, il ne pourra jamais s'en dédire, mais devra encore payer une pension alimentaire pour ses enfants, désormais propriété des catholiques; que si un père catholique devient protestant, on lui enlèvera ses enfants pour les faire élever catholiques à ses frais; enfin, et cela dès 1663, que le père catholique sera obligé de faire baptiser ses enfants dans sa religion, même si la mère est Réformée, et même si lui et elle sont d'accord à ne pas le vouloir... Voilà comment la royauté et le Clergé respectent alors la liberté des pères de famille !

Je ne dirai rien sur l'égale admissibilité (art. XXVII) des Réformés à toutes les dignités, fonctions, charges, industries, métiers (corporations et maîtrises), alors que, sous prétexte que l'édit de Nantes ayant été accordé comme par nécessité, en des temps fâcheux, les successeurs de Henri IV ne sont pas tenus de l'observer, si perpétuel et irrévocable qu'il soit, on prive peu à peu les Réformés de ces dignités, charges et fonctions, et on finit par leur enlever la possibilité d'exercer un métier quelconque, fût-ce celui de loueur de chevaux, de boucher ou de lingère.

Je ne parlerai pas davantage de la réduction progressive de la compétence des Chambres de l'édit ou mi-parties, tribunaux spéciaux chargés de garantir les droits des Réformés, ni de leur suppression complète (1679), au moment où l'urgence s'en fait le plus sentir... Et quand donc n'avait-il pas été urgent de les avoir? Odet de la Noue, digne porteur d'un nom illustre, l'un de ces laïques éminents dont notre Église se glorifie, n'écrivait-il pas à Henri IV, le 26 juin 1596, c'est-à-dire à la veille de la promulgation de l'Édit, que tout le monde réclamait des chambres mi-parties, à cause des injustices criantes des parlements, et n'ajoutait-il pas : « Sans lequel remède, j'ose dire à Votre Majesté que tous les autres remèdes sont nuls[1]. » Et Henri IV était si bien de cet avis que presque la moitié de l'édit de Nantes traite de ces tribunaux spéciaux et de leurs attributions.

M'arrêterai-je à montrer la violation manifeste de l'art. II des Particuliers, qui dispense les Réformés, sauf le cas de fondations spéciales, de contribuer en rien aux frais du culte catholique, à l'entretien de ses églises ou presbytères, ou au traitement et logement de ses curés, alors que, sous prétexte que les églises paroissiales et les presbytères sont biens communaux, on oblige les Réformés à contribuer à leur entretien, non comme Réformés, mais comme faisant partie de la commune, de sorte que, dans une commune nommée Gatuzières, par exemple, les habitants, bien que Réformés pour la plupart, sont condamnés, par arrêt du parlement de Toulouse (11 mars 1664), à rebâtir à leurs frais le presbytère du curé? Et puis, s'ils réclament une égalité de traitement, on leur répond que l'édit de Nantes, en les autorisant, comme Réformés et non comme faisant partie de la commune, à

1. *Bulletin*, 1898, 106.

lever des fonds pour les frais de leur culte, a bien marqué que la commune n'y devait point contribuer[1].

Dirai-je sous quels futiles prétextes on paralyse ou on supprime leurs écoles, leurs collèges, leurs académies ? Pour ne parler que des écoles, que d'entraves, alors que l'art. XXXVII des Particuliers les autorise partout où l'exercice public du culte est permis ? On limite l'enseignement, pour en écarter toute la bourgeoisie, à la lecture, l'écriture et l'arithmétique ; on ne permet, y eût-il, comme à Montauban, par exemple, des centaines d'élèves, qu'une seule école, et, dans cette école, qu'un seul maître ; on veut obliger les Églises, dont on a mis les temples aussi loin des villes que possible, même en pleins champs, à mettre ensuite leurs écoles à côté des temples pour en rendre l'accès difficile ou même impossible aux enfants ; on interdit les collectes spéciales pour les maîtres, et on interdit aux maîtres d'avoir des pensionnaires, qui les auraient aidés à vivre ; enfin, on s'appuie sur l'art. XXII, qui donne aux Réformés le droit de profiter, s'ils le veulent, des écoles et des collèges catholiques, non seulement pour les obliger, même s'ils n'en profitent pas, à contribuer à leur entretien, mais pour leur interdire, malgré les prescriptions formelles de leur *Discipline*, de censurer ceux qui mettent leurs enfants chez les Jésuites ou prennent des précepteurs catholiques.

M'arrêterai-je, enfin, à montrer comment, malgré l'art. XXXIV des Particuliers, permettant aux Réformés de tenir leurs consistoires, colloques et synodes, et le Brevet royal du 23 août 1599[2], dispensant de demander d'abord la permission du roi, qu'exigeait l'édit, on exige quand même la permission préalable ? Comment, après l'avoir accordée de moins en moins facilement et régulièrement, on finit par la

1. La doctrine du Parlement de Toulouse avait été généralisée par l'art. 59 de la *Déclaration* de 1666. Par contre, elle fut abolie par l'art. 36 de la *Déclaration* de février 1669, à cause du nombre et du trop bien fondé évident des réclamations. Mais le Clergé en demande le rétablissement, à cause de la difficulté qu'il y a à faire réparer ces immeubles dans une quantité de paroisses de plusieurs provinces, dont les habitants sont quasi tous de la Religion (*Explication*, p. 448).

2. Bibl. Nat., ms. 20965, fonds franç.

refuser et par supprimer ainsi les synodes nationaux (1659), puis les provinciaux et les colloques (1683)? Comment, à partir de 1623, et alors que l'Édit n'en parlait pas, on impose, par une « contrainte plus injurieuse qu'incommode[1] », et que le pouvoir rendra le plus injurieuse et le plus incommode possible, un commissaire royal aux synodes et colloques, et même, plus tard (1684), aux consistoires? Comment ce commissaire, qui devait être, d'après la *Déclaration* de 1623, de la R. P. R., sera ensuite catholique, parce que cette *Déclaration* « ne le défend pas », et finira même par être un prêtre (Lisy, 1683)?

Encore une fois, pour parler de tout cela avec quelques détails, il faudrait tout un volume. Je m'en tiendrai donc à deux points spéciaux, non certes pour épuiser la matière, mais pour donner une idée plus exacte de la méthode et des procédés employés. Ces deux points sont: *le droit d'exercice*, ou, comme nous dirions, d'établir, d'organiser une Église, et de célébrer le culte protestant, que déterminent les art. VII à XI des Généraux[2]; *le droit de posséder* et *de lever des fonds*, déterminé par les art. 42 et 43 des Particuliers ou Secrets.

Mais, avant de les aborder, il importe, pour expliquer ce qui va suivre, de parler quelque peu de la méthode et des procédés employés par les adversaires de l'Édit, c'est-à-dire par le Clergé, auquel le roi, dès 1656, et surtout dès 1660, comme je l'ai dit, a livré les Réformés pieds et poings liés, et que secondent à l'envi les parlements, les tribunaux subalternes et tout ce qu'on nomme aujourd'hui l'administration. C'est une sorte de curée à laquelle tous courent.

Partant de ce point de vue que l'Édit a été accordé par nécessité, en des temps fâcheux, comme un remède à un mal présent et non pas pour garantir un droit supérieur aux causes et aux circonstances qui en ont provoqué l'affirmation, les adversaires se considèrent comme parfaitement autori-

1. Benoit, II, 421.

2. Il y a deux sortes d'articles : les Généraux et les Particuliers, ou Secrets. Il y a 92 articles Généraux et 56 articles Particuliers.

sés, ou même obligés à le combattre de toutes leurs forces et par tous les moyens. « Les choses odieuses, disent-ils, doivent être restreintes. » Sans doute Henri IV a déclaré l'Édit perpétuel et irrévocable. Mais il s'agit de salut public, et le salut public est la loi suprême. En d'autres termes, la suppression de l'Édit étant absolument nécessaire au bien de la religion catholique romaine, et le bien de cette religion à celui de l'État, puisque les deux se confondent, tout ce qu'on fera contre l'Édit sera pour l'État, et cette fin justifiera tous les moyens.

Mais puisque, malheureusement, on ne peut pas supprimer l'Édit d'un coup, que fera-t-on? On en réduira d'abord la portée par des interprétations que la force sanctionnera, à défaut de la justice; on atténuera l'Édit au point de l'exténuer; on provoquera la disparition des Églises et la diminution du nombre des Réformés et, en attendant, on emploiera tous les moyens pour rendre les Réformés odieux au peuple, comme accapareurs des meilleures situations et mauvais Français.

En fait d'interprétations, il me suffira de signaler celle dont l'avocat général, Omer Talon, a donné non pas l'idée, mais l'heureuse formule : l'interprétation *à la rigueur*. Interpréter à la rigueur, c'est se servir *contre* les Réformés de ce qui a été donné *pour* eux ; c'est, pour employer une expression des prêtres Bernard et Soulier, dans leur *Explication de l'Édit de Nantes* (Paris, 1863, p. 129), ouvrage capital en la matière, transformer une « grâce » en une « chose funeste ou dangereuse ». Les Réformés peuvent aller dans les hôpitaux catholiques; donc on doit les empêcher d'en avoir à eux. Les Réformés pauvres peuvent avoir part aux aumônes communes; donc on doit prendre aux Églises, pour les mettre à la caisse commune, les dons et legs destinés à leurs pauvres. — L'Édit prescrit à la police d'empêcher tout scandale aux enterrements des Réformés, c'est-à-dire tout scandale *contre* eux, comme cela s'est vu mille fois. Il faut lire : tout scandale *par* eux (art. XXIX). Et ainsi de suite.

Dans leur *Épître* (dédicatoire) *aux Archevêques et Évêques*, Bernard et Soulier, en donnent un exemple topique. Leur

Explication est écrite pour qu'on « puisse parfaitement con- « naître l'esprit de l'Édit et discerner par des règles précises « les lieux où l'exercice (culte) doit être *supprimé* ». Dès lors, l'Édit tout entier donné en faveur des Réformés pour établir ou garantir leurs droits et libertés, servira à détruire ces libertés et ces droits. De forteresse pour leur défense, il deviendra prison, pour les emmurer et les détruire. Ce sera le triomphe de l'interprétation à la rigueur !

Et comment en arrivera-t-on là ? Oh ! d'une manière bien simple. On effacera d'abord tout bonnement l'art. XCI de l'Édit, qui abroge, sauf en certains points, spécialement visés, tous les édits, déclarations, arrêts, etc., antérieurs ; puis on expliquera, ou plutôt limitera l'édit de Nantes par eux. A vrai dire, ce sera une manière de l'effacer tout entier. Voici, par exemple, l'art. VI des Généraux, confirmé par l'art. 1 des Particuliers, qui proclame la liberté de conscience pour tous et partout. Or, il se trouve que de nombreux catholiques en profitent pour se convertir au protestantisme. La piété du roi remédiera heureusement à ce scandaleux « abus », en interprétant cet article à l'aide des articles correspondants des édits de 1577 et conférences de Nérac et du Fleix, particulièrement de l'édit de 1577, dans lequel « il faut prendre « l'explication de celui de Nantes ». Car « ç'a été sans doute « (*sic*) l'esprit et l'intention du roi », vu que « si cet article « accordait aux catholiques la faculté de changer de religion, « il blesserait le droit public et serait contraire à la religion « catholique et au bien de l'État » (*Explication*, p. 221). Que pouvait-il rester debout de l'édit de Nantes, je le demande, si tout ce qui était contraire à la religion catholique en était retranché, sous prétexte de droit public et de bien de l'État. Telle est, pourtant, la doctrine qui a triomphé !

Admirons en passant ce merveilleux respect de la volonté royale ! On sait tout le parti que le Clergé a toujours tiré, contre les Réformés, de leur prétendu mépris pour l'autorité du roi, parce qu'ils ne voulaient pas adopter sa religion, ni soumettre leur conscience à la sienne. Et puis, ici, où il s'agit d'un édit perpétuel, irrévocable, déclaré par le roi lui-même (dans le *Préambule*), une loi générale, claire, nette et absolue, ce même Clergé n'hésite pas à proclamer qu'il ne faut point obéir, parce que, d'après lui, tout ce qui est contraire à la religion catholique blesserait le droit public et compromettrait le bien de l'État[1]. Les rois de droit divin ne seraient-ils donc pas les meilleurs juges de tout cela ?

En second lieu, pour réduire la portée de l'Édit, on donne l'autorité virtuelle de la chose jugée, à n'importe quelle décision de n'importe quel parlement, ou même d'un intendant, malgré les protestations et les appels des Réformés contre cette décision. Puis on généralise l'espèce, ou cas particulier, et cette décision est ou pourra être transformée en loi générale. Je rappelle le cas de la commune de Gatuzières, dont les habitants, pour la plupart Réformés, sont condamnés par le parlement de Toulouse (11 mars 1664) à rebâtir le presbytère du curé. Désormais, au moins jusqu'en 1669, on invoquera cet arrêt et il fera autorité. Or chacun sait combien certains parlements, notamment celui de Toulouse, ont toujours été aveuglément hostiles aux Réformés... C'est dire tout le parti qu'on pourra tirer d'une pareille jurisprudence, qui soumet l'Édit aux parlements, et non pas les parlements à l'Édit.

Un troisième procédé consiste à se lamenter sur la prétendue oppression que subissent les catholiques. Les persécutés, ce sont eux ; ils sont donc dans le cas de légitime défense. Ce fut l'un des grands arguments contre les Réformés, lors de l'envoi des commissaires royaux, à la suite des *Mémoires* de 1660. Ce fut aussi l'une des raisons principales données pour arriver à la suppression, en fait, de l'art. XVII des Généraux, proclamant l'égale accessibilité pour tous de toutes les charges, fonctions, dignités, magistratures locales ou autres. Les Réformés, disait-on, les avaient assez longtemps possédées et il était « juste de tirer les catholiques de « l'oppression et de préférer les domestiques de la foi à ceux « qui ne sont que tolérés dans l'État ». Et dès lors on les refuse peu à peu toutes aux Réformés.

1. Voir notamment dans l'*Explication*, les pp. 215 à 220.

Au reste, le vrai but, le but profond, n'est pas de préserver les catholiques d'une oppression à laquelle personne de sensé ne croit. Là, comme ailleurs, comme partout, ce qu'on veut obtenir, c'est la diminution progressive du nombre des Réformés et de leurs Églises, en rendant la vie impossible aux uns et aux autres. Non pas, comme des cœurs candides pourraient le croire, qu'on s'inquiète beaucoup du salut éternel des âmes. Il s'agit peu de cela, aux phrases près. Ce dont il s'agit, c'est d'arriver à pouvoir traiter les Réformés comme une quantité négligeable ; puis de s'appuyer sur cette diminution pour prétendre que l'Édit étant devenu inutile, il n'y a plus qu'à le supprimer. Raisonnement étrange et contradictoire, tout au moins, puisque l'inutilité de l'Édit en aurait rendu, semble-t-il, la révocation encore plus inutile. Personne, d'ailleurs, n'était dupe, et le grand point n'était pas d'avoir raison, mais d'avoir des raisons, bonnes ou mauvaises. En voici un exemple notable.

Au moment de la promulgation de l'Édit, certaines régions de la France n'étaient pas encore incorporées à la couronne. Ainsi le pays de Gex, qui ne le fut qu'en 1601, et le Béarn qui ne le fut définitivement qu'en 1620. Comme le Béarn est en immense majorité protestant, et que le régime de l'Édit y sera défavorable à la Réforme, on le lui applique. — Mais comme il serait favorable au Protestantisme dans le pays de Gex, on le refuse à ce dernier, en 1662 et 1664, après soixante années de réelle et même de légale jouissance (édit de 1604, Drion, *Hist. chron.*, I, 269), et sur 25 Églises, on n'en laisse plus subsister que deux !

Enfin, le dernier procédé que je mentionnerai consiste à désunir, à ruiner et à discréditer les Réformés eux-mêmes. S'agit-il de les désunir ? J'en donnerai une seule preuve, afin de ne pas me perdre dans l'infinie complication des menées sourdes employées dans ce but. Cette preuve, c'est la suppression des synodes nationaux et l'interdiction de toute communication de province à province, allant jusque-là que de défendre, comme l'usage en avait été constant depuis 1609 au moins, que quelques députés d'un synode provincial aillent assister au synode de la province voisine, « pour entretenir, dit la *Discipline des Églises réformées* (VIII, XVI), l'uniformité entre voisins ». On veut — et on ne s'en cache pas — empêcher les Réformés de former un corps compact, afin de les détruire plus facilement en détail.

S'agit-il de les discréditer (car je réserve à plus tard ce qu'on fait pour les ruiner)? On affecte d'abord, au point de vue de leur culte, de les isoler, de les parquer. Ce sont des pestiférés spirituels, dont le culte est une sorte de honte et de malheur public. On les envoie le plus loin possible des villes, comme pour éviter toute contamination, et on les force presque à se cacher pour enterrer leurs morts, à cause du scandale. Qu'un évêque ou un archevêque soit dans une ville et aussitôt le culte public est suspendu pendant son séjour. — On affecte de surveiller leurs prédicateurs; de traiter leurs consistoires et leurs synodes de conventicules de conspirateurs, sur lesquels on ne saurait avoir l'œil trop ouvert... et ainsi de suite. Quant à leurs personnes, on fait le possible et l'impossible pour rendre les Réformés odieux au peuple. Tantôt on les accuse d'accaparer toutes les bonnes places aux dépens des catholiques, alors que, en réalité, on les met en mépris, en les leur refusant peu à peu toutes et en les excluant, je ne dis pas seulement de toute faveur, mais même du droit commun. Tantôt on veut les faire passer pour inféodés aux étrangers, s'entendant avec eux, rêvant je ne sais quel assujettissement de leur pays, on ne sait à qui ni à quoi, et compromettant la sécurité des bons Français (car qui n'est pas catholique ne saurait être bon Français), alors que ce ne sont pas des pasteurs qu'on trouve dans les Ligues ou dans les Frondes, ni des Réformés de France qui reçoivent un mot d'ordre ou des ordres de delà les monts. — Toujours, enfin, malgré tous leurs efforts et l'évidence, on veut rendre suspect ou on conteste absolument leur loyalisme, et ceux qui vont colportant cette calomnie sont les mêmes, qui foulent le plus aux pieds les édits royaux les plus solennels. Bref, comme aux jours anciens de l'Église, on tâche à les faire passer pour les ennemis du genre humain. Et lorsque, poussés à bout, ils réclament, ce sont des hélas! des bras levés au ciel, toute la mise en scène d'une feinte terreur et, naturellement, de nouvelles mesures de rigueur contre des gens dont le vrai crime est de n'avoir pas le nombre pour eux.

Ces quelques indications données, j'en viens au premier des deux points que je veux traiter, c'est-à-dire au droit d'*exercice*, ou droit d'établir des Églises.

L'édit de Nantes l'accorde (art. VII à XI) :

1. Aux seigneurs hauts justiciers[1] dans le lieu de leur principal domicile, pendant leur séjour personnel, ou de leur famille, en tout ou en partie, et cela pour eux, leur famille, leurs vassaux et « autres qui y voudront aller » ;

2. Aux seigneurs de simple fief, avec une réserve que j'indique plus loin, pour eux et leur famille seulement, et trente personnes au plus, « outre leur famille, soit à l'occasion de baptêmes, visites de leurs amis, ou autrement » ;

3. Aux fidèles de toutes les villes et lieux où le culte était « établi et fait publiquement par plusieurs et diverses fois » en 1596 et en 1597, jusqu'à la fin d'août ;

4. En tous les lieux où il avait été établi, ou aurait dû l'être, par l'édit de pacification de 1577 « et conférences de Nérac et de Fleix » ;

5. Enfin, dans un second lieu par bailliage[2], quel que soit le nombre d'Églises existant dans ce bailliage en vertu des autres articles, mais avec une double réserve : si le culte peut être *rétabli* dans l'intérieur des villes épiscopales ou archiépiscopales, il ne saurait y être *établi* ou créé ; il faudra que ce soit dans la banlieue de ces villes ; en outre, ce second exercice de bailliage ne pourra être mis dans des lieux ou seigneuries appartenant à des ecclésiastiques catholiques, qui en ont été « de grâce spéciale exceptés et réservés ».

Tout compris, et quoique les Réformés eussent pu se plaindre avec juste raison des pertes qu'ils en devaient subir, cela faisait pourtant un assez joli nombre d'Églises.

1. La haute justice est celle d'un seigneur qui a le pouvoir de faire condamner à une peine capitale et de juger toutes les causes civiles et criminelles, excepté les cas royaux. — On comprend que les seigneurs de simple fief sont d'un rang moindre.

2. Pays sous la juridiction d'un bailli.

C'est bien, en effet, ce que pensent les adversaires, et nous allons voir comment ils vont arriver à en interdire, malgré l'Édit, un nombre proportionnellement énorme. Encore ne dirai-je pas tout.

Prenons d'abord l'art. VII, concernant les seigneurs hauts justiciers.

Tout d'abord, il faudra que ces seigneurs résident ordinairement sur leurs terres. Cela paraît tout simple et tout naturel. Mais voici, par exemple, les sieurs Baudouin (1642), avocat au Conseil, à Paris, et de la Mézangère (1682), conseiller au parlement, à Rouen. Pendant la semaine, leurs fonctions les retiennent dans ces villes. Ils vont dans leur terre du samedi au lundi. On les mettra en demeure de résider toujours à la campagne, c'est-à-dire de renoncer à leurs fonctions, ou bien de renoncer à leur culte. On voit la conséquence pour tous les cas analogues. L'Édit ne disait rien de cela.

Puis on demandera la résidence actuelle du seigneur lui-même, de sorte que si lui, ou sa femme ou leurs enfants sont absents, le droit tombera. L'Édit disait : « en leur absence, leurs femmes ou bien leur famille, ou partie d'icelle » — sans aucunement restreindre... Mais par là on obtient la cessation du culte chez tous les seigneurs, que les circonstances amènent ou forcent à quitter leurs terres, pendant le temps de leur absence.

Il faudra ensuite que le seigneur ait une haute justice qui relève directement du roi. Sans cela il faudra la permission du seigneur dont elle relève en arrière-fief. Voici ce que cela veut dire : tel puissant seigneur possédait dans ses domaines plusieurs fiefs secondaires ayant haute justice. S'il les aliénait, dans la mesure où la loi et la coutume le permettaient, il concédait, *ipso facto*, tous les droits attachés à ces fiefs. C'était donc créer une jurisprudence spéciale : tous ces droits, sauf celui d'exercice. C'était effacer purement et simplement l'art. VII; assimiler sur ce point, avec une notable aggravation, indiquée plus loin, les seigneurs ayant haute justice à ceux de simple fief (art. VIII), et mettre par conséquent la volonté du seigneur qui aliène, au-dessus de celle du roi, qui a donné l'Édit. On devine les suppressions d'exercice que cette mesure pourra entraîner, puisque les seuls fiefs, relevant directement du roi, pourront jouir librement du droit conféré par l'art. VII. Et, même pour ces derniers, il faudra également, dès 1657, la permission expresse du roi. En fait, c'est la substitution du bon plaisir à la loi.

Mais si par ces mesures, illégales en soi, on a supprimé nombre d'exercices, comment va-t-on s'y prendre pour réduire encore le nombre ou l'importance de ceux qui restent malgré cela?

L'article dit que les seigneurs pourront faire célébrer le culte « en leurs maisons ». Personne au monde, sans l'avoir vu, ne devinerait ce qu'on va tirer de là. Dans leurs maisons, signifie d'abord que ce doit être dans une des salles du château, et non pas dans la cour, ou dans une grange, ou dans un temple, en dedans des murs d'enceinte de ce château. Ainsi, en 1679, le duc de La Force doit faire démolir le temple bâti dans la cour de son château.

Dans leurs maisons signifie encore qu'il faudra entrer par la porte ordinaire du château, et en 1661, le seigneur de La Vérune (Hérault) doit faire murer une porte spéciale ouverte par lui, pour donner directement accès dans la salle où se fait le culte.

Notez, s'il vous plaît, à propos de ce mot maisons, la merveilleuse équité des adversaires. A l'article III où il est spécifié que les églises, *maisons* et habitations des ecclésiastiques à eux prises pendant les troubles leur seront rendues, et qu'on n'y pourra point célébrer le culte réformé, le mot *maisons* doit s'entendre, nous dit-on, au sens de seigneurie, c'est-à-dire au sens le plus large, dépassant même de tous points la portée que lui donne l'Édit... Et ici?

Dans leurs maisons, contre les Réformés, signifie bien plus encore : il signifie que c'est un culte *personnel* et non pas un culte *public*. Et quelle est la différence? Grande de toutes façons.

En effet, ce qui caractérise l'exercice public, c'est le droit d'avoir une chaire, des bancs fixés au mur, une cloche, des écoles; d'envoyer les pasteurs aux synodes, de faire des levées de fonds pour le payement du pasteur; enfin de faire les enterrements avec une certaine quoique minuscule solennité.

D'où il résulte que les seigneurs ne pourront avoir tout cela, puisque leur exercice est personnel et non public : ni chaire, donc, ni bancs fixés au mur, ni cloches, ni écoles, ni représentants aux synodes, ni aide quelconque pour le payement de leur pasteur...

On comprend le double but : on voulait atteindre les seigneurs dans leurs intérêts, en leur laissant tous les frais ; et dans leur légitime aspiration à ne pas être mis hors de l'Eglise; puis on voulait aussi restreindre autant que possible le nombre des assistants à leur culte...

Ce n'est pas tout. On trouve encore ces exercices trop fréquentés. L'Édit, en permettant aux vassaux et « autres qui y voudront aller » de se rendre à ces sortes de cultes, a évidemment, dit-on, dépassé la mesure. Quelle différence, en effet, y aurait-il alors entre ces cultes personnels et un culte public? La chaire, les bancs fixés au mur et le reste, si importants tout à l'heure, deviennent ici comme de pures bagatelles. Aussi, mais tard (1682), on fait mieux; on ajoute ces simples mots : *de la même justice*, du même fief, si l'on veut, et les derniers mots de l'article « tant... que autres qui y voudront aller », sont supprimés du coup, puisque le mot « sujets », ou vassaux, qui les précède, a trait justement à ceux de la même justice, ou fief.

On imagine encore d'autres entraves; je me borne à en citer une (*Déclaration* de 1669, art. II) : il faudra que ces fiefs soient restés dans la même famille depuis le temps de l'Édit, car il parle de ceux qui *ont* et non pas de ceux qui *auront* de tels fiefs... ! Après cela, il faut tirer l'échelle et admirer seulement que quelques exercices de haute justice aient pu survivre. — Passons à l'article VIII.

Il accorde, je l'ai dit, l'exercice aux seigneurs de simple fief, pour leur famille seulement et, en cas de visites d'amis, ou de baptêmes, pour trente personnes en plus, leur famille non comprise. Il faut, en outre, la permission du seigneur supérieur, si le culte doit être célébré dans le lieu même où ce seigneur réside.

Voilà qui est fort clair. Mais ce serait mal connaître les adversaires que de les supposer à court. Pour abréger, et ne pas répéter plus ou moins ce que j'ai dit sur l'article précédent, j'en viens à ce qu'on a trouvé de spécial pour détruire l'effet de cet article dans une foule de cas. Le voici : l'article VIII permet donc la célébration du culte, dans les limites indiquées « moyennant que les dites maisons (où on le célébrera) ne soient au dedans des villes, bourgs ou villages appartenans aux seigneurs hauts justiciers catholiques, autres que nous (le roi), esquels lesdits seigneurs catholiques ont leurs maisons », c'est-à-dire demeurent. Dans ce cas, il faut leur permission. Il ne s'agit donc que du lieu même où ils résident. Que fait-on, alors? On ajoute discrètement à cela : « ou dans l'étendue de la justice d'un seigneur autre que le roi », et il en résulte qu'un haut seigneur possédant une vaste justice, ou fief, pourra refuser l'autorisation dans ce fief tout entier, et non plus seulement dans le lieu où il réside, et effacer l'article VIII. On le voit, c'est toujours la même chose.

L'article IX concerne ce qu'on a appelé l'exercice *de possession*. Le culte pourra être célébré partout où il était « établi et fait publiquement par plusieurs et diverses fois en l'année 1596 et en l'année 1597, jusqu'à la fin du mois d'août... ».

Pour bien comprendre ce qui va suivre, au sujet de cet article, un des mieux observés de l'Édit, relativement, jusqu'en 1660, il faut savoir qu'en suite des *Mémoires* du Clergé, il fut envoyé, dans les diverses régions de la France, deux commissaires chargés de vérifier l'application de l'Édit. De ces deux commissaires, le premier était, en général, un catholique militant; l'autre, à la demande du Clergé, un protestant *modéré* (Drion, *Hist. chron.*, II, 62). Malgré cette modération, il y avait constamment désaccord entre eux. On en référait alors au Conseil, qui rendait un arrêt dit *de partage.* Seulement, rien n'est plus rare que de rencontrer des arrêts de partage en faveur des Réformés; je n'en sais guère d'exemples qu'en Normandie (Galland, *Prot. en Basse-Norm.*, p. 194).

Cela dit, suivons les commissaires. Ils arrivent dans une Église. Admettons que cette Église invoque l'article IX de l'Édit, pour expliquer son existence. Voici ce que les commissaires répondent, après soixante années d'exercice ou de possession de fait: « Montrez-nous vos titres d'établissement. — Mais, répond le consistoire, nous n'avons plus ces titres. Nos prédécesseurs n'ont pas conservé ces vieux papiers jaunis, et le temps, les guerres, en maint endroit, les ont fait disparaître. — Pas du tout, répondent les commissaires. Vous devez les avoir. Si vous ne les avez pas, c'est que vous les avez volontairement détruits. Vous avez voulu, par là, faire passer votre Église comme établie à titre d'exercice de possession (art. IX), alors qu'elle l'était comme exercice de bailliage, pour obtenir indûment de nouveaux exercices de bailliage (art. X et XI). »

On voit d'ici les adversaires de l'Édit, toujours à l'affût, laissant de telles illégalités s'établir et durer soixante ans. Mais passons. Nous n'en sommes plus à nous étonner pour si peu.

Que répond le consistoire? « Nous allons faire la preuve par témoins, et nous invoquerons, en outre, la possession de fait, la prescription. — Non, répondent les commissaires; le Conseil d'État a décidé (1662) que la preuve devrait être faite par titres tant seulement; il nous faut des titres. »

On devine le désarroi des Églises. Qui aurait jamais pu penser que soixante années de possession n'étaient pas un titre suffisant?

« Mais enfin, disent encore les consistoires, à défaut du titre même d'établissement, n'y a-t-il pas d'autres preuves possibles? — Si bien, répondent les commissaires. Donnez-nous l'acte de consécration du pasteur en exercice lors de l'Édit, pour prouver qu'il y en avait vraiment un alors; donnez-nous un acte constatant que lui et les membres du consistoire d'alors ont signé la confession de foi et la discipline; enfin, un acte constatant qu'il y avait un édifice déterminé et fixe, dans lequel on célébrait alors le culte habituellement, et non « pour quelques cas ou rencontres fortuits », seulement, et nous nous déclarerons satisfaits. »

Naturellement les Églises ne pouvaient pas plus fournir cela que le reste, et je voudrais bien savoir quelle Église actuelle, catholique ou autre, pourrait, au bout de soixante ans, fournir de telles pièces!

« Mais, disent alors les consistoires, nous avons des actes de synode de cette époque-là, avec la mention des Églises et celle du pasteur qui les desservait; nous avons des registres de consistoire, de baptêmes, de mariages; nous avons des quittances de ministres... »

Et les commissaires : « Des actes de synodes? Mais cela ne prouve rien, si vous n'avez pas un acte supplémentaire prouvant que le pasteur désigné exerçait réellement son ministère dans l'Église qu'il représente, ou est censé représenter.

« Des actes de consistoires? Mais prouvez d'abord qu'il y avait un pasteur, celui de l'Église, pour présider les séances. La *Discipline* le prescrivait, dites-vous... Fort bien. Mais ne prescrit-elle pas aussi (ch. V, art. III) aux anciens et diacres de se réunir et de former un consistoire, en attendant qu'ils puissent avoir un pasteur? Et si nous ne pouvons savoir s'il y en avait un, comment pourrons-nous savoir si l'exercice était réellement public (puisqu'il a fallu, pour qu'il le soit, qu'il y eût un pasteur attitré) comme l'exige l'article? Des prières publiques, du chant des psaumes, des baptêmes, des mariages? Mais on célébrait aussi des baptêmes, des mariages et le reste, chez les seigneurs haut justiciers, où l'exercice était personnel et non public! On célèbre des baptêmes à Paris, où il n'y a aucun exercice du tout, puisque c'est à Charenton... Non, non, apportez-nous des actes supplémentaires, constatant que ces baptêmes, etc., ont été célébrés en pleine assemblée. Sinon, nous n'en tiendrons pas compte.

« Et puis, ne l'oubliez pas, l'art. IX parle d'exercice public, *fait publiquement*, et non pas en cachette. Il faut donc aussi prouver par actes qu'il était fait *publiquement*. Voudriez-vous nous faire croire que dans les villes où ils étaient les maîtres, les ligueurs ont laissé célébrer publiquement le culte réformé? Jamais de la vie! On sait, d'ailleurs, combien vous équivoquez frauduleusement sur le nom de vos Églises. Vous dites : l'Église de Paris, quand il faudrait dire, de Charenton; de Nantes, quand il faudrait dire, de Sucé; d'Orléans, quand il faudrait dire, de Bionne et ainsi de suite. Quelle confiance, alors, peut-on avoir en vous? Aucune! Et les Réformés de Lusignan, qui se réunissent dans un château des environs ne se nomment-ils pas l'Église de Lusignan? Ceux de Mussidan et de vingt autres endroits n'en font-ils pas autant? Tout cela ne prouve donc rien

« Quant aux quittances ou reçus de vos pasteurs, on peut encore moins en tenir compte, puisque vos pasteurs recevaient des fonds des annexes et s'en qualifiaient pasteurs. Ou bien faudrait-il aussi compter chaque annexe comme Église?

« Encore une fois, ce que nous voulons, ce sont des actes prouvant que le culte public a été publiquement célébré dans un lieu déterminé et public, par le vrai pasteur de l'Église, et cela, remarquez-le bien, pendant les années 1596 et 1597 (les deux années, pas l'une ou l'autre) jusqu'à la fin d'août. Sinon nous interdisons l'exercice et supprimons le temple. »

Ainsi parlaient et agissaient les commissaires. Comment les Églises auraient-elles pu avoir, sinon fort exceptionnellement, et comme par hasard, les actes demandés, et quelles preuves pouvaient-elles donc fournir, puisqu'on récusait les documents émanés de ces Églises elles-mêmes? Du moment que des registres de consistoire, de baptêmes, de mariages et des actes de synode ne suffisent pas à prouver l'existence d'une Église, il n'y a plus rien à faire, en effet, qu'à l'interdire. Et certes, on ne s'en est pas privé!

Il est inutile, je pense, de s'arrêter maintenant aux art. X et XI, c'est-à-dire à ce qui concerne les exercices dits de bailliage. Ce serait toujours la même chose. Je me borne donc à deux détails vraiment typiques. L'art. X déclare que le culte pourra être célébré partout où il a été autorisé par l'édit de 1577 et les conférences de Nérac et du Fleix. Or l'édit de 1577 le permettait dans tous les lieux où il était célébré le 17 septembre, jour de la signature (Drion, *Hist. chron.*, II, 148). Il se trouva que le 17 septembre était un mardi. Croirait-on (oh ! oui, pourquoi pas ?) que les adversaires des Réformés firent tout leur possible pour que cette date fût prise *à la rigueur*, et qu'on ne permît le culte que là où il aurait été célébré ce mardi-là ! Cette prétention dut être écartée dès 1602. Évidemment, en 1602, il était trop tôt encore !

Le second détail n'est pas moins intéressant. Il nous révèle une invention bien ingénieuse du Clergé. Cette invention appliquée aussitôt, naturellement, consiste à confondre arbitrairement deux droits distincts, en combinant l'art. X, qui donne l'exercice de possession d'après l'édit de 1577, et l'art. IX, qui le donne aux Églises existantes en 1596 et 1597. Et voici comment on procède. Une Église invoque-t-elle, pour ne pas être interdite, le droit de 1577 ? On lui répond : « Si vous existiez légalement en 1577, vous deviez exister encore en 1596 et 1597 ; prouvez-le donc, car l'art. X ne vaut, si le IX ne le confirme. » Une autre Église invoque-t-elle le droit de 1596 et 1597 ? On lui répond : « Si vous existiez légalement alors, vous deviez exister en 1577, par conséquent c'est l'art. X qu'il faudra vous appliquer, quand vous l'aurez prouvé, car l'art. IX ne vaut que par le X. » Ainsi on supprimait un droit sur deux ou plutôt l'un par l'autre. Benoit nous dit (*Éd. de N.*, III, 377) que cette « chicane » fit interdire plusieurs exercices.

Passons maintenant à la question *finances*, et pour bien comprendre ce qu'il en faut dire, et comment on s'y prit pour ruiner les Églises, citons d'abord les art. 42 et 43 des Particuliers.

« Art. 42. Les donations et légats (legs) faits et à faire soit par disposition de dernière volonté..., ou entre vifs, pour l'entretènement (entretien) des ministres, docteurs, écoliers et pauvres de ladite R. P. R. et autres causes pies, seront valables... nonobstant tous jugements, arrêts et autres choses à ce contraires, sans préjudice toutefois des droits de Sa M[té] et l'autrui, en cas que lesdits légats et donations tombent en mainmorte. »

« Art. 43. Permet Sad. M^{té} à ceux de lad. Religion eux assembler par devant le Juge royal et, par son autorité, égaler (répartir) et lever sur eux telle somme de deniers (tels fonds) qu'il sera arbitré (jugé) être nécessaire pour être employés pour les frais de leurs synodes et entretènement de ceux qui ont charges pour l'exercice de leurd. religion, dont on baillera l'état (donnera la liste) aud. Juge royal, pour icelui garder ; la copie duquel état sera envoyée par ledit Juge royal de six en six mois à Sad. M^{té} ou à son chancelier, et seront les taxes et impositions desd. deniers exécutoires, nonobstant oppositions ou appellations quelconques. »

En d'autres termes, par l'art. 42, les Réformés ont le droit de faire des dons et legs pour leur culte, pasteurs, institutions scolaires, pauvres et autres œuvres pies, sous la réserve des prescriptions de droit commun en matière de biens de mainmorte. Et par l'art. 43, ils peuvent provoquer des réunions de chefs de famille, où tous se cotiseront pour assurer le fonctionnement normal de l'Église. Et si le roi leur *permet* de faire cela devant un juge royal et demande qu'un *état* lui soit envoyé, c'est parce que ces taxes et impositions, pour volontaires qu'elles soient, deviendront *exécutoires*, même par voie de justice, c'est-à-dire seront prélevées au même titre que les impôts en général. Il s'agit donc d'une faveur. Il est vrai que beaucoup d'Églises n'ont pas tardé à renoncer à cette faveur, dont elles ont senti le danger... Mais, en somme, jusqu'à l'année 1660, on les a laissées à peu près libres d'agir comme elles l'entendaient. Au contraire, à partir de ce moment-là... Mais je préfère donner la parole aux adversaires.

« Cet article, disent Bernard et Soulier, en parlant du « 42, « qui n'est pas bien clair », n'en est pas moins un des « principaux des articles particuliers... et qui mérite d'être le « mieux expliqué, à cause des dangereuses conséquences « qu'il aurait eues, s'il n'y eût été pourvu par l'explication que « Sa M^{té} y a donnée. »

En effet, on avait cru qu'il comprenait les institutions héréditaires faites aux consistoires pour les objets indiqués... (Le fait est qu'on avait pu le comprendre d'autant plus facilement, que l'article le disait en propres termes, prévoyant même le cas de biens de mainmorte). Donc, on avait cru cela. Mais un arrêt du Conseil (17 juin 1664, confirmé le 27 septembre) a heureusement remis les choses au point. Un sieur de Portes, de Béziers, avait légué toute sa fortune au consistoire. Or, ce testament a été cassé, le consistoire condamné aux dépens, et défense faite de valider désormais des testaments semblables.

Je donnerais bien en mille au lecteur de deviner pour quel motif on a violé ainsi le texte de l'Édit, et la pratique contraire de plus de soixantes années, sans parler du reste! C'est que les consistoires, étant des corps constitués pour veiller à l'observation de la Discipline et non à l'entretien des pasteurs, docteurs, etc., ou au soulagement des pauvres, n'avaient pas qualité pour accepter de tels legs!

Et qui donc l'avait, alors, ou aurait pu l'avoir?

Pourtant, ajoute-t-on, comme il n'est pas douteux que l'art. 42 permette certains dons ou legs, quels peuvent-ils être? Laissons les mêmes adversaires nous le dire.

Tout d'abord, disent-ils, il faut faire une distinction capitale entre les biens meubles et les biens immeubles, y compris les rentes hypothécaires, qui tiennent lieu d'immeubles. Ceux-ci « ne peuvent être faits aux consistoires, le roy n'ayant « jamais eu dessein de leur accorder cette faculté ». Remarquons, en passant, que le roi permet tous les dons et legs, sans spécifier. — En effet, en France, aucun corps, communauté, ou collège, ne peut acquérir ou posséder d'immeubles, sans la permission expresse du roi. Même l'Église catholique « dont la cause est si favorable », ne le pourrait pas, si les rois ne l'avaient permis. Et où trouve-t-on que les consistoires aient reçu nominativement cette permission? Nulle part! Donc ils ne peuvent posséder, ni immeubles, ni rentes.

On voit le raisonnement : fût-il admis *in abstracto* que les Réformés peuvent faire des dons et legs, il n'y aurait aucun corps chez eux, qui pût en bénéficier, puisque aucun n'est nominativement désigné pour cela. Forcément, donc, les dons et legs seraient caducs.

D'ailleurs, suivant une décision du parlement de Pau (1663), les consistoires ne peuvent pas former un corps, ou une communauté. Admît-on même qu'ils le pussent, ce serait pour s'occuper d'affaires spirituelles. Or, les affaires financières étant d'ordre temporel, ils ne sauraient s'en occuper, donc hériter, le temporel étant au dehors de leurs attributions.

Ce que les consistoires ne peuvent, encore moins le peuvent les pasteurs, et cela d'après leur propre Discipline (ch. I, art. XLIII). Quant aux docteurs, régents, écoliers et pauvres, ils ne le peuvent pas davantage, puisqu'ils ne sauraient avoir la personnalité civile et sont, comme on dit, *incertae personae*. Il en résulte donc que personne chez les Réformés n'ayant le droit d'hériter, personne non plus ne saurait valablement léguer, et que tout ce qui a été légué, ou pourrait l'être, appartient au roi, qui peut en disposer selon son bon plaisir et le donner, par conséquent, aux institutions similaires catholiques, à l'Église.

Tout au plus peut-on permettre l'acceptation de sommes modiques, pour les besoins du moment, avec défense expresse de les mettre en rentes, qui équivaudraient à des immeubles.

Sans cela, malgré tous les soins, les efforts et les sacrifices du roi pour la conversion des hérétiques, la R. P. R. s'éternisera, et on ouvrira « une porte qui sera très préjudi« ciable à la Religion catholique ».

Reste l'art. 43, qui permet les cotisations régulières, nécessaires aux Réformés pour assurer le fonctionnement « de leurs Églises prétendues ».

A cet égard, et pour me taire de toutes les entraves apportées, dès 1657 au moins, aux collectes à faire par les Réformés, je veux me borner à indiquer comment on transforma, ici encore, une « grâce » en une « chose funeste et dangereuse ».

L'art. 43, on l'a vu, permettait aux Réformés de se cotiser en présence d'un juge royal, pour que les cotisations fussent ensuite exécutoires. Là était la « grâce », d'ailleurs contestable. Voici ce que cette grâce devient. *Permet* Sad. M[té] est transformé en : *Oblige* Sad. Mté. Il faudra donc, en tout cas, la présence d'un juge royal, et comme l'Édit ne dit rien de la religion de ce juge, il devra être catholique (1661). Il devra envoyer un état détaillé des cotisations et de leur emploi, sous peine d'être tenu pour complice, donc responsable, en cas de malversations. — Ce n'est pas tout. En 1663, et plus d'une fois encore depuis, on demandera les comptes de recettes et de dépenses, avec pièces justificatives, des dix dernières années, et ce sera un moyen, remarquent aimablement Bernard et Soulier, de découvrir « beaucoup de friponneries et de malversations », et d'ôter « à ceux de la R. P. R. « le moyen de continuer leurs mauvaises pratiques ».

N'allez pas croire que ces mots « mauvaises pratiques » cachent je ne sais quelles actions coupables ou subversives. Oh ! non. Il s'agit purement et simplement de la vieille et calomnieuse accusation de conversions payées. — Nous savons, en effet, qu'il y a eu de telles conversions ; nous savons qu'il y a eu une caisse pour cela alimentée par des fonds confisqués aux Réformés eux-mêmes ; nous en connaissons les tarifs ; mais nous sommes trop affligés en pensant à ceux qui en furent les bénéficiaires, même en des jours d'odieuse persécution, pour ne pas avoir au moins la pudeur du silence. Et j'ai toujours pensé pour ma part, que ceux qui parlent ainsi de ces achats de consciences sont les pires insulteurs de leurs ouailles, car si ceux qui payèrent Judas ne valaient pas cher, Judas valait moins encore !

Mais au moins, en interprétant ainsi l'art. 43 à la rigueur, laisse-t-on aux Réformés l'avantage douteux que cet article leur assurait et qui était sa raison d'être, en rendant les cotisations exécutoires ? Pas le moins du monde ! Dès 1663, on défend aux collecteurs des tailles — ceux qui prélevaient les impôts — de lever directement ou indirectement aucune somme destinée au culte réformé. Toujours donc la même méthode et toujours le même procédé.

En résumé, on le voit, même sous ce qu'on a appelé le régime de l'édit de Nantes, on trouva moyen, soit en tordant, soit en biffant les articles généraux ou particuliers de cet édit ; soit en y faisant d'insidieuses additions ; soit, enfin, grâce à des interprétations plus insidieuses encore, de le rendre illusoire, ou même funeste. La Révocation proprement dite fut la dernière iniquité d'une longue série, et si je ne craignais, en un sujet aussi douloureux, de paraître jouer sur les mots, je dirais que ce qu'il y eut de perpétuel, ce ne fut pas l'Édit, mais bien sa violation et sa révocation progressives.

Avec lui disparut le seul obstacle qui restât debout, dans notre pays, contre l'absolutisme politique et religieux. Il se donna dès lors libre carrière. Les vainqueurs abusèrent, comme ils le font toujours, de leur victoire. Bientôt ils l'expièrent, et on peut dire qu'ils l'expient encore, car les minorités sont le sel qui conserve les majorités, et la conscience prend toujours sa revanche. Les Réformés représentaient, d'ailleurs, malgré tout ce qui pouvait leur manquer, une plus réelle fidélité à l'Évangile de Jésus-Christ. C'est pour cela que, quoi qu'il arrive, le Protestantisme ne mourra jamais, s'il ne commence, en abandonnant le ferme terrain évangélique, par se renier lui-même.

L'assemblée applaudit vivement l'exposé spirituel dont on vient de lire la substance, puis M. de Schickler donne lecture d'un *Hymne huguenot*, qui est de M. Fargues fils, actuellement pasteur au Mans.

I

Vers toi monte notre allégresse,
O Dieu qui fus la forteresse
De nos ancêtres hors la loi ;
Toi qui, comblant leur espérance,
Par cet édit de tolérance
Consacras leur vaillante foi !

II

Qu'il était amer leur calice !
Souvent ils marchaient au supplice,

Et les clameurs couvraient leur voix
Et même, — ô comble de misères! —
Ils durent combattre leurs frères
Au nom du Sauveur mis en croix.

III

Béni soit le jour pacifique
Où cet Édit patriotique
Vint crier à tout citoyen :
Trêve à la honteuse tuerie!
Large est le cœur de la patrie...
Sois sans crainte un libre chrétien.

IV

Oh! quelle joie, ô nobles pères,
Lorsqu'en réponse à vos prières,
Vos temples purent se rouvrir,
Et que là-bas, à la frontière,
Pour la patrie encor plus chère,
Vous eûtes le droit de mourir!

V

Et quel beau jour quand votre France,
Tendant sa voile à l'espérance,
Reprit son magnifique essor,
Et que, sous votre effort austère,
Elle devint une lumière
Qui sur l'Europe brille encore.

VI

Toi que l'Édit couvrait de gloire,
Douce France, que ton histoire,
Soit pacifique désormais!
Et malgré la ligue hautaine
Qui rallume la vieille haine
Mère, bénis tous les Français!

La parole est à M. J. Gaufrès au nom de la *Société pour l'Encouragement de l'instruction primaire parmi les protestants de France*. M. Gaufrès, pour ne pas fatiguer l'attention, résume son étude, mais comme on ne se lasse pas de l'écouter, parce qu'il dit beaucoup de choses qu'on ignore, il finit par donner tout ce qu'il a écrit, et regrette, trop tard, de n'avoir pas pris le parti de le lire.

L'ENSEIGNEMENT PROTESTANT SOUS L'ÉDIT DE NANTES

Le sujet qui m'est échu serait malaisé à condenser en un volume, combien plus en quelques pages! Il s'agit des études, de l'éducation, des écoles de tout degré organisées par les protestants sous l'édit de Nantes. Question complexe, obscure encore, présentant les aspects les plus divers et dont il ne sera possible de retenir que les traits les plus généraux ou les plus typiques.

Il en est deux qui frappent d'abord : la haute valeur, même aujourd'hui, du système d'éducation des réformés français, et la violente hostilité, la haine mortelle du milieu dans lequel ils eurent à l'établir. Ceci devait tuer cela. Comme un drame antique, l'effort de nos pères excite l'admiration et la pitié.

Ce n'est pas une révolution scolaire qu'ils apportaient, non plus qu'une révolution religieuse. Ils ne voulaient qu'une réforme. En religion, adhérant aux symboles des premiers siècles, ils ne se séparaient des autres chrétiens que sur certains points, comme l'usage de la Bible substituée à l'autorité directrice du prêtre. Ils ne firent d'abord appel qu'à la persuasion, à la parole; la façon dont ils furent traités n'explique que trop le recours à d'autres armes.

Il ne s'agissait de même que de réformer l'école; elle avait existé de tout temps; depuis les premiers siècles de la monarchie il y avait eu de « petites écoles »; depuis le moyen âge, des facultés et des collèges. Ces derniers même venaient de subir depuis peu une rénovation que la nouvelle Église s'appropriait avec le plus ardent empressement.

A cette idée de progrès à réaliser, il fut répondu par un *non possumus* absolu; on n'opposa qu'un mot aux projets de réforme, mais tranchant comme un couteau, et appuyé d'actes décisifs : *non licet esse vos;* la conversion ou la mort! Rois, noblesse, clergé, peuple furent unanimement implacables. A

LA MAISON DES TOURELLES, QUAI DU FOSSÉ, OÙ UNE TRADITION VEUT QUE L'ÉDIT AIT ÉTÉ SIGNÉ.

l'assemblée des Notables de Fontainebleau en 1560, « ceux qui invoquaient le nom du Seigneur selon la règle de la piété » ayant demandé la permission de se réunir de jour pour leur culte : « Que chacun juge, répondit vivement le cardinal de Guise, s'il est raisonnable de suivre une telle religion plutôt que celle du roi! Leur accorder des temples et des assemblées publiques, ce serait approuver leur culte, ce que le roi ne saurait faire sans encourir l'éternelle damnation. »

La noblesse, aux États de Blois, ayant supplié le roi « de ne souffrir qu'une religion », Henri III renouvela dans ce sens le serment du Sacre et révoqua tout ce qui avait été accordé en sens contraire. Le Clergé, dans toutes ses assemblées, réclama « la ruine du huguenotisme », comme l'avoue Richard Simon, sauf à laisser au prince le choix du moment favorable; et enfin Louis XIV termina la longue série de ses édits proscripteurs par celui-ci qui les résume tous (12 juillet 1686) : « Voulons et entendons que tous ceux de nos sujets qui seront surpris faisant dans notre royaume des assemblées ou quelque exercice de religion autre que la catholique, soient punis de mort. »

A ces menaces féroces, à ces odieuses mesures, les Réformés répondaient par la plume de Duplessis-Mornay (1597) : « Il faut nous accoutumer à vivre les uns avec les autres, puisque nous avons à nous conserver ou à périr les uns par les autres, et l'exemple doit venir des plus sages. » Et encore : « Nous désirons de toute notre âme être reconnus d'eux (les catholiques) pour frères, les honorons comme tels, leur en rendons tous les offices et services. »

A l'absolutisme de l'Église, doublé de l'absolutisme de l'État, c'était la réponse de la conviction personnelle établie sur le double fondement de l'évidence rationnelle et de la conscience morale. Ces défenseurs, à leur dam, des droits de l'homme, de l'homme intérieur, disaient avec l'un d'eux : « Quelque violence qu'on fasse aux hommes, on ne peut obtenir qu'ils ne pensent pas ce qu'ils pensent. La conscience est faite pour dépendre de Dieu seul; elle est comme le subdélégué de la justice éternelle, qui rend compte à Dieu du cœur de l'homme, mais ne le rend qu'à lui. » Et ils ajoutaient : « La paix des réformés n'ôte rien aux catholiques; la conscience d'un catholique n'est pas moins libre, quoique celle d'un réformé ne soit pas mise à la gêne. »

Entre ces deux principes inconciliables, il se présenta heureusement un médiateur, le fils de Jeanne d'Albret, roi de France par la grâce de l'épée protestante. Il fit accepter les conditions proposées par ses anciens coreligionnaires : « une liberté pour leurs consciences, une justice non partiale pour la conservation de leurs biens, une sûreté pour leurs conditions contre la mauvaise foi trop éprouvée : liberté, justice, sûreté qui ne se peuvent dénier aux chrétiens puisque le pape les donne aux juifs; aux Français, puisqu'elles sont dues aux étrangers. » (Duplessis-Mornay.)

A la liberté, c'est-à-dire au droit au culte, singulièrement limité d'ailleurs par les termes de l'Édit, se rattachait indissolublement le droit à l'école.

Cette question de l'école avait été posée dès le premier jour de la Réforme par Luther, Farel, Calvin, dont on connait le langage et les actes; par les délégués des premières communautés réformées qui inscrivirent dans leur discipline ce principe d'obligation morale : « Les Églises feront tout devoir de faire dresser des écoles et donneront ordre que la jeunesse soit instruite. » C'est un fait incontesté que le protestantisme a été le rénovateur, on a dit le père, de l'instruction populaire. Dans toute ville où l'on peut suivre l'histoire des écoles, on trouve celles-ci rares et languissantes avant la réformation, puissantes et largement organisées après. Il en est ainsi, en grand, chez les peuples qui ont adhéré, sous une forme ou une autre, au protestantisme. Son principe l'exigeait. La foi personnellement puisée dans la Bible exigeait que tout fidèle sût lire et comprendre : de là les « petites écoles » ou écoles primaires. D'autre part, la nécessité de donner des pasteurs aux Églises imposait la création d'un haut enseignement avec classes préparatoires : de là les universités et les collèges. Nul devoir n'a été plus sacré aux protestants que l'éducation de leur jeunesse : ils ont été éducateurs aussi passionnément qu'il ont été religionnaires.

Quelles universités, quels collèges, quelles écoles ont-ils voulu se donner?

Il y avait au moment de la première efflorescence du protestantisme français deux types de collèges: celui du moyen âge et celui que la Renaissance venait de susciter. Le premier, tout scolastique, présentait un amalgame d'arts, dits libéraux, dont un seul, la dialectique, absorbait les six autres. Peu ou point de notions littéraires; les hautes études de médecine, droit, théologie abordées dès l'adolescence et souvent poursuivies jusqu'à un âge avancé. Un chaos dans l'organisation et les programmes; des livres barbares, où l'on ne voyait que propositions, conclusions, distinctions, majeures et mineures. Ce type de collège était la risée et l'horreur des protestants.

Mais sur le vieux tronc de la scolastique commençaient à pousser de nouveaux bourgeons. Un souffle printanier arrivait du nord et du midi : du midi, où l'Italie venait de voir éclore cette brillante renaissance des lettres, des arts, de la philosophie antiques, et ouvrait à l'humanité de moins sombres destinées; du nord, où sous une forme plus modeste, plus directement scolaire, les programmes d'études s'étaient transformés. Ce mouvement septentrional, qui avait devancé l'autre, est moins connu, mais exerça plus d'influence. Il remontait à Gérard Groote, de Deventer. Venu à Paris au xive siècle pour apprendre et enseigner, ce modeste savant fut peu satisfait de ce que lui offrait, en pleine guerre de Cent Ans, la fameuse Université. Revenu chez lui, et n'osant assumer la responsabilité du sacerdoce, il ouvrit sa maison à quelques étudiants qui lui demandaient des leçons, et, pour pourvoir à leur entretien, il leur fit copier des livres religieux ou scolaires qu'il se chargeait de vendre. Il assura ainsi la sécurité de leurs études et réalisa le type de ces maisons de frères, *Fraterhäuser* qui, se multipliant dans les pays septentrionaux, y furent la source et l'asile du savoir. Un ordre semi-monastique, les *Frères de la vie commune*, s'était ainsi constitué, respecté, lettré, soutenu par les donations privées ou publiques. Ainsi naquirent de nombreux collèges, dont le plus célèbre est celui de Saint-Jérôme, à Liège. Il suffit à sa réputation d'avoir élevé Erasme et Jean Sturm, et suscité par imitation la lignée d'établissements que nous aurons à nommer. La stabilité des professeurs, l'abondance des livres, une tradition bientôt formée de large piété et de savoir classique, assurèrent à ces institutions une incontestable supériorité.

L'enseignement y essaya une division du travail plus rationnelle que dans les collèges de l'université de Paris. Car tandis que les frères ou les novices de l'ordre enseignaient les éléments aux commençants et leur faisaient suivre des classes graduées, le professeur célèbre, en séjour dans la maison, trouvait dans la grande salle des étudiants plus avancés et des auditeurs libres au savoir desquels il proportionnait ses leçons. C'était déjà des cours d'enseignement supérieur couronnant un enseignement classique, une université superposée à un collège. Les livres y étaient conçus dans le sens du progrès et avaient pour auteurs Sintius, Despautères, Wimpheling : le vieux *Doctrinal* d'Alexandre de Villedieu était mis de côté.

C'est à Paris que devaient se rencontrer les représentants des deux Renaissances, du nord et du midi. Erasme y arriva après avoir visité l'Allemagne et l'Italie ; le Luxembourgeois Jean Sturm y fut nommé professeur royal et eut Ramus pour élève ; Baduel y enseigna au même titre, après des séjours à Wittemberg et à Louvain. Vivès, qui formait avec Erasme et Budé, le grand triumvirat littéraire de la Renaissance, s'était lié avec tous ces humanistes et avait parcouru toute l'Europe avant de s'établir aux Pays-Bas. Le Collège royal, fondé par François Ier, marchait à la tête du mouvement suivi d'autres collèges, Navarre, Sainte-Barbe, La Marche, imprégnés de l'esprit nouveau. De cet esprit, l'ardeur et l'enthousiasme procédaient de l'Italie ; la méthode, la forme concrète, de la Néerlande.

L'occasion se présenta bientôt de passer de la théorie aux actes. En 1534, la municipalité de Bordeaux, voulant donner un large développement à son collège de Guyenne, demanda au principal de Sainte-Barbe, André de Gouvéa, de venir, avec un nombre suffisant de collègues, organiser le nouvel établissement. Gouvéa arriva avec une quinzaine de professeurs, parmi lesquels Mathurin Cordier, Claude Budin, Nicolas de Grouchy, Pierre Zébédé, qui ne sont pas des inconnus dans l'histoire des origines du protestantisme français. Loin des traditions routinières de Paris, le collège de Bordeaux fut établi sur un plan conforme aux vœux des humanistes et au programme des *Frères de la vie commune*. Il comprit deux établissements : une série de classes progressives pour l'enseignement des langues classiques; des cours supérieurs de grec, de mathématiques, de philosophie, de théologie. Dans les classes, où la grammaire de Despautères était en usage, on expliquait successivement les auteurs de la langue commune: Cicéron, Térence; les poètes: Ovide, Virgile, Horace; les historiens : Justin, Tite-Live, Tacite. Le grec était réservé aux cours publics. Un système de *Promotions* faisait passer les élèves d'une classe à l'autre, soit au renouvellement de l'année scolaire pour l'ensemble des élèves dignes de cet avancement, soit en cours d'année pour récompenser des progrès exceptionnels. Le vieil exercice de la « dispute » était ramené à des interrogations entre élèves. On la remplaçait parfois par des thèmes et des vers latins. Le samedi, récapitulation de tout ce qu'on avait appris dans la semaine, puis « déclamation » des élèves des hautes classes devant les autres classes réunies.

Dans le groupe des cours libres et rattachés à la chaire de théologie, on introduisit une innovation caractéristique de l'esprit du temps : la lecture régulière des épîtres de saint Paul. Mais cela rappelait trop les *Commentaires* de Lefèvre d'Étaples et sentait l'hérésie. Le Parlement de Bordeaux y mit ordre. Les idées luthériennes s'infiltraient cependant par d'autres voies dans le collège. Un ancien professeur, Charles de Sainte-Marthe, s'était fait l'évangéliste bénévole de la région; les brochures suspectes, répandues par les *contre-porteurs*, entraient, on ne sait comment, dans les classes. Le supplice d'un maître d'école hérétique donna lieu à des accusations de même ordre contre des professeurs et des élèves. Il y avait dans l'établissement une véritable fermentation religieuse quand Mathurin Cordier prit le chemin de Genève, où Claude Budin eût bien voulu le suivre.

Ce collège de la Renaissance, objet des sympathies luthériennes, allait se reproduire à plusieurs exemplaires.

En 1538, Jean Sturm fonda à Strasbourg le grand gymnase qui a fourni jusqu'ici une si noble carrière, et, là, l'imitation des *Frères de la vie commune* ne fut pas seulement évidente mais proclamée. Jean Sturm eut bientôt pour collaborateur Jean Calvin.

Et quand, l'année suivante, Baduel alla organiser à Nîmes le collège des Arts, il déclara dans son manifeste suivre les idées exposées par Jean Sturm, dans son célèbre écrit sur les études (*De ludis puerorum*).

Enfin, vingt ans après, le collège de Genève fut institué sur le même modèle qui resta celui des collèges protestants de France.

Il est pourtant entendu que ces derniers modifièrent, non dans sa forme, mais dans sa tendance, le type du collège de la Renaissance et y firent pénétrer l'esprit évangélique à un degré d'intensité jusqu'alors inconnu. Sans doute l'Université, fondée et consacrée par la religion, a toujours voulu la servir, et le collège de Guyenne, à l'instar de tous les autres, déclare dans ses statuts qu'il veut « non seulement faire fleurir les belles-lettres, mais, avec l'aide de Dieu, faire observer les bonnes mœurs ». Jamais le passé n'a séparé l'Église de l'École, et il faut arriver à la Révolution française pour voir créer des écoles spéciales, sans rapport de subordination avec une science centrale comme la théologie l'était au moyen âge. L'avenir dira si cette tentative, de plus en plus imitée et très explicable dans les circonstances où elle s'est produite, est destinée à aboutir. Elle n'est conforme, en tout cas, ni à l'esprit de l'ancienne université de Paris, ni à celui de la Renaissance, encore moins à celui de la Réforme. La vérité exige qu'on le déclare.

Un homme et un livre illustrent dans leur histoire cette évolution du collège scolastique en collège de la Renaissance et de la Réforme. L'homme a fourni une longue carrière de professeur en traversant les phases que nous essayons de décrire et laissé la mémoire la plus vénérée.

C'est Mathurin Cordier. Le livre est le célèbre traité de morale scolaire : *Les distiques moraux de Caton*, réimprimé des milliers de fois du milieu du XVe siècle à la fin du XVIIIe. La première édition, qui avait vu le jour à Louvain, était hérissée de commentaires touffus, sans suite ni choix, bizarrement adaptés au texte : vrai livre classique du moyen âge. En 1514, Érasme en publia une autre édition, avec texte plus pur, notes plus sobres, plus éthiques. Sous cette forme « renaissance » le livre eut une recrudescence de succès, fut adopté dans tous les collèges de l'Europe, recherché même, dit-on, en Asie. En 1533, Mathurin Cordier en fit à son tour une recension et y introduisit avec une fine bonhomie, avec cœur surtout, l'esprit chrétien, tel qu'il soufflait sur la France à cette date, avant qu'il eût reçu la marque de Calvin.

On y lit ces préceptes : « Il n'est pas en nous d'en garder de parler le monde; c'est donc assez de nous soucier de bien faire ». « Pense de toi plus que des autres », disait l'ancien texte. « C'est là la doctrine des païens idolâtres, s'écrie Cordier ; mais voici ce qui est commandé aux chrétiens : Tu aimeras ton prochain comme toi-même. » Enfin la réflexion suivante du commentateur semble impliquer une intention polémique : « Apaise Dieu par de l'encens », disait le vieux texte. « Pas même par de l'encens, réplique Cordier, mais par la prière, par un cœur pur et une bonne conscience. »

Toutefois la dose d'esprit protestant que révélaient ces maximes parut bientôt insuffisante à Cordier, et il s'en explique, s'en confesse, pourrait-on dire, dans la préface de son dernier livre, les célèbres *Colloques* publiés vers la fin de sa vie : « J'ai toujours eu le désir, écrit-il, que mes élèves conjoignissent la piété et les bonnes mœurs avec l'étude des lettres. Combien que je ne fusse point encore illuminé de la vraie clarté de l'Évangile, si est-ce que j'exhortais toujours mes disciples, non seulement à l'étude de l'humanité, mais aussi à craindre et servir Dieu. Mais depuis que Dieu, père très doux, a illuminé mon entendement de la vraie connaissance de l'Évangile, j'ai encore poursuivi cette entreprise beaucoup plus ardemment et de beaucoup plus grande affection : de laquelle chose cette école de Genève me peut rendre témoignage. Ces *Colloques* pourront beaucoup aider aux bons enfants à conjoindre la piété et les bonnes mœurs à l'élégance des lettres. Outre la pureté de la langue latine, ils y trouveront plusieurs admonitions entremêlées tant pour la piété et crainte de Dieu, qu'aussi plusieurs préceptes salutaires touchant les mœurs et enseignements ou exemples pour bien vivre. »

Voici un extrait de l'un de ces colloques :

Un des jeunes interlocuteurs s'accusant de négligence dans l'accomplissement de ses devoirs d'écolier :

« Voilà, dit l'autre, comme nous sommes tous, à moins que Dieu ne nous excite.

« — Que ferai-je donc ?

« — Éveillez-vous, mon cher Perrin, et adressez-vous à Dieu de tout votre cœur, de toutes vos forces ; fuyez les méchants, hantez les bons et faites par la facilité de vos mœurs qu'ils soient vos amis.

« — Que gagnerai-je ?

« — Ce que vous gagnerez ? Si vous vous accoutumez à vivre de la sorte, Dieu aura pitié de vous par sa bonté, et vous verrez bientôt votre esprit se changer.

« — O que cet entretien m'a été favorable ! Je vous prie, mon cher Croseran, que nous nous entretenions souvent ensemble ! »

Pas un collège protestant ne se dispensa de mettre le livre des *Colloques* dans les mains de tous ses élèves.

On voit ainsi sur le vif se succéder, se superposer sur le vieux fond scolastique les deux progrès qu'amenèrent, dans le goût, le mouvement de la Renaissance ; dans l'orientation et la vigueur morale, celui de la Réforme. Par l'une, l'amour du beau et du vrai fut merveilleusement développé ; par l'autre, celui du bien, à un degré assez intense pour tout subordonner au « service et à l'honneur de Dieu ».

Durant la période des collèges de la Renaissance, les Réformés n'en recherchèrent pas d'autres : ils auraient eu mauvaise grâce de ne pas se contenter de ceux-là. Maîtres et élèves y étaient également pénétrés du souffle nouveau. Mais bientôt se déroulèrent les événements qui devaient déchainer la réaction catholique : la défaite de Pavie, l'affaire des Placards, la prise d'armes. Les persécutions et les supplices se multiplièrent. Pacolet et Baduel s'enfuirent à Genève ; Jean de Caturce fut brûlé à Toulouse ; Claude Mosnier, autre professeur, à Lyon ; un régent, Aymon de la Voye, à Bordeaux, où sa harangue, du milieu des flammes, fit sur les étudiants la plus profonde impression. Mais le supplice qui émut le plus la jeunesse des écoles fut celui d'Anne Dubourg : « Nous fondions en larmes dans nos collèges, dit Florimond de Raemond ; nous plaidions sa cause après son décès, maudissant les juges iniques qui l'avaient condamné. Son prêche en la potence et sur le bûcher fit plus de mal que cent ministres. » De telles émotions forçaient chacun à se prononcer. Il y eut dès lors deux populations distinctes dans les collèges et dans le pays.

En 1562, à Paris, des rixes si violentes s'élevèrent entre les étudiants des deux cultes, que les collèges se vidèrent ou durent être licenciés. Il en fut de même lors de la seconde guerre civile. Le fanatisme catholique accusa alors d'une tolérance coupable les professeurs et les principaux des collèges. L'un de ces principaux, celui du collège de Presles, était Ramus. On les soupçonna même d'infuser à leurs élèves la doctrine de Calvin. Pour satisfaire l'opinion, il fallut faire dans les collèges une « enquête sur la foi ». Une ordonnance du roi et un décret de l'Université la prescrivirent. A peine faite, elle parut insuffisante et il fallut s'y reprendre. Les enquêteurs se dirent informés que certains maîtres n'assistaient ni à la messe, ni aux autres offices. Ils adjurèrent professeurs et régents de leur déclarer ce qu'ils savaient à cet égard. Tous déférèrent à cet ordre et firent profession de la foi catholique selon les termes d'un formulaire qui leur était proposé. Après quoi, professeurs et maîtres furent chargés de soumettre leurs élèves à la même épreuve. Et toutefois des doutes restaient. Le 21 août 1568, un arrêt du Parlement portait encore :

« Aucuns disans vouloir vivre en liberté de leurs consciences font en leurs collèges et maisons plusieurs pépinières de gens mal sentans sur la foi ; ce qui est cause que le recteur n'est aucunement assisté, ou bien peu, quand il va aux processions et autres actes religieux ; aussi les parents sont divertis d'envoyer leurs enfants aux collèges. »

On a vu que l'intolérance n'était pas moindre en province et surtout elle allait s'y déchaîner davantage. A Orléans l'ordre fut donné « de mettre hors des collèges tous les enfants de ceux de la religion » et même certains jugements « ôtèrent aux parents le gouvernement de leurs enfants pour les faire élever par d'autres catholiquement ». Force était donc partout aux Réformés de se pourvoir de collèges à eux.

Ils ne se résignèrent à cette nécessité que lorsqu'ils y furent rigoureusement contraints. Longtemps ils luttèrent contre l'évidence. Encore en 1573, ils demandaient que toutes les écoles du royaume leur fussent ouvertes et qu'il y eût dans chacune un recteur et un régent de leur communion. Cette persistance à réclamer le droit commun leur venait de l'espoir que leur religion triompherait une fois permise et que « leurs professeurs et docteurs rempliraient les universités, une fois déclarés capables de cet emploi, car ils étaient en réputation de plus de littérature que les autres ». Il fallut en rabattre.

Et ce n'est pas dans cette seule question des collèges qu'on vit leur répugnance à s'organiser à part. En 1573, après la Saint-Barthélemy, privés de l'exercice du culte et toute sécurité, ils formèrent entre eux, à l'assemblée de Montauban, une union des membres épars de leurs Églises et créèrent pour leur défense un gouvernement civil, avec justice, discipline, impôts, finances. Ainsi organisés, ils luttèrent quinze ans pour obtenir ce que L'Hospital avait voulu leur accorder par l'édit de janvier. A l'avènement de Henri IV, se croyant arrivés au but et « pensant se pouvoir justement promettre qu'il aurait soin de les tirer de peine sans qu'ils s'en remuassent beaucoup », ils renoncèrent d'eux-mêmes aux institutions qu'ils avaient dû se donner. Déjà, lorsque Henri III avait suspendu l'effet des dures ordonnances de 1585 et 1588, « ils avaient ployé, dit d'Aubigné, toutes leurs attentes, dans le paquet de celles du royaume ». A plus forte raison en fut-il ainsi en 1589. Les cours de justice, créées à La Rochelle l'année précédente, furent abolies ; les conseils provinciaux et les assemblées politiques furent supprimés. Mais Henri IV ne se pressant pas de leur donner satisfaction, « leur laissant la corde au col, loin de rien faire pour leur établissement, et la plupart des Parlements appliquant les tyranniques édits de la Ligue », à l'assemblée de Sainte-Foy, « ils se remirent en leur distinction ».

La leur reprocher, après la leur avoir imposée, est une de ces iniquités que note l'histoire, mais qu'elle est bien lente à confesser.

Déçus donc dans toutes leurs attentes et contraints de pourvoir eux-mêmes à l'éducation de leurs enfants, les réformés « dressèrent leurs collèges ». On voit ces collèges naître, dans l'effroyable période des guerres de religion, là où les circonstances en permirent l'établissement, soit sur les domaines des seigneurs protestants, soit dans les villes passées à la Réforme. On signale leur apparition à ces dates approximatives : en 1562 et 1563, à Châtillon-sur-Loing, auprès de Coligny ; à Montargis, sous la protection de Renée de France ; à Orthez, sous celle de Jeanne d'Albret ; à Vendôme, à Metz, où les protestants dominent ; en 1570 et 1571, à La Rochelle et à Tours, converties à la Réforme ; en 1573, à Orange et Sedan, dans des principautés indépendantes ; en 1574, à Castres, Montpellier, Die, Niort, Saumur, protestantes aussi ; en 1597, à Nérac, Loudun, Montauban, dans des circonstances également propices. Les autres s'établirent plus tard, en vertu de l'édit de Nantes. La date de 1598 sépare donc en deux périodes l'histoire des collèges protestants. Dans la première, le bienfait de l'instruction est une exception et un bonheur ; dans la seconde, il sera général et garanti, vaille que vaille, par la loi.

Tel était donc, à la veille de l'Édit, l'état de la question scolaire pour les réformés français et voici comment elle fut réglée par les dispositions de cet acte solennel :

« Il ne sera fait différence ni distinction pour le regard de la religion à recevoir les écoliers pour être instruits aux universités, collèges et écoles ;

« Les provisions accordées pour l'érection et l'entretènement des collèges (La Rochelle, Montélimar, Nimes) seront vérifiées et sortiront leur plein et entier effet ;

« Il sera loisible à ceux de la religion de pourvoir leurs enfants de tels éducateurs que bon leur semblera et d'en substituer un ou plusieurs par testament ;

« Ne pourront ceux de la Religion tenir écoles publiques, sinon ès villes et lieux où l'exercice d'icelle leur est permis. »

Ainsi : liberté de l'éducation domestique (comment avait-elle pu être contestée ?) ;

Admission de droit dans les écoles publiques ;

Écoles séparées là où l'exercice est admis.

Voilà certes une liberté d'enseignement bien modeste alors même qu'elle eût pu être effective. Encore sur un des points qu'elle vise, la libre admission dans les écoles publiques, y a-t-il une importante restriction à faire. Le statut qui réorganisa l'université de Paris, l'année même de l'édit de Nantes, mais ne fut appliqué qu'en 1600, dispose (art. 3) que pour être admis dans les collèges et y habiter, il faut être catholique. L'externat seul est accordé aux protestants, à la condition encore de ne pas dire entre condisciples un seul mot de leur religion, à peine d'être immédiatement exclus. Mais telle qu'était la nouvelle loi, nos pères l'accueillirent avec une immense joie, et aussitôt ils abordèrent résolument la réalisation de leur plan scolaire.

Ce plan tenait en trois points : une école au moins dans chaque Église ; un collège au moins dans chaque province ; deux universités au moins dans le pays. Ainsi l'avait déjà réglé en 1596 le synode de Saumur.

Il n'y eut pas toutefois deux universités, mais huit ; trois, à la vérité, dans des pays non encore annexés, celles d'Orthez, Orange et Sedan, et une considérée comme provinciale, celle de Die, projetée d'abord à Montélimar. Les autres étaient générales : celle de Nimes, ajoutée en 1561 à son collège et complétée durant trente ans (1598-1627) par celle de Montpellier, les deux établissements étant considérés comme n'en formant qu'un seul; celle de Montauban, établie en 1598 et transférée en 1661 à Puylaurens; enfin la plus importante et la plus célèbre, celle de Saumur, longtemps en projet et organisée seulement en 1600. Il n'y aurait eu en réalité que trois universités nationales, si celles de Die et de Sedan n'avaient été par moments traitées et subventionnées comme telles.

C'étaient là pour la plupart de beaux établissements, conçus sur le plan de ceux de Bordeaux, de Strasbourg, de Genève et comportant le double cycle d'études classiques et supérieures. Destinées à former pasteurs et professeurs et à donner le haut enseignement aux fils de famille, les universités avaient toutes organisé des cours publics de philosophie (logique, physique, métaphysique), des cours de théologie faits le plus souvent par deux professeurs; d'autres de mathématiques, d'éloquence, de grec, d'hébreu. Remarquons que l'hébreu, ordinairement enseigné dans les collèges de la Renaissance, avait été introduit par le goût protestant des études bibliques. A côté de ces enseignements partout donnés, quelques-uns ne l'étaient que dans certaines académies: la jurisprudence, très goûtée de nos protestants, à Sedan et à Nîmes; la médecine, à Montpellier et à Sedan; à Sedan encore les exercices de tactique militaire.

Des leçons de théologie, nous nous bornerons à dire qu'elles étaient, aux yeux de tous, les principales, et au point de vue du recrutement pastoral, les plus nécessaires. Des noms glorieux les ont illustrées : Viret, Béraud, Amyraud, Cappel, De la Place, Pajon, Pierre Dumoulin, Jurieu, Samuel Desmarets, Chamier, Jean Claude, Jean de Serres, et combien d'autres! Quant aux leçons de philosophie, elle furent moins routinières qu'ailleurs dans les académies protestantes; Platon y fut enseigné à côté d'Aristote, et après l'un et l'autre, Descartes dont les idées furent chères au professeur Chouet. Nous eûmes pour l'enseignement du grec Jean Benoît, Tanneguy-Lefèvre, le père et le maître de Mme Dacier, Samuel Petit, David Derodon, et même Isaac Casaubon; pour la jurisprudence Jules Pacius. Malgré des difficultés de toutes sortes, le niveau des études fut très élevé dans nos académies. L'élan de la Renaissance n'y fut pas enrayé, comme dans l'université de Paris, par les idées gothiques qui y reprirent faveur, mais stimulé par l'esprit évangélique. Elles justifièrent le mot de Cordier que les études languissent quand languit la piété, et que « pour instruire avec succès la jeunesse, il faut s'adresser au cœur d'où jaillissent les sources de la vie, se placer sous les auspices de Dieu, aimer et révérer le Christ, et ne vivre que pour lui ».

Les académies protestantes firent la prospérité des villes dans lesquelles elles étaient établies, témoin Sedan, devenu « une nouvelle Athènes, où se donnaient rendez-vous, dit M. Peyran, tous ceux qui aspiraient aux palmes du savoir et du talent. Nulle branche des connaissances humaines n'y languissait ; mais aussi quel concours d'étrangers ! » Témoin aussi Saumur, dont l'éclat et la renommée, créés par l'académie, ne lui survécurent pas. La révocation de l'édit de Nantes réduisit sa population de 25,000 âmes à 6,000 et l'émigration enleva tout ce qui, dans la ville, représentait l'intelligence et l'industrie. Sont-ce de tels bienfaits que célébrèrent les panégyristes de ce malheureux acte?

Le succès fut moins vif pour les collèges, sauf les plus importants, ceux auxquels étaient rattachées les académies et quelques autres, Nérac, Bergerac, La Rochelle. Les faibles, les petits, eurent, comme toujours, une existence pénible. L'édit de Nantes les ayant multipliés ils purent être répartis selon les provinces ecclésiastiques. L'année même de l'Édit, Bergerac érigea le sien, auquel elle eût voulu ajouter plus tard une académie ; en 1603 et 1604 se fondent ceux de Pont-de-Veyle et Die ; en 1605, celui de Privas ; on en trouve en 1608 à Vitré ; en 1609 à Gergeau et à Clermont en Beauvoisis ; en 1612 à La Rochefoucaud ; en 1613 à Alençon, Anduze, Gex ; en 1618 à Béziers ; il y en eut aussi à Embrun, en Dauphiné, et au Luc, en Provence.

Ceux de plein exercice suivirent le plan d'études que nous avons fait connaître. Leur organisation resta celle des anciens collèges. Elle ne connaissait que l'externat, encore que beaucoup d'élèves fussent logés dans l'établissement. Ils y étaient répartis par chambrées de cinq ou six surveillés et répétés, soit par les régents célibataires, soit par de jeunes maîtres qu'on appelait pédagogues. Le principal lui-même avait quelques élèves commensaux que lui confiaient les familles distinguées ou riches. Il y avait dans le collège plusieurs régimes ou « portions » selon la qualité des enfants ou le prix de pension.

Le principal avait la charge de surveiller régents, pédagogues, élèves, leçons. Dans les collèges à académies, le principal était subordonné au recteur, chef des professeurs libres et surintendant de tout l'établissement. Dans les autres collèges, il rendait compte aux consistoires et par eux aux synodes. La comptabilité et le contentieux étaient jugés par le synode général, auquel appartenait la direction suprême.

L'effectif des classes était-il nombreux, on répartissait les élèves par dizaines ou décuries, invention heureuse des Frères de la vie commune qui s'était propagée à Genève, à Strasbourg, en Allemagne. Nous l'avons retrouvée dans une école primaire d'Héricourt, principauté de Montbéliard, alors sous l'autorité des princes de Wurtenberg. Le collège de Guyenne l'avait admise sous un autre nom. Cette division en petits groupes, dont chacun avait à sa tête un dizainier, ou moniteur chargé de « réciter le premier et de signaler les mauvais garçons », avait l'avantage de disséminer l'émulation dans la totalité de la classe. Tous les mois, la composition de ces dizaines se renouvelait et un système toujours actif de promotions faisait passer les élèves en progrès d'un groupe à l'autre. Une fois l'an, la promotion générale d'une classe à l'autre donnait lieu à une fête académique.

Les jours de classe étaient les lundis, mardis, jeudis et vendredis. Il y avait ces jours-là trois leçons : de 6 à 8 heures ou de 7 à 9 selon les saisons ; de midi à 1 heure et de 2 à 4. Les longues leçons, du matin et du soir, étaient consacrées à l'explication des auteurs, et la courte classe de midi à l'étude de la grammaire, de la prosodie, de la dialectique, de l'histoire, étudiée dans les historiens. Après la classe du matin, les élèves restaient dans les salles pour « faire leurs questions », c'est-à-dire s'interroger réciproquement sous les yeux de leurs maîtres ; c'est ainsi qu'alors on faisait les devoirs. Quant aux *pensums*, le système en était non moins original et plus solennel. A l'issue de la classe de l'après-midi, tous les élèves se rendaient, sous la conduite de leurs régents, dans « la grande salle » ou salle commune et là, en présence du principal, on s'occupait de deux objets distincts, mais unis entre eux comme la religion et la morale : les questions de discipline et les exercices religieux.

Les fautes de la journée étaient signalées par les régents lorsqu'elles méritaient cette publicité. Elles étaient, selon les cas, l'objet de simples admonestations ou de châtiments dans lesquels le fouet avait au besoin son rôle. Les châtiments étaient « modérés » et tiraient surtout leur efficacité de la présence des maîtres et des condisciples. Les prières venaient ensuite. Deux élèves récitaient l'oraison dominicale et le symbole des apôtres. A Genève, on y ajoutait la confession de foi. Après ces récitations, le principal donnait congé aux enfants, en les bénissant au nom de Dieu. « Cette réunion solennelle des enfants, lisons-nous dans le Règlement de Nîmes, est un grand point de la discipline scolaire. » Qu'on en compare l'effet moral à celui du sec et odieux pensum !

Autre était l'emploi du mercredi et du samedi. Le mercredi étant jour de prédication dans les Églises réformées, les enfants se rendaient le matin au sermon, conduits et surveillés par leurs maîtres. A 11 heures, ils faisaient leurs questions, avec un peu plus de solennité. De midi à 3 heures, longue récréation dans la cour du collège ; de 3 à 4, déclamation pour les hautes classes, exercices aisés pour les autres sous la direction de leurs maîtres. Une fois par mois, déclamation et exercices étaient remplacés par ces compositions qui donnaient lieu à un classement et au renouvellement des décuries.

Le samedi matin était employé dans toutes les classes à revoir les matières étudiées dans la semaine. Revoir semblait alors aussi nécessaire que voir. Un programme détaillé nous montre que, à Nîmes, en quatrième, par exemple, quatre heures par semaine étaient consacrées à la grammaire et quatre heures à sa revision ; quatre heures aux explications d'auteurs et quatre à leur répétition ; de plus quatre thèmes donnaient encore l'occasion de rappeler les règles et leur application. On apprenait moins sans doute, mais comme on retenait davantage!

De 11 heures à 12 le même samedi, dispute comme le mercredi; de midi à 3 heures, longue récréation. Ces récréations des deux jours de demi-congé étaient les seules occasions données aux écoliers de parler latin entre eux et de passer ensemble un peu de temps loin de la férule des maîtres.

De 3 à 4 heures récitation et explication du catéchisme en vue de la leçon du lendemain dimanche, à laquelle les enfants étaient tenus de se rendre et les familles invitées. La récitation avait lieu en français, en latin ou en grec selon les classes; pour les élèves les plus avancés, elle était remplacée par la lecture du Nouveau Testament grec.

Nous sommes loin ici des collèges de la Renaissance! Ces exercices, les livres qui y servaient, les *Colloques*, notamment, le caractère des maîtres répandaient, dans les établissements de la Réforme, un esprit de gravité et de paix. On y sentait la présence de Dieu. On ne voit pas comment la gaminerie y eût trouvé place. Principal et régents étaient choisis d'après leur aptitude à exciter la jeunesse à la piété. Leur principal soin devait être « de bander à cela leurs intentions ». A Genève, recteur, professeurs, régents prêtent le serment « de procurer selon leurs forces que les écoliers vivent paisiblement, en toute modestie et honnêteté, à l'honneur de Dieu et au profit et repos de la ville ». « Le recteur et les professeurs doivent élire en bonne conscience gens suffisants pour enseigner. Que ces maîtres enseignent surtout à aimer Dieu et haïr les vices. Qu'ils nourrissent entre eux une concorde mutuelle et vraiment chrétienne. Que le principal soit homme craignant Dieu, d'un esprit débonnaire, et non point de complexion rude ni âpre, afin qu'il donne bon exemple aux écoliers en toute sa vie et porte doucement les fâcheries de sa charge. »

Ainsi ces vieux huguenots, ces hommes d'acier, de croyances si austères, étaient pour les enfants pleins de douceur et de tendresse. Les Calvin, les Coligny, les Mornay veillaient avec une touchante sollicitude sur cette délicate « pépinière de l'Église de Dieu ». Ils se plaisaient à visiter ces enfants,

9 novb 1670

Extraict des registres du conseil d'estat

Sur ce qui a esté représenté au Roy estant en son conseil que quoy que par l'article 38 des particuliers de l'Edit de Nantes il soit expressement ordonné que dans les Escolles qui seront establies par ceux de la religion pretendue reformée pour l'instruction de leurs enfans ou autres il ne pourra estre enseigné que à lire escrire et l'arithmetique, Ils continuent abusant de lad. permission d'enseigner les humanités et autres sciences dans lesd. Escolles, Ce qui est directement contraire aud. article et à l'intention de Sa Majesté; A quoy estant necessaire de pourvoir, Le Roy estant en son conseil a faict tres expresses deffenses à tous Mes d'Escolles et autres qui seront establis par ceux de la religion pretendue reformée pour l'instruction de leurs enfans d'enseigner dans lesd. Escolles que lire escrire et l'arithmetique seulement à peine de demeurer decheus de lad. permission, Enjoint aux officiers et juges des lieux de tenir la main à l'execution du present arrest. Faict au conseil d'estat du Roy Sa Majesté y estant tenu à St Germain en Laye le IXe jour de Novembre Mil six cens soixante et dix.

Phelypeaux

K.

Edi[illegible]
en f[illegible]
pré[illegible]

Edit de Nantes
en faveur de ceux
de la Religion
pretendue reformée.
Avril 1598.

Henry par la grace de Dieu Roy de France et de Navarre.
A tous presens et advenir salut. Entre les graces infinies qu'il a pleu a Dieu nous departir
celle est bien des plus insignes et remarquables, de nous avoir donné la vertu et la force
de ne ceder aux effroyables troubles, confusions et desordres qui se trouverent a nostre advenement
a ce royaume, qui estoit divisé en tant de partz et de factions, que la plus legitime en estoit quasi
la moindre, et de nous estre neantmoings tellement roidis contre ceste tourmente, que nous
l'ayons enfin surmontée et touchions maintenant le port de salut et repos de cest Estat.
De quoy a luy seul en soit la gloire toute entiere et a nous la grace et obligation qu'il se
soit voullu servir de nostre labeur pour parfaire ce bon oeuvre. Auquel il a esté visible
a tous si nous avons porté ce qui estoit non seullement de nostre debvoir et pouvoir, mais
quelque chose de plus, qui n'eust peut estre pas esté en autre temps bien convenable
a la dignité que nous tenons, que nous n'avons plus craint d'y exposer, puisque nous
y avons tant de fois et si librement exposé nostre propre vie. Et en ceste grande concurrence
de si grands et perilleux affaires, ne se pouvans tous composer tout a la fois, et en mesme
temps, il nous a fallu tenir cest ordre, d'entreprendre premierement celles qui ne se
pouvoient terminer que par la force, et plustost remettre et suspendre pour quelque temps
les autres qui se debvoient et pouvoient traitter par la raison et la justice. Comme les
differends generaulx d'entre noz bons subjectz, et les maulx particuliers des plus saines parties
de l'Estat, que nous estimions pouvoir bien plus aysement guerir, apres en avoir osté
la cause principalle, qui estoit en la continuation de la guerre civile. En quoy nous estans
par la grace de Dieu bien et heureusement succedé, et les armes et hostilitez estans
du tout cessées en tout le dedans du royaume, nous esperons qu'il nous succedera aussy bien
aux autres affaires qui restent a y composer, et que par ce moyen nous parviendrons a
l'establissement d'une bonne paix et tranquille repos, qui a tousjours esté le but de
tous noz voeux et intentions, et le prix que nous desirons de tant de peines et travaulx
ausquelz nous avons passé ce cours de nostre aage. Entre lesd. affaires ausquelz il a
fallu donner patience, et l'un des principaulx ont esté les plainctes que nous avons receues
de plusieurs de noz provinces et villes catholiques, de ce que l'exercice de la religion
catholique n'estoit pas universellement restably, comme il est porté par les edictz cy
devant faictz pour la pacification des troubles a l'occasion de la religion. Comme aussy
les supplications et remonstrances qui nous ont esté faictes par noz subjectz de
la religion pretendue reformée, tant sur l'inexecution de ce qui leur est accordé
par lesd. edictz, que sur ce qu'ilz desireroient y estre adjousté pour l'exercice de
leur d. religion, la liberté de leurs consciences et la seureté de leurs personnes

[illegible]

[illegible]

[illegible]

Et a noz procureurs generaulx en requerir et poursuivre incontinent l'execution sans delay les publicacions.

Si donnons en mandement à noz amez et feaux les gens tenans noz cours de parlemens, chambres de noz comptes, cours de noz aydes, baillifs, seneschaux, prevostz et autres noz justiciers et officiers qu'il appartiendra et à leurs lieutenans, qu'ilz facent lire, publier et enregistrer cestuy nostre present edict et ordonnance en leurs cours et jurisdictions, et iceluy entretenir, garder et observer de point en point, et du contenu en faire jouir et user plainement et paisiblement tous ceulx qu'il appartiendra, cessans et faisans cesser tous troubles et empeschemens au contraire. Car tel est nostre plaisir. En tesmoing de quoy nous avons signé les presentes de nostre propre main et à icelles, affin que ce soit chose ferme et stable à tousjours, fait mettre et apposer nostre seel. Donné à Nantes au mois d'Apvril l'an de grace mil cinq cens quatre vingtz dix huict et de nostre regne le neufiesme.

HENRY

V 181

Par le Roy estant en son conseil.

FORGET

Leues publiées et registrées, oy et ce requerant le procureur general du Roy, [illegible] vingt cinq fevrier mil cinq cens quatre vingtz dix neuf.

VOYSIN

Leu publié et registré en la Chambre des Comptes, [illegible] le procureur general du Roy, [illegible] jour de [illegible] mil [illegible] quatre vingtz dix neuf.

De La Fontaine

Leu publié et registré, oy et ce consentant le procureur general du Roy, [illegible] la Court des Aydes [illegible] mil cinq cens quatre vingtz dix neuf.

BERNARD

par [illegible] du chast[illegible]

registre de [illegible] dudict chast. [illegible]

[illegible] Le seiziesme jour de may

Demarc[illegible]

ces adolescents, cachaient pour leur sourire leurs plus cruels soucis et se sentaient à leur place au milieu de ces jeunes générations. Mis à leur portée, adapté à leur âge, le terrible dogme devenait toute bonté, toute affection. Mais le devoir primait toujours et les plus savants maîtres répétaient avec Jean de Serres : *Potior virtutis quam eruditionis cura.*

Le système d'éducation et d'études secondaires adopté par les protestants français parut si bien entendu et si heureux qu'il fut aussitôt imité et qu'il a fait fortune dans notre pays. La grande ennemie de la Réforme, la Société de Jésus, s'en empara la première.

L'Église s'était d'abord montrée méfiante à l'égard du nouveau savoir apporté par la Renaissance. On en a des preuves non douteuses. La substitution des classiques à la scolastique lui parut pleine de périls; mais, dans la seconde moitié du XVIe siècle, elle se ravisa. « L'œil exercé des jésuites, dit un juge compétent, surveillant tous les mouvements de la pensée et de la politique en Europe, vit qu'il était plus important pour Rome d'épouser les classiques que de les prohiber. L'éducation jésuitique fut donc organisée sur une base classique en opposition avec la base scolastique de l'Université. » Le plan d'études de la Société de Jésus, la *Ratio studiorum*, en fait foi. Élaboré à Rome avec un soin extrême, il parut en trois éditions successivement corrigées de 1586 à 1599, et n'a plus sensiblement varié depuis. Sturm fut d'abord surpris, puis charmé, de se voir imité par ses adversaires; mais il jugea néanmoins qu'il y avait là un sérieux motif d'émulation pour les écoles protestantes, qui, ayant eu l'honneur de l'initiative, ne devaient pas perdre leur avantage. Il retrouvait toutes ses idées dans l'organisation des collèges jésuites : classes élémentaires (à la vérité volontiers laissées en blanc), classes de grammaire, puis humanités, rhétorique, leçons publiques;

Mêmes exercices : récitations, thèmes, vers en plus grande abondance, discours composés et débités, déclamations, revisions hebdomadaires;

Mêmes moyens d'émulation et même organisation des collèges : décuries, compositions périodiques, prix annuels, promotions, subordination de toute l'école au recteur et par celui-ci à la Société.

Mais si les moyens et les procédés étaient les mêmes, le but était différent, l'esprit tout autre. Il s'agissait d'un côté d'affranchir l'esprit et la conscience de toute autorité humaine pour les soumettre à Dieu seul; de l'autre, de les assujettir au joug, de les river à Rome. C'est pour cela que, selon le mot de Michelet, les études ont été « mécanisées » et que, à ces études, on a joint des pratiques religieuses qui exaltent l'imagination et endorment la réflexion; que, dans ces réunions littéraires appelées *académies* on voue à la Vierge Immaculée les meilleurs élèves; qu'on écarte sans hésiter — *sine dubio removendi* — ceux qui donnent des signes de curiosité d'esprit; qu'on se plaît à faire assister parfois les écoliers au supplice de quelque hérétique, pour leur faire deviner le danger qu'il y a à s'écarter de la direction de ses maîtres. La *Ratio studiorum* s'explique clairement sur tout cela.

L'adoption par les jésuites du programme protestant donna à leurs collèges une écrasante supériorité sur ceux de l'Université. Dès 1564, avant l'adoption de la *Ratio*, mais quand déjà les lignes s'en indiquaient, un collège de jésuites s'ouvrit à Paris, malgré l'opposition de la Sorbonne, et vit accourir les élèves en foule. Le succès ne fit que s'accentuer et Henri IV l'expliquait ainsi plus tard : « C'est pour ce qu'ils font mieux que les autres. » Ils avaient assurément suivi le progrès, mais leur succès s'expliquait par une raison plus puissante encore. Les collèges de l'Université avaient la réputation méritée de s'être mal gardés contre l'infiltration de l'hérésie. Les mères catholiques étaient sûres d'être chez les jésuites à l'abri de ce danger.

Quoi qu'il en soit, le déclin des collèges de l'Université était lamentable. Soit par leur esprit rétrograde, soit à raison des guerres civiles et des troubles de la Ligue à Paris, il ne restait presque rien de ces collèges quand la paix se fit enfin. Pour mieux les relever, on en décida la réforme. C'est un passe-temps que l'Université se donnait de temps à autre et dont l'habitude n'est pas entièrement perdue. Une commission composée des personnages le plus en vue : de Harlaï, de Thou

Molé, Séguier, arrêta le nouveau système d'études, le Parlement l'enregistra et il fut mis en activité.

C'était le système des jésuites contre lesquels l'Université se défendait ainsi, par conséquent celui des protestants, de Jean Sturm, de ses maîtres : même enchaînement des classes, mêmes auteurs expliqués à chaque degré; place analogue donnée au grec; exercices identiques : thèmes chaque jour, disputes, compositions en grec et en latin, en vers et en prose, revisions hebdomadaires; ordre de ne parler que latin dans les collèges; examen des élèves à la rentrée pour fixer la classe où ils seront admis. Mais le texte du règlement est moins minutieux et destiné à une observation moins exacte que dans les collèges des jésuites. Ce plan universitaire est venu jusqu'à nous à travers une infinité de remaniements et de révolutions. Comme tout ce qui est aux mains de l'État, il a été traité surtout à un point de vue administratif et il a gardé peu de chose de sa saveur originaire.

Des trois formes que le plan d'études classiques a revêtues en France, la plus éducative était la nôtre et on l'a brutalement supprimée.

Pour vivre et durer les collèges protestants avaient deux graves difficultés à surmonter : celles du personnel et des ressources financières.

Le personnel manquait à une Église nouvelle qui venait de se constituer au milieu des persécutions. Les hommes d'études sont rarement hardis. La France en fournit pourtant et d'illustres, on l'a vu. Les autres vinrent de l'étranger. C'était alors l'usage. Le corps enseignant formait une sorte de corporation internationale, parlant la même langue savante et pouvant partout exercer son art. Erasme, de Rotterdam, était aussi bien chez lui à Rome et Oxford qu'à Bâle; les Espagnols Gouvéa et Vivès enseignaient à Paris et à Bruges; les jésuites dans tous les pays. L'Écosse surtout nous fut bienveillante, grâce à la sympathie traditionnelle qui l'unit à la France, grâce aussi à la communauté de symbole religieux entre les disciples de Knox et de Calvin. En les inquiétant sur leurs sentiments presbytériens, le fanatisme anglican de Jacques Ier les fit passer chez nous et en remplit nos collèges. Celui de Nîmes en reçut quatre en un seul jour. C'est de l'Écosse que venaient Trochorège, Craig, Duncan, Cameron, Doull, John Sharp, Anderson, Dempster, Macolle. La Suisse, par un échange de bons procédés, nous envoya Chouet, Jean Steck, Lefèvre; la Hollande, Gomar; l'Italie, ou plutôt Genève remplie de réfugiés italiens, Visconti, Ferrari. Tous ces calvinistes signaient sans difficulté la confession de foi imposée aux professeurs et aux régents.

La question pécuniaire fut aisément résolue dans les établissements protégés par les gentilshommes et les princes protestants. En fondant le collège de La Rochelle, Jeanne d'Albret, Condé, Coligny, l'avaient doté et Renée de France entretint celui de Montargis. Sous l'édit de Nantes les villes qui eurent des collèges furent autorisées à lever pour eux des taxes municipales : Nîmes et Montpellier, sur le sel; Die, sur le poids public des farines. Enfin, en 1598, le roi accorda aux Églises pour l'entretien du culte, des universités et des collèges, une somme annuelle de 43,000 écus comme compensation des dîmes payées aussi par les protestants. Cet « octroi » fut maintenu jusqu'en 1626, mais alors la difficulté de le remplacer fut extrême; grand embarras surtout pour les petits collèges.

Le type de ces établissements est donné par cette annonce, lue à Charenton, de l'ouverture de l'un d'eux (mai 1609) : « Il y a un collège établi à Clermont en Beauvoisis et trois régents pour enseigner la langue latine, grecque, l'écriture, l'arithmétique, la musique, la rhétorique, la dialectique et la logique. Si quelqu'un a désir d'y envoyer enfants, l'Église aura soin de les mettre en pension, et le principal et autres personnes auront charge tant de leurs personnes que de leur instruction. Les pensions seront de 40 écus ou de telle autre somme que de raison. »

Ces collèges surgirent d'abord en grand nombre, aussitôt la permission donnée. En Bourgogne et Bresse, par exemple, il s'en fonda un à Pont-de-Veyle en 1603, un autre à Buxy l'année suivante, d'autres encore jusqu'à 1611 à Paray en Charolais, Is-sur-Tille, Bourg, Couches. Mais, en 1614, le synode national de Tonneins mit un frein à la fureur de ces créations, il ne voulut qu'un collège, deux au plus, par province, et les provinces furent invitées à « ajouter du leur tout ce qui serait possible pour les rendre tels qu'ils pussent porter à bon droit le nom de collèges ». Le premier fondé mérita seul de survivre, bientôt logé dans le château de Lesdiguières qui venait d'acquérir en 1613 la seigneurie de Pont-de-Veyle; mais les embarras et le découragement causés par les guerres du midi et de l'ouest, entre 1620 et 1629, portèrent à sa prospérité une telle atteinte qu'il succomba en 1634.

Même situation dans les autres provinces. En Normandie, le collège paraît avoir eu une destinée errante entre Alençon, Caen, Saint-Lô, Quevilly; dans le Languedoc et le Vivarais, Anduze et Annonay l'ont eu après Privas. Coûteux et faibles, n'ayant que deux ou trois régents et peu d'élèves, sauf dans les classes de commençants, ils étaient mal vus de l'autorité et exposés à toutes les vexations. Quand, en 1620, on voulut établir celui de Charenton, l'université de Paris s'émut de la concurrence et fit représenter à Louis XIII combien il serait honteux que « si près de la capitale du royaume le plus chrétien, il y eût un collège d'hérésie, pour y minuter la manière d'attaquer la religion ». Le collège ne s'ouvrit pas. A Metz, en 1635, les protestants voulant relever le leur, l'évêque de Madaure s'y opposa et sut bien les en empêcher. A Loudun, la même année, les Ursulines ayant besoin d'agrandir leur couvent, on leur offrit tout bonnement le collège protestant qui n'eut qu'à déguerpir. Les bâtiments en furent payés... quinze ans plus tard, au quart de leur valeur. Mais c'est Melle qui détient le record de cette étrange justice. En 1626 un réformé, nommé Desfontaines, légua à la ville un fonds pour bâtir un collège. La ville étant mixte et les habitants en bon accord, on chargea un arbitre, François Le Coq, conseiller au parlement de Paris, de décider comment l'établissement serait organisé. Il proposa de le faire mixte, avec deux régents, un protestant et un catholique avec un principal alternativement pris dans l'un et l'autre culte. Mais l'évêque de Poitiers ne s'accommoda pas de cet arrangement, en appela au parlement de Paris et obtint que tous les régents fussent catholiques.

Par un autre chemin plusieurs collèges importants passèrent aussi à leurs ennemis. Le 19 octobre 1631, Louis XIII avait déclaré que dans les villes mixtes où tous les consuls étaient protestants, le consulat serait désormais partagé entre les deux cultes. Des quatre consuls, deux furent donc catholiques. Mais les bigots de Castres, qui avaient provoqué la mesure, ne la jugèrent pas suffisante; ils voulurent que le collège fût aussi « mi-parti ». Résistance des protestants qui trouvaient inique le partage d'un collège fondé pour eux seuls et entretenu de leurs seuls deniers. La cause fut portée devant la chambre mi-partie de Castres qui comptait neuf membres de chaque religion. Les neuf catholiques se prononcèrent dans un sens, les neuf protestants dans l'autre, et le roi, appelé à les départager, rendit, le 23 juillet 1633, un arrêt qui ordonnait le mi-partiment. La mesure fut appliquée aussi à Nîmes, Montauban et dans les autres villes religionnaires.

Sous figure d'égalité, c'était la dépossession. A Nîmes, par exemple, les régents de physique, première, troisième, cinquième et le portier durent être catholiques; ceux de logique, seconde, quatrième, sixième restèrent protestants. Or, le principal était non seulement logé au collège et maître des bâtiments et du portier, mais chargé de rédiger le plan d'études, d'en surveiller l'exécution, de fixer les jours fériés. Il choisissait donc les auteurs qu'il voulait, faisait chômer les fêtes catholiques, espionner les maîtres protestants qui ne pouvaient plus parler librement à leurs élèves. Grâce à l'habileté machiavélique de ce partage, les collèges protestants devinrent, non pas mixtes, mais catholiques, et les professeurs réformés eurent dans leurs collègues, non des égaux, mais des supérieurs dont ils avaient tout à craindre. Il n'y avait plus place dans ces collèges pour l'esprit protestant.

Le coup partait des jésuites et n'était pas le premier. Se souvenant que leur ordre était institué pour rendre à l'Église les âmes que la Réforme lui avait fait perdre, ils suggérèrent à Louis XIII, dont ils dirigeaient la conscience, l'idée d'établir partout leurs collèges dans le voisinage des collèges protestants. Die, Castres, Montpellier, Nîmes, Montauban, Sedan et beaucoup d'autres villes où étaient nos écoles secondaires, virent donc s'élever la concurrence des jésuites aux portes des établissements réformés. Par un privilège spécial, Saumur n'eut pas de jésuites, mais des oratoriens, et un moment Amyraut, d'un côté, Thomassin, de l'autre, enseignèrent simultanément la théologie dans la ville de Duplessis-Mornay.

On peut aisément se figurer ce que le voisinage des révérends pères ajouta d'ennuis à toutes les difficultés dont souffraient les collèges protestants. A Die, les jésuites attiraient furtivement les élèves du collège, essayaient sur eux toutes les séductions, leur faisaient boire du lait frais dans les fermes voisines. Ils réussirent à en convertir un ou deux qu'ils enlevèrent et firent transporter à leur collège de Vienne. Grand émoi dans toute la province, vives réclamations des familles lésées, déboires et dégoûts sans fin pour l'académie.

Ce fut pis à Montauban. Le collège étant mi-parti et dirigé plus qu'à moitié par les jésuites, ceux-ci voulurent donner un jour à leurs élèves une belle représentation scénique. Un grand théâtre fut donc élevé devant le collège, mais de façon à fermer l'entrée des classes protestantes. Vif émoi, grande colère des élèves de ces classes, quand ils se présentèrent, et, avec l'impétuosité de leur âge, ils eurent bientôt fait de démolir le théâtre. C'est sans doute ce qu'on voulait : on arrêta quelques mutins que l'on mit en prison; mais leurs condisciples s'armèrent et les délivrèrent. Il n'en fallait pas tant pour attirer les foudres de la justice. L'académie fut exilée à Puylaurens (1661) et le collège remis tout entier aux jésuites.

Abrégeons l'agonie de nos collèges. Celui de Pont-de-Veyle, qui peut servir de type pour les plus modestes, fermé en 1634, ressuscita vingt ans après. Dans l'intervalle les enfants devaient prendre le chemin de Die, l'université de cette ville recevant de la province de Bourgogne une contribution de 200 livres. Contribution mal payée: en 1660, il y avait un retard de 995 livres. En vain les synodes, généraux et provinciaux, multipliaient les exhortations au zèle et à l'exactitude des payements; en vain celui de Charenton (1631) avait-il établi le système du *quint denier*, affectant aux universités et collèges le cinquième des charités de l'Église; en vain celui d'Alençon (1637) avait-il adjuré « toutes les Églises et les seigneurs, les gentilshommes et les particuliers de préférer le service de Dieu, la gloire de son nom et le rétablissement de l'ordre dans sa maison à tous les intérêts mondains quels qu'ils pussent être; de consacrer chacun selon ses moyens quelques offrandes à Sa Majesté divine et de lever les impôts nécessaires pour l'entretien des universités et collèges », — ni les offrandes ne suffisaient, ni l'emprise sur les aumônes n'éteignait les dettes. Le synode de Pont-de-Veyle décida que, en outre du *quint denier*, on prendrait le quart des deniers restants et au besoin les intérêts des legs. Plus de 40 p. 100 de l'argent des pauvres allait ainsi à l'académie dauphinoise, tant était sacré et supérieur à tout autre le devoir d'élever les enfants. Enfin le synode de Guillestre, ne sachant plus comment payer les maîtres qui, depuis des années, ne touchaient plus un sol, assigna à chacun d'eux l'Église qui devait le satisfaire et les autorisa à aller lui demander eux-mêmes leurs gages !

C'est pourtant dans ces circonstances qu'on releva le collège de Pont-de-Veyle, avec trois régents, dont un résidant dans le pays de Gex. Mais l'heure fatale était venue. La révocation de l'édit de Nantes eut lieu en Bresse, non en 1685, mais en 1662. Les intrigues des jésuites portaient leurs fruits. On fit remarquer à Louis XIV que l'édit de Nantes ne concernait que les pays soumis à l'autorité royale en 1598. Louis XIII en avait ainsi jugé quand le Béarn fut annexé en 1620 et il n'avait pas laissé subsister l'académie d'Orthez. En 1662, Louis XIV déclara donc en conseil « l'édit de Nantes n'avoir lieu dans les pays réunis à la couronne postérieurement à iceluy ». On s'était trompé soixante ans en croyant le contraire !

En conséquence, le 16 janvier de cette année, le culte fut interdit en Bresse et à Gex, le temple de Pont-de-Veyle démoli, le collège supprimé. Les autres Églises de la région furent traitées avec la même rigueur. Vingt temples furent rasés dans le seul pays de Gex au milieu de la consternation publique. « Éternel, dors-tu ? » s'écria une pauvre femme en voyant détruire celui dans lequel elle avait prié toute sa vie, et peu s'en fallut qu'elle n'expiât cruellement le cri de son désespoir et de celui de l'Église.

La révocation définitive ne fut que l'acte mortuaire des derniers établissements protestants. Sous le feu roulant des édits, la plupart avaient cessé de vivre. Die, Saumur, Puylaurens respiraient encore en 1684 : on leur prouva que c'était à tort. Die, dans les lettres patentes de son établissement, avait bien été autorisée comme académie, mais non comme académie protestante; comment laisser durer une institution dont la naissance était à ce point illégitime ? Saumur avait eu autrefois le tort d'accroître ses bâtiments d'un « espace usurpé sur la cour de la maison de ville ». Puylaurens devait bien avoir quelque crime analogue sur la conscience. Sedan, supprimé quatre ans plus tôt (1680), n'avait-il pas osé recevoir des étudiants étrangers à la principauté ? Sous le règne d'un Louis XIV de tels forfaits sont irrémissibles pour des académies protestantes : on le leur fit bien voir.

Si l'histoire est avare de renseignements sur les petits collèges, elle est autrement silencieuse sur les petites écoles. A peine quelques indications brèves et d'occasion. Au moyen âge, pour toutes les causes que l'on sait, l'enseignement élémentaire était réduit presque à rien. Il se ranima à la Renaissance et reçut de la Réforme une si vive impulsion qu'il provoqua l'émulation du clergé catholique. Le concile de Trente le recommanda sans doute comme un moyen de défense religieuse. Il prescrivit « dans chaque église, à la ville et à la campagne, une petite école, dont le maître, précepteur ou régent, enseignerait gratuitement aux enfants pauvres la lecture, l'écriture, la grammaire, le calcul ». Mais ce qu'on fait par ordre, sans y être naturellement porté, ne réussit pas longtemps. Claude de Saintes, évêque d'Évreux, écrit avec tristesse en 1576 : « Nous admirons le zèle de nos pères pour l'instruction dans notre diocèse. Il eût été difficile autrefois de trouver une paroisse un peu populeuse qui n'eût sa maison ou sa fondation pour les écoles. Mais nous devons maudire la négligence, ou pour mieux dire, la conduite sacrilège de notre siècle où l'on a vu des gentilshommes, des ecclésiastiques, les paroissiens, usurper ou aliéner les maisons d'écoles et les biens qui y étaient affectés. En sorte que, à peine trouve-t-on maintenant une école ou un maître, nous ne dirons pas dans les campagnes, mais dans les villes et même dans les cités les plus considérables. C'est une honte pour nous de voir les hérétiques faire la guerre et s'imposer tous les sacrifices afin de faire élever leurs enfants dans l'impiété, tandis que nous, catholiques, non contents de n'accorder aux écoles de la piété ni subventions publiques, ni subventions privées, nous prenons à tâche de les ruiner et de les abolir. » (*Monogr. pédagogiques: Écoles de hameau*, par Poitrineau.)

Ce témoignage en faveur des écoles réformées a son prix.

Il avait été pourtant difficile au protestantisme d'organiser l'instruction primaire. Il n'avait pas trouvé dans cet humble domaine les facilités que l'esprit novateur de la Renaissance lui avait offertes dans les collèges. Destinées surtout à exercer au chant d'église, les écoles dépendaient du chantre des paroisses ou des cathédrales qui, sous des noms divers, préconteur, écolâtre, capiscol, les instituait, autorisait ou révoquait les maîtres. Il veillait surtout à leur orthodoxie, et l'on en voit dès l'édit de Chateaubriant (1551) qui sont plus que suspects. En 1554, un arrêt du parlement de Paris vise sans ambiguïté les instituteurs réformés. Il s'agit de ceux qui faisaient l'*école buissonnière*. « Les écoles buissonnières, dit le président Hénault, étaient celles que les luthériens tenaient dans la campagne par la crainte d'être découverts par le chantre de l'Église de Paris. » Les dangers que veut prévenir l'arrêt ce sont « les inconvénients qui pourraient advenir par la mauvaise et pernicieuse doctrine que l'on pourrait donner aux petits enfants ». Quatre-vingts ans plus tard, en 1628, le Parlement s'occupe encore de ces écoles et ordonne « que les statuts et règlements ci-devant faits et les arrêts donnés en conséquence, soient gardés et observés » ; il fait inhibition et défense « à toutes personnes de tenir *écoles buissonnières* et particulières en cette ville, faubourg et banlieue, sans la permission du chantre de Paris, à peine de 50 livres d'amende et de perte de tous livres et papiers qui se trouveraient chez lesdits *buissonniers* ».

Pour ne pas s'appeler buissonnières, mais simplement

secrètes, ces écoles ne s'en trouvent pas moins loin de Paris : à La Rochelle, par exemple, en 1550, où sept pédagogues sont dénoncés sur le soupçon « d'introduire leurs disciples en des doctrines séparées et non accoutumées » ; à Montpellier encore, et à Marennes, mais plus tard, quand, après 1670, on supprima toutes les écoles en sus de celle qui était seule permise dans les villes d'exercice.

Ainsi, selon les temps, le désert a caché notre culte et les buissons nos écoles.

Dans les lieux où l'on en eut le moyen, on multiplia ces écoles ; Coligny en fonda à Châtillon ; les municipalités protestantes, dans le midi. On assure qu'en 1562, avant la guerre civile, il y en avait plus de deux mille. Ces écoles avaient de la valeur au point de vue de l'instruction et surtout de l'influence morale.

Encouragées par les synodes, établies par les consistoires qui nommaient les maîtres, elles étaient à la charge exclusive des paroisses ; un modeste écolage était payé pour les enfants qui les suivaient. Il y avait des écoles de filles, mais dans les petites localités elles réunissaient les deux sexes. On y enseignait la lecture, l'écriture, le calcul, la grammaire et le catéchisme : programme réduit plus tard aux trois premiers articles par les édits persécuteurs. La connaissance de la Bible y était très développée ; témoin, dans les procès pour cause de religion, les sûres et pertinentes réponses de simples ouvriers qui n'avaient pas reçu d'autre instruction.

Michelet a remarqué combien la Bible, par la variété et la richesse de son contenu, est propre à exercer l'esprit. Une autre raison lui donne cette puissance extraordinaire de mettre en jeu la réflexion. Elle ne s'adresse pas seulement à l'intelligence, mais au sentiment, à la conscience, à la volonté, aux échos profonds de l'âme, à cet ensemble de facultés morales que d'un mot synthétique on appelle le cœur. Or l'esprit, nous l'avons vu à l'occasion des collèges, ne se développe jamais aussi bien que lorsque le cœur se met de la partie, lorsque surtout s'éveille avec la conscience le sentiment de la responsabilité de l'homme envers Dieu. Avec un tel moyen d'éducation, l'efficacité des écoles protestantes était considérable. Si elles se tenaient forcément dans les limites du programme primaire, elles éveillaient les esprits sur de plus hautes questions et y déposaient les germes d'un développement ultérieur souvent considérable. Plus d'un de leurs maîtres n'avait sans doute fait que ces modestes études ; les autres sortaient des collèges.

Il ne faut pas omettre sur ce sujet de l'efficacité de l'école protestante, l'importante remarque de son accord avec les sentiments et les idées de la famille. Le culte domestique, y ranimant tous les jours le souvenir des leçons bibliques de la classe et des graves exhortations qui s'y ajoutaient, les gravait d'une manière ineffaçable au fond de l'âme. Et le souci que l'enfant lisait sans cesse au front de son père et de sa mère au sujet des malheurs de l'Église, des épreuves du peuple de Dieu, de l'incertitude de ses prochaines destinées, mûrissait vite le jeune esprit et lui donnait une précocité, une portée exceptionnelles.

Les maîtres avaient conscience de l'importance de leur mission. Les consistoires qui les nommaient exigeaient d'eux, avec la capacité, la pureté des mœurs et de la foi : il fallait qu'ils fussent, dans toute leur vie, l'exemple de leurs élèves.

On peut affirmer que la Réforme a rendu la première l'enseignement obligatoire. L'article de la Discipline, cité plus haut, n'instituait qu'une obligation morale, mais combien puissante ! Les synodes la poussèrent jusqu'au bout. M. Arnaud en cite un de Provence qui enjoint aux ministres de visiter, accompagnés de deux anciens, les familles de leurs troupeaux afin « de s'informer de l'instruction des enfants, s'ils avaient connaissance des catéchismes familiers, les exhortant, sous peine de censure et de suspension, à envoyer incessamment leurs enfants aux écoles ; enjoignant, d'autre part, aux maîtres de redoubler de soins pour l'instruction et la piété des enfants. » On sait d'ailleurs que la municipalité de Castres ordonna (17 mai 1577) « à tous ceux qui avaient charge d'enfants au-dessous de 14 ans de les envoyer journellement au collège pour y être instruits et appris, sous peine d'amende ».

Dans certaines villes, comme à Marennes, la supériorité des

écoles protestantes était si bien établie que, dès que les passions s'apaisaient, les catholiques y envoyaient leurs enfants.

Plus souvent le fanatisme clérical ou populaire rendait la vie dure aux écoles et aux régents. On a relevé dans divers documents historiques, les noms de 125 instituteurs protestants. Sur ce nombre, 52, dont quelques femmes, ont été persécutés ou suppliciés pour cause de religion. Et que de vexations, en outre, que d'avanies de toutes sortes! Tantôt on les obligeait à obtenir, pour ouvrir une école, l'agrément du curé; tantôt il fallait celui du chapitre métropolitain ou de l'évêque. La moindre formalité omise entraînait la fermeture de l'école. En 1640, l'évêque de Poitiers s'avise que les écoles mixtes sont contraires aux mœurs et fait séparer les sexes; mais plus tard, la loi n'accordant qu'une école par localité, il fallut supprimer celle des filles ou des garçons. Fermées aussi, à partir de 1670 les écoles où l'on ne s'en tient pas strictement à ces trois points : lire, écrire, compter. Est-ce à la leçon de catéchisme, est-ce au savoir en général qu'on en voulait? En 1671, on révoque toute permission d'avoir plus d'une école dans chaque ville. Enfin, à la veille de la Révocation, un édit (11 janv. 1683), rappelant qu'il ne peut y avoir écoles que dans les *lieux* d'exercice, interprète ce mot *lieux* dans le sens le plus étroit. Le faubourg, notamment, n'est pas la ville. De là suppression de beaucoup d'écoles. La mesure privant d'instruction un grand nombre d'enfants, ceux-ci auraient pu être mis en pension chez des instituteurs : défense en est faite. Chez les pasteurs alors? Pas davantage, les pasteurs ne peuvent recevoir qu'un ou deux pensionnaires. « Mais, au nom du ciel, dit un ministre à l'intendant qui lui signifiait la défense, quelle est donc la raison de cet arrêt? — C'est que nul édit n'autorise les pensionnaires. — Faut-il donc un édit pour acheter du pain chez le boulanger? »

C'est vers ce moment, parmi tant de difficultés, à deux doigts de la ruine, que le Synode provincial d'Is-sur-Tille répète son exhortation en faveur de l'éducation des enfants :

« Est renouvelée l'injonction aux ministres et anciens des

consistoires, de même qu'aux chefs de famille, de s'employer avec toute la chaleur, le zèle et l'application possibles à une œuvre si sainte, qui est d'autant plus agréable à Dieu que, en nous acquittant de ce saint devoir, nous ne travaillerons pas seulement pour notre propre salut, mais encore pour celui de nos enfants, de l'éducation desquels il est sans doute que nous sommes comptables à Dieu. Et sera le présent article lu en chaire. » Nous ne pouvons mieux finir que sur ces mots.

Messieurs, on a essayé de nous supprimer : nous sommes et nous serons ; car, si l'édit de Nantes a été révoqué par Louis XIV, il a été rétabli par la nation, en 1789, sans aucune des anciennes restrictions. En possession du droit commun, nous bénissons la mémoire de Henri IV, nous bénissons surtout la magnanimité et la justice de notre grande patrie. Nous jouissons du bien auquel ont aspiré nos pères : le droit d'être Français en gardant nos consciences libres et « nous ployons toutes nos attentes dans le paquet de celles de la nation ».

Nous n'avons plus d'ennemis ; quelques criailleries, inspirées comme toujours par le préjugé et l'ignorance de nos affaires, n'auront d'autre effet que de nous rappeler à nous-mêmes et de nous exciter à mieux remplir notre devoir.

Ce devoir est celui qu'acclame en nous le sang et l'esprit de nos pères ; c'est celui de tout faire pour l'éducation de nos enfants, et, en général, pour celle de l'enfance.

J'ose dire que nous avons commencé de le remplir.

A peine la paix revenue et la France remise de ses secousses, nous avons fondé [1] en 1829 *la Société pour l'encouragement de l'instruction primaire parmi les protestants de France.* Nulle loi n'avait alors organisé cette instruction et le budget du pays ne lui accordait que la somme dérisoire de *cinquante mille francs.* Que l'on compare cette aumône aux *cent cinquante-trois millions d'aujourd'hui!* Nous avions donc, sur nos propres deniers, à assurer à nos enfants les bienfaits

1. Voir pour les œuvres d'instruction protestantes : Frank Puaux, *Monogr. pédag.*

de l'école en les mettant à l'abri des entreprises séculaires de propagande.

Mais où trouver des instituteurs, des institutrices? Des cours normaux, des écoles modèles, des divisions préparatoires s'ouvrirent à Mens, Chatillon, Dieulefit, Lille, Courbevoie, Nîmes, Larzallier, Boissy-Saint-Léger, Glay, Montbéliard, Fénétrange.

Et depuis soixante-dix ans, la Société poursuit, avec une ténacité digne de nos pères, une œuvre qui, à ce jour, peut se résumer ainsi : écoles créées ou entretenues, 1,400, dont les deux tiers sont devenues par communalisation partie du domaine de l'instruction publique; instituteurs et institutrices formés, 2,300; savoir, sortis de l'école de Courbevoie, 570; de Boissy-Saint-Léger, 400; des écoles modèles de province, instituteurs, 1,000, institutrices, 320. Écoles du jeudi créées et entretenues, 650; somme répartie entre ces divers établissements : cinq millions et demi!

Mais est-ce tout, messieurs, et la Société pour l'encouragement de l'instruction primaire n'a-t-elle pas pris une part indirecte et glorieuse à la législation de notre pays sur l'éducation populaire? Est-il possible d'oublier le nom de Guizot, l'auteur de la belle loi de 1833, la première où la France nouvelle ait révélé son noble souci de l'élévation des classes laborieuses? M. Guizot a été le président, l'illustre président de la Société. Et quand, sous le ministère Duruy, une deuxième impulsion a été donnée aux efforts nationaux pour l'éducation du peuple, c'est encore un des nôtres, M. Charles Robert, président depuis de la Société, qui a été la cheville ouvrière de l'œuvre sous le titre de secrétaire général au ministère de l'instruction publique.

A côté de cette grande Société et poursuivant le même but, celle des Écoles du dimanche, fondée en 1852, a suscité et entretient aujourd'hui plus de 1,200 de ces écoles d'utilité et d'inspiration si protestantes.

Des orphelinats ont recueilli les enfants sans famille à Saverdun, Castres, Lemé, Crest, Orléans, et l'on forme à cette heure pour les enfants en danger moral des « petites familles ».

L'enseignement secondaire n'a pas été oublié : un collège protestant et des institutions libres ont fait suivre à leurs élèves les programmes publics tout en entretenant chez eux l'esprit sérieux des familles réformées.

Nous avons notre part d'action dans toutes les œuvres générales d'éducation et de protection de la jeunesse ; et nous n'y apportons aucune visée sectaire. Si l'on a fait contre nous une propagande acharnée, nous sommes loyalement neutres dans les entreprises neutres, nous associant à nos concitoyens sur le terrain commun des principes modernes. Nous n'avons en vue que l'intérêt moral et général qui est d'ailleurs pour chacun le premier de tous.

Trois choses sont certaines pour les fils des huguenots : la justice seule élève les nations ; l'homme n'est homme que par son fonds moral ; l'éducation seule initie l'enfant à la moralité et à la justice.

Coïncidence frappante : un faible reste du peuple protestant a été conservé jusqu'au jour où son principe est devenu d'une nécessité suprême.

Par l'effet de graves changements dans la vie de notre peuple ; par l'évolution démocratique, par le développement de la grande industrie, la famille a été bouleversée, disloquée, et l'éducation du foyer a presque disparu. Le sens éducatif s'éteint chez les parents ; la jeunesse est abandonnée à elle-même à l'âge où elle a le plus besoin d'être guidée ; l'enfance ouvrière, émancipée à douze ans, se perd trop souvent ; la jeunesse des familles aisées engloutit dans de grossiers plaisirs les dons que va réclamer son rôle social. Toute la jeune génération, sauf de trop rares exceptions, reste ainsi privée de direction morale..., ou en reçoit une, trop connue, qui la prépare doucement à la servitude.

Il nous appartient d'attaquer ce mal, de poursuivre notre œuvre, de rappeler, de pratiquer surtout, les principes hors desquels il n'y a ni dignité, ni avenir, et qui se résument dans celui de la responsabilité personnelle de l'homme envers Dieu. Nous n'avons certes pas le monopole de ces principes, nous ne les avons pas plus découverts que nous n'avons inventé la religion ou l'école. Mais peut-être les avons-nous mis à point. Un douloureux passé leur a imprimé notre marque, les a gravés au fond de nos consciences. Bon gré mal gré, c'est nous qui en sommes les défenseurs et les champions.

M.-J. Gaufrès.

Il est plus de six heures quand, après avoir admiré la richesse d'informations de M. J. Gaufrès, et écouté un bref appel de M. F. de Schickler en faveur des écoles de Madagascar, l'assemblée se retire, pour peu de temps seulement. A huit heures du soir, en effet, le temple se remplit de nouveau, comme il ne l'avait pas encore été, chaque place disponible étant occupée du haut en bas de l'édifice[1]. C'est M. le pasteur Ch. Frossard qui préside. Le soussigné expose les difficultés et les obstacles que rencontra l'édit de Nantes et dont il triompha pour un temps, entre deux exécutions, par un chœur, des psaumes 25 et 68 harmonisés par Goudimel. M. le pasteur Diény s'était chargé de la tâche ingrate, — dont il s'est tiré avec honneur, — de diriger ces chants. La conférence a été écoutée avec beaucoup de sympathie par cet auditoire qu'il faudrait pouvoir souhaiter à tout conférencier plein de son sujet; il se sépare après avoir, sur l'invitation du président, chanté debout et à l'unisson le choral de Luther.

DIFFICULTÉS ET OBSTACLES

QUE RENCONTRA L'ÉDIT DE NANTES

L'édit de Nantes, dont il est si peu question dans nos livres historiques, a été un événement plus important qu'on ne pense. Il mérite de retenir l'attention de tous ceux qu'intéresse l'histoire de la liberté religieuse et civile en Europe et surtout en France où cette liberté est encore si peu comprise et pratiquée. La ville de Nantes où prit naissance, en 1560, la fameuse conspiration d'Amboise, qui fut comme la préface des guerres civiles[2], n'a pas, dans tout son passé, de gloire plus pure, plus

1. M. Durand-Gasselin pense qu'il y avait entre 1000 et 1100 personnes.
2. C'est le 1er février 1560 que, dans la maison d'un gentilhomme breton nommé *La Garaye*, à Nantes, *Godefroi de Barri, seigneur de la Renaudie*, réunit une partie des conjurés. L'entreprise devait être exécutée le 10 mars

noble, je dirais volontiers plus prophétique que celle de l'édit qui portera toujours son nom, symbole, si ce n'est de liberté, du moins de haute et libérale tolérance.

Je voudrais rappeler quelques-unes des difficultés, quelques-uns des obstacles que rencontrèrent protestants et catholiques et qu'avec et contre eux Henri IV dut combattre et surmonter pour signer et sceller cet édit, clore le XVIe siècle, et entr'ouvrir dans le monde des croyances, des idées et des faits, la porte des temps nouveaux.

I

A l'époque à laquelle nous reporte l'édit de Nantes, la France était profondément divisée. Les principales villes et des provinces entières, comme la Bretagne par exemple, étaient la proie de la Ligue, c'est-à-dire d'une véritable insurrection cléricale qui s'était organisée partout, grâce aux confréries de tout ordre, pour empêcher l'avènement d'un roi hérétique et faire triompher l'Espagne et l'Inquisition. Le parti royaliste ou de Henri IV, — nous dirions aujourd'hui la gauche et le centre, — était formé d'abord par les huguenots qui avaient été ses premiers et principaux soutiens, puis par tous ceux auxquels la domination cléricale et étrangère était antipathique. Sous des apparences politiques et sociales, dans son principe et dans ses origines, ce conflit était essentiellement religieux et moral, et c'est là ce qui en faisait la gravité. Il y avait en présence et en lutte deux manières différentes de concevoir la vie et le devoir. — Je sais bien qu'à l'époque où l'édit de Nantes fut signé, la Ligue était vaincue ou plutôt avait fait sa soumission. Mais cette soumission n'avait été obtenue que grâce à la conversion de Henri IV, puis par des privilèges exorbitants accordés aux principaux meneurs. Au fond la division subsistait dans les esprits. Elle était le résultat fatal d'un fait non moins fatal, de l'avènement en

et fut, comme on le sait, remise au 16, puis découverte et noyée dans le sang des conjurés, exactement trente-huit ans avant la signature de l'édit de Nantes. Voy. entre autres, *France prot.*, I, art. BARRI.

LA FAÇADE DU CHATEAU DE NANTES.

(Les fenêtres du rez-de-chaussée, au-dessus de l'escalier de droite, sont celles de la salle des États, où l'on dit aussi que l'Édit fut signé.)

France, comme dans toute l'Europe, de la Réforme, c'est-à-d'une nouvelle conception religieuse qui réclamait sa place à côté de l'ancienne, et à laquelle cette place avait été jusqu'alors refusée malgré une série de traités de paix que la royauté ne s'était jamais souciée de faire observer loyalement.

La Réforme n'avait pas été, comme par exemple M. Brunetière et les papalins voudraient le faire croire, une importation étrangère. Elle n'avait pas été davantage, comme d'autres se l'imaginent, uniquement l'œuvre de quelques hommes comme Luther, Zwingle ou Calvin. Si elle avait été l'un ou l'autre, elle n'aurait pas produit en Europe cet universel soulèvement dont nous ressentons encore les commotions. La Réforme avait été la crise de maturité ou de majorité morale par laquelle passèrent au commencement du XVIe siècle tous les peuples civilisés, l'effort longtemps rêvé, attendu, pressenti, qu'ils tentèrent alors, de penser et de croire par eux-mêmes. Grâce à l'Évangile quelques hommes avaient eu, plus clairement que d'autres, conscience de la nécessité de cet effort, et c'est ce qui avait fait d'eux des précurseurs de la Réforme, puis des Réformateurs. Mais leurs voix se seraient promptement éteintes si elles n'avaient rencontré l'assentiment, l'appui, la coopération de la foule anonyme qui espérait des temps meilleurs. Les résultats de la lutte ainsi engagée partout différèrent suivant les conditions politiques et sociales des divers pays de l'Europe. Voilà pourquoi la Réforme ne put être écrasée là où le pouvoir politique était divisé en une multitude d'États comme l'Allemagne, ou affranchi de la tutelle de l'Église catholique comme en Angleterre. Voilà pourquoi, en Italie, en Espagne où cette Église était toute-puissante, la Réforme n'aboutit qu'au martyre. En France, malgré la centralisation déjà très grande du pouvoir royal et sa subordination au pouvoir clérical, nul ne peut savoir ce qui serait arrivé si le massacre de la Saint-Barthélemy et la tyrannie de la Ligue n'avaient inauguré le règne de la violence et de l'anarchie. A partir de 1593, vingt ans après cette boucherie, vingt ans dont le résultat avait été la conversion définitive du fils de Jeanne d'Albret, il paraissait impossible que ce dernier, après avoir fait à son trône le sacrifice de sa religion, fit aucune concession nouvelle à ses anciens coreligionnaires. — Pour bien le comprendre, il faut rappeler un ou deux faits qui seuls nous permettront de nous mettre à la place de nos pères et de ne pas être trop injustes pour leurs idées et leur conduite.

II

Le premier fait peut se formuler ainsi : En l'an de grâce 1598, la grande majorité des Français ne pensaient pas qu'on pût être religieux de différentes manières : *une foi, une loi, un roi*, tel était le sommaire de leurs convictions religieuses et politiques. Et l'on peut ajouter que, grâce à des événements qu'il serait trop long d'expliquer, l'universelle passion était celle de l'unité religieuse, politique et sociale. Tout ce qui était nouveau, dans tous les domaines, paraissait suspect.

Être religieux, c'était être catholique, c'est-à-dire croire qu'on ne peut être sauvé dans ce monde et dans l'autre, qu'en se soumettant et se conformant aux enseignements, règles, cérémonies et ordonnances de l'Église qui s'appelait catholique, apostolique et romaine, représentée dans son chef par le pape et dans ses ministres par le clergé séculier et régulier. Quiconque s'écartait de cette manière de voir était considéré comme hérétique, et l'hérésie, c'est-à-dire la séparation d'avec l'opinion et les usages de la majorité, était regardée comme un crime.

Il ne faudrait pas s'imaginer que la Réforme fût, en principe, le renversement de l'Église catholique. Il est parfaitement vrai qu'elle soutenait que l'Église catholique avait tort de réclamer pour ses traditions la même autorité et la même obéissance que pour la Bible et plus particulièrement pour l'Évangile. Mais les protestants du XVIe siècle partageaient, au fond, la passion des catholiques pour l'unité. La différence entre le protestant et le catholique du temps de Henri IV consistait en ceci :

Le protestant remplaçait l'Église et le pape par la Bible et déclarait hérétique celui qui s'écartait de l'enseignement de la Bible. Il ne demandait donc nullement, comme on l'en accusait à tort, la faculté de croire n'importe quoi ou de ne rien croire du tout. L'incrédule, l'athée étaient, à ses yeux, des criminels contre nature. Mais c'est dans la manière de traiter l'hérétique que le protestant se distinguait du catholique. Pour l'Église romaine — qui n'a jamais répudié cette opinion — l'hérétique qui manifestait ses opinions subversives, et surtout celui qui cherchait à les répandre, devait être emprisonné et, s'il persistait, supprimé par le fer et par le feu. On ne peut, au XVIe siècle, citer qu'un seul catholique français qui ait admis la tolérance, ce fut Michel de l'Hospital, le chancelier de Catherine de Médicis — mais il était à bon droit suspect d'incliner lui-même vers l'hérésie. — Il y eut, dans la première moitié du XVIe siècle, des protestants tout aussi intolérants que les catholiques, et le supplice de Servet à Genève en est une preuve péremptoire. Mais ce supplice, qui nous montre jusqu'où l'éducation catholique dont il était imprégné pouvait conduire un esprit aussi affranchi que celui de Calvin, fut, au fond, un bienfait, car il provoqua une réaction salutaire en faveur de la tolérance. Déjà au temps de Michel de l'Hospital, les protestants de La Rochelle, de Sedan, du Béarn et quelques huguenots de marque comme Coligny et Jeanne d'Albret admettaient et pratiquaient la coexistence des deux religions. A La Rochelle, à Sedan et dans le Béarn les deux cultes se célébraient à des heures différentes jusque dans les mêmes édifices religieux[1]. Les guerres de religion empêchèrent cette pratique de se généraliser[2]. Mais à la fin du siècle, partout où le protestantisme était le maître, il n'exécutait et ne bannissait pas les catholiques, mais les laissait parfois même pratiquer leur culte en secret, sans toutefois leur reconnaître les mêmes droits qu'à lui-même[3].

1. Pour les preuves de cette affirmation, voyez, entre autres, nos articles sur *l'intolérance de Jeanne d'Albret* (*Bull.*, 1894, 260 ss, et 1895, 638 ss), sur *La Rochelle* (*Bull.*, 1895, 392 ss), et sur *Sedan* (*Bull.*, 1894, 529 ss).

2. L'intransigeance et la férocité de la Ligue eurent pour effet de faire expulser la messe de toutes les villes qu'occupaient les huguenots.

3. Je répète que cette tolérance se *pratiquait* généralement, sans toutefois être officiellement reconnue comme un droit. En Allemagne, par exemple, la tolérance proprement dite ne fut reconnue que par la paix de

D'une manière générale donc, on peut dire que, dans l'Europe contemporaine de l'édit de Nantes, le catholique, fidèle à ses principes et à l'invariable procédure de son Église, n'admettait qu'une seule religion, la sienne, et le protestant en admettait au moins deux, inégalement traitées, celle de la majorité jouissant seule de la liberté[1].

Or, ce qui rendait le conflit singulièrement grave et terrible en France c'était la situation respective des deux partis en présence, et celle particulièrement difficile de Henri IV. C'est le deuxième fait que je voudrais mettre en lumière.

II

L'Église catholique était, de beaucoup, le pouvoir le plus considérable, le plus puissant en France sous Henri IV. C'était d'abord un énorme, immense pouvoir territorial. L'Église catholique était plus riche que le roi, que la noblesse, que n'importe quelle autre partie du peuple français. Elle possédait plus que le tiers du sol de la France. Et ce chiffre ne donne qu'une faible idée de sa richesse. Ces propriétés ne payaient pas d'impôts. Elles étaient, en général, les mieux situées et les mieux cultivées. Elles rapportaient sans cesse et coûtaient moins qu'aucune autre. En dehors de cette richesse accrue par les dîmes, redevances, bénéfices, etc., l'Église catholique était le seul organisme véritablement discipliné, obéissant à une impulsion unique, disposant d'un

Westphalie, sauf par les catholiques qui ne l'admirent jamais (Voy. Herzog, *Real-Encyklopädie*, XVIII, art. TOLERANZ).

1. Pour excuser auprès du pape l'enregistrement de l'édit de 1577, le cardinal d'Ossat écrivait (*Lettres*, I, 411 ss) que « le duc de Savoie... toléroit les hérétiques en tous leurs exercices en trois valées... d'Angrogne, de Luserne et de Perose, que le roi de Pologne en faisoit tout autant, non seulement au royaume de Suède, mais aussi en celui de Pologne; que tous les princes de la maison d'Autriche... en faisoient autant...; que Charles-Quint... en faisant l'intérim...; que le roy d'Espagne... toléroit en ses royaumes de Valence et de Grenade les Morisques avec leur mahometisme et faisoit offrir à ceux de Zelande, Holande et autres hérétiques des Pays Bas, l'exercice libre de leur religion prétendue, s'ils veulent le recognoistre et obéir au reste ». — D'Ossat oublie d'ajouter que toutes ces concessions étaient accordées *par nécessité*.

prestige, d'une influence absolument prépondérants, écrasants, dans l'Université, les cours et tribunaux, surtout dans les parlements et dans les régions politiques. Pendant tout le XVIe siècle, et jusqu'à la Révolution française ce fut presque toujours un cardinal qui fut le premier ministre de nos rois ; et à partir de Henri IV tous leurs confesseurs furent des jésuites[1]. De sorte qu'on peut dire que la France était en réalité gouvernée par le clergé, et celui-ci par la célèbre Compagnie.

Les protestants n'étaient qu'une minorité décimée par quarante années de guerres exterminatrices. Elle avait contre elle, cette minorité, le souvenir encore vivant de ces guerres qu'on l'accusait d'avoir fomentées, accusation calomnieuse, car les protestants n'avaient pris les armes en France qu'après s'être laissé exécuter pendant près de quarante ans par des tribunaux qui ne leur reconnaissaient que le droit à la mort, et quand le premier édit que Coligny avait arraché à Charles IX, le 17 janvier 1562, eût été violemment déchiré par le massacre de Vassy[2]. La minorité huguenote avait contre elle aussi la rigueur de la discipline que son Église imposait à ses adhérents, rigueur qui se heurta dès l'origine à la résistance très sérieuse même de ceux qui la subirent, mais qui témoignait après tout de la haute et pure idée que ces esclaves de la Bible se faisaient de la religion. Mais elle avait pour elle, cette minorité de 1,250,000 âmes ou

1. A partir de Louis XIV, les jésuites considérèrent cette fonction comme leur appartenant de droit : « Louis XIV regrettant le Père Lachaise et vantant son attachement pour luy à Maréchal, son premier chirurgien, luy dit que peu de mois avant de mourir, ce Père luy avoit instament demandé de ne se choisir apres luy de confesseur que dans leur Compagnie ; que les Jésuites estoient bien innocents des imputations de leurs ennemis, mais que c'estoit moins par attachement pour eux que pour luy qu'il luy faisoit cette prière, par ce qu'*il y auroit de l'imprudence à mettre un si grand corps au désespoir* en leur ostant son confessionnal et qu'encore qu'il les crust entièrement incapables de ce dont leurs ennemis les avoient accusés, il demandoit en grâce au Roy *de ne se pas exposer par une pareille imprudence à tout ce qui pourroit en arriver*. Maréchal épouvanté, et qui m'étoit intimement attaché, me le conta mot pour mot deux jours après. » (Saint-Simon, *Parallèle des trois rois*, p. 128.)

2. Voy. sur ce point, entre autres, *Bull.*, 1892, 156 ; — 1893, 505, 615 ; — 1896, 393, etc.

274,000 familles environ, c'est-à-dire près du douzième de la France d'alors[1], d'être une minorité intelligente, active, progressive, ennemie de la routine, ambitieuse pour la patrie et surtout convaincue. Beaucoup de Ligueurs ne se battaient que pour l'or de l'Espagne, le huguenot, rarement payé, se battait pour sa foi et c'est ce qui le rendait redoutable. Même dans les pays restés presque entièrement catholiques, comme la Bretagne, même dans la ville de Nantes, presque toute la noblesse avait plus ou moins embrassé la Réforme[2]. Un érudit de cette ville, M. le marquis de Granges-Surgères, vient de publier des extraits, intéressants au point de vue nobiliaire, des anciens registres des Églises réformées de Nantes et de la Loire-Inférieure. Ces extraits montrent que même au XVIIe siècle, moins de dix années avant la Révocation, il en était encore ainsi. Aussi M. de Surgères a-t-il écrit que «*puisque presque tous les représentants des anciennes maisons féodales donnèrent dans la Réforme, le fait pour une famille d'avoir eu jadis des protestants dans son ascendance, peut être, dans bien des cas, une présomption d'ancienne extraction*[3]. »

L'auteur de ces lignes voudrait nous faire croire que cette

1. J'accepte ici les chiffres donnés dans le *Bull.*, I, 123, d'après G. Leti; je les crois exacts sauf toutefois celui des ministres (2,800). Je ferai remarquer qu'il se peut fort bien que, par exemple, le chiffre des *lieux de culte* ait été considérablement modifié lorsque l'édit de Nantes fut appliqué, c'est-à-dire ne reconnut pas toujours les droits acquis, et rien n'était variable comme les exercices de fief. — Un contemporain, sir Edwin Sandys, déclare, il est vrai, dans son *Europæ speculum*, 1599, qu'en France, les huguenots n'étaient guère que le 20e de la population générale, mais il détruit lui-même cette affirmation en disant que tout le Poitou était huguenot, la Gascogne à moitié, le Languedoc, la Normandie et le Dauphiné fortement occupés par eux, et qu'ils passaient pour plus forts militairement qu'à aucune époque antérieure.

2. Pour d'autres provinces, par exemple la Saintonge et l'Angoumois, voyez une *Notice sur les Assemblées de Protestants qui eurent lieu en France à la suite de la conversion de Henri IV*, par M. Alexis de Jussieu, qui nous donne l'énumération de la noblesse protestante de ces deux provinces à cette époque.

3. Page x de *Anciens Registres* (*baptêmes, mariages, sépultures*) *des Églises réformées de Nantes et de la Loire-Inférieure*, Nantes (chez l'auteur, 66, rue Saint-Clément, 1897). L'année 1677 ne contient pas moins de vingt et un actes concernant des familles nobles.

noblesse avait donné dans la Réforme parce qu'elle était devenue « tributaire des moines » et aspirait à « retourner à la féodalité ». Ce sont là des assertions qu'aucun fait ne corrobore. Les nobles étaient tout aussi riches, et même aussi indépendants au XVIe et au XVIIe siècle qu'au XVe. Il n'y a qu'à se rappeler le rôle qu'ils jouèrent après la mort de Henri IV pendant la minorité de Louis XIII. La vraie raison pour laquelle la noblesse avait embrassé la Réforme que beaucoup de gens du peuple avaient accueillie avant elle, c'est qu'elle était en général plus intelligente et plus cultivée. Un protestant devait au moins savoir lire, et se former une opinion indépendante par l'étude, et il est de notoriété publique que sous l'ancien régime la noblesse avait de la culture et de l'indépendance. Ce n'est qu'à partir de Louis XIV qu'elle apprit à n'avoir qu'une opinion, une volonté, l'opinion, la volonté du roi. Mais jusqu'alors elle avait gardé l'habitude de penser et d'agir suivant sa conscience. Au temps de Henri IV les protestants, d'après un renseignement que je crois exact, prétendaient que 2,468 de leurs familles appartenaient à la noblesse, et elles avaient vaillamment combattu les premières pour conduire le Béarnais au trône de France [1]. Lorsque les négociations pour l'édit de Nantes étaient menacées de ne pas aboutir, le 2 mai 1597, cette minorité avait ainsi rappelé ses services, par une lettre inédite de ses délégués :

« Nous supplions très humblement V. M., Sire, de croire que c'est à nostre très grand regret que ce commun contentement est retardé, à *vous* d'estre servy et assisté de nostre sang et de noz vies, contre l'ancien ennemy de ce Royaume; *à nous* voz très humbles subiectz et serviteurs, de pouvoir rafraischir à V. M. les témoignages de nostre ancienne et perpétuelle fidélité, connue, comme nous nous asseurons, de V. M., par noz services passez; non toutesfois assez

1. Henri IV a lui-même reconnu l'importance militaire de la minorité huguenote et les services qu'elle lui avait rendus, dans cette lettre du 17 août 1598, au duc de Luxembourg, déjà citée ici (*Bull.*, II, 30) :

« ...Je ne puis reculer les Huguenots des charges sans hazarder le repos de mon Estat, car la partie de ceux de contraire religion est encore trop enracinée en iceluy et trop forte et puissante dedans et dehors pour estre mise en nonchaloir. *J'en ay esté trop bien servy et assisté en ma nécessité...* »

reconnue, ce nous semble, jusques icy, de ceux qui nous sont chiches de la protection et justice que V. M. doibt indifféremment à tous ses subjects, et que nous sçavons, selon sa clémence et bonté naturelle, que de son propre mouvement elle estendroit très volontiers sur nous qui luy avons esté et serons à jamais très fidelles[1]... »

IV

Qu'est-ce donc qui empêcha pendant cinq années, — de la onversion de Henri IV à l'édit de Nantes, — que le roi reconnût publiquement les services de ses anciens coreligionnaires et leur assurât — non la liberté — il ne s'agissait pas alors de liberté — mais le droit à l'existence? Car pendant ces cinq années les huguenots n'eurent d'autre garantie que l'édit arraché en 1577 à Henri III — le plus étroit de tous ceux qu'ils avaient obtenus et que les traités avec les Ligueurs avaient peu à peu tellement réduit qu'il ne leur donnait aucune sécurité. — C'est ici le nœud de cette étude, sur lequel il convient de concentrer notre attention. Il y eut deux obstacles principaux, l'attitude du Clergé et du pape et la situation de Henri IV.

Le Clergé avait à Paris une sorte de commission permanente qui s'appelait son agence générale. Elle centralisait et suivait toutes les affaires et convoquait, en général tous les cinq ans à Paris, des représentants de toute l'Église de France pour discuter ses intérêts, les débattre avec le roi et les pouvoirs publics, et offrir à l'État, en échange des privilèges accordés, un don gratuit, sorte de compensation pour l'exemption de tout impôt.

Une assemblée générale du clergé de France s'était réunie à Paris dans l'hiver de 1595-1596. Cette assemblée avait dressé des cahiers, c'est-à-dire, suivant la coutume, un résumé des demandes qu'elle formulait. Le cahier « spirituel » fut approuvé dans la séance du 20 décembre 1595, et présenté au roi à Folembray le 24 janvier par l'évêque du Mans, Claude d'Angennes de Rambouillet, qui l'exhorta « à l'exemple des

1. Lettre datée de Saumur, le second jour de may 1597 et signée *Clermont*, président et *J. Rochelle*, secrétaire, Biblioth. Nat. Dupuy, 428, 134.

« Clovis, des Constantin et des Recarèdes et des anciens rois « de Juda, Asa et autres, d'engager tous ses sujets dans la re- « ligion du vrai Dieu qu'il vient d'embrasser[1]... » On voit qu'en rhétorique Bossuet avait eu au moins un prédécesseur. — Le texte original du cahier dont cette allocution laisse deviner le sens existe aux Archives nationales. En voici le premier paragraphe :

« Les malheurs et ruisnes quy ont eu et ont cours en ce Royaume, provenans des divisions qui sont entre vos subjets, ne peuvent prendre fin, ny vostre couronne prendre la première splendeur, que par l'union de vos sujets en la vraye religion catholique, apostolique et Romaine, ayant à nostre grand regret expérimenté depuis 35 ans que la division a esté la seule cause de le saper et afoiblir. Mais, ayant pleu à Dieu qui en a la souveraine protection, vous appeller en son Eglize, en laquelle les roys vos prédecesseurs ont esté nourris depuis 1200 ans, nous nous promettons que vos subjets qui s'en sont départis, se rangeront en l'Union d'icelle, *s'il plaist à Vostre Majesté, avec et outre vostre exemple, les y convier et appeller par un edict, et les admonester de se faire instruire*[2]. »

Ce texte, émanant du plus grand pouvoir de l'État s'adressant au roi, est extrêmement important et n'a jamais été mis en pleine lumière. Voyons et méditons le raisonnement qu'il fait, car c'est un raisonnement encore très usité de nos jours. La France est divisée. Cette division provient de la diversité des opinions religieuses. Il faut, si la couronne doit retrouver sa splendeur, faire cesser cette diversité. Le roi a bien commencé en donnant l'exemple de la soumission à l'Église. Il doit convier ses sujets hérétiques à en faire autant, et cela par un édit, en les admonestant de se faire instruire. Ce qui signifie : Faites ce qu'a fait Henri III au plus fort de la Ligue, il y a dix ans, en 1585 et 1588 ; offrez-leur un délai de trois mois ou six mois pour apprendre le catéchisme catholique, et qu'il soit entendu que, passé ce délai, quiconque ne sera pas bon catholique, sera ou exécuté ou du moins sévèrement puni.

1. *Collection des procès-verbaux des assemblées du Clergé*, I, p. 573, 575-576.
2. Archives nationales, G⁸ 617 A. Procès-verbal de l'assemblée du Clergé de 1595-1596. Cahier, fol. 46 v°.

V

Ce qui frappe, dans ce raisonnement, c'est son extrême simplicité. Il y a des hérétiques, auraient-ils pu dire, c'est un malheur, mais c'est un fait qu'il faut savoir admettre et supporter. Mais cette idée ne leur vient même pas. Il n'y a qu'une seule charité à l'égard de l'hérétique, celle qui consiste à l'inviter à se soumettre ou à se démettre. On voit que j'avais raison de dire tout à l'heure que, pour les représentants authentiques du catholicisme contemporain de Henri IV, il n'y avait qu'une seule religion possible et admissible, la religion catholique. Si le temps le permettait je pourrais le démontrer d'une manière bien plus péremptoire encore en analysant le reste de ce même cahier, par exemple les articles où il demande la publication du concile de Trente comme loi de l'État. Mais je ne puis en passer sous silence un autre qui concerne directement les huguenots. C'est le 23e.

« Et pour les scandales et confusions qui arrive (*sic*) souvent des corps qui ne sont morts en la foy et union de l'Église catholique apostolique et romaine, lesquelz on veut entrer (*sic*, pour enterrer) dans les Églizes et autres lieux saints, plaise à V. M. ordonner que lesd. corps ne pourront, soubz quelque prétexte ou occasion que ce soit estre entrez èz Églizes ny aucuns lieux dediez aux sépultures, encore que les decedez, de leur vivant eussent prétendu estre fondateurs, patrons, ou avoir aucuns droits esdites Eglises. Et où les corps se trouveroient y avoir esté enterrés, enjoindre aux juges ordinaires des lieux, ou marguillers des Églizes, les faire destairer (*sic*, pour déterrer) sur la plainte qui leur en sera faite par les ecclésiastiques, et, en cas de négligence ou conivance, que lesd. juges seront suspendus de l'exercice de leurs estats et lesd. marguilliers multés de peine arbitraire...[1]. »

Quelques explications sont nécessaires pour bien comprendre le sens de cette requête. Les protestants étaient et ont toujours été très disséminés en France. Là où ils étaient en nombre, dans certaines villes, ils avaient généralement

1. Arch. nat., G8 617 A, fol. 54.

acheté un terrain pour y ensevelir leurs morts. Ailleurs, pendant le XVIe siècle, à quelques exceptions près, ceux-ci avaient été enterrés dans le cimetière de la localité où ils demeuraient. Lorsque c'étaient des nobles auxquels l'église et le cimetière qui l'entourait appartenaient par droit de fondation ou de patronage, ils avaient continué à déposer leurs morts, soit dans ces cimetières, soit sous les dalles des églises[1]. Or le clergé disait : « Les églises et les cimetières m'appartiennent, les premières parce que j'y célèbre les offices, les seconds parce que je les ai bénits et en ai fait une terre sacrée. Y déposer des hérétiques c'est profaner des lieux que j'ai déclarés sacrés. Il n'y a qu'un moyen de sauvegarder les privilèges de la religion qui seule a le droit de se dire chrétienne, c'est d'empêcher ces scandales, et lorsqu'ils ont eu lieu, d'ordonner l'exhumation de ces corps contaminés par l'hérésie. » Et il arrivait, un peu partout, que le clergé réclamait l'exécution de cet article et l'obtenait des tribunaux qui étaient à sa dévotion. Ce terrible article est un de ceux qui contribua le plus à révéler le caractère précaire et malheureux de la condition des huguenots. Représentons-nous leur douleur, leur terreur lorsque par toute la France il fallut soutenir de pareils procès, lorsque, par exemple, le parlement de Bordeaux, après avoir ordonné l'exhumation des restes d'un petit enfant à Ozillac en Saintonge, ordonna du même coup qu'en n'importe quel cimetière de son ressort, les cadavres huguenots enterrés *depuis dix ans* seraient déterrés[2] ! A Saintes les chanoines firent déterrer *M. de la Grange*, et ses parents furent obligés d'aller recueillir ses ossements dans les fossés de la ville. De Tarascon on fut obligé de transporter les restes de *M. de Modene* jusqu'à Beaucaire[3]. Longtemps après la promulgation de l'édit de Nantes, aussi tard qu'en 1606, des documents officiels démontrent que le clergé demandait l'exhu-

1. C'est pour cela qu'on ne peut affirmer que ceux qui, au XVIe siècle, étaient enterrés dans un cimetière catholique étaient tous catholiques. On a voulu démontrer ainsi, par exemple, qu'Ambroise Paré était catholique, alors qu'il dit lui-même, dans un de ses écrits, qu'il était huguenot.

2. Voy. *Mémoires de la Ligue*, VI, 480.

3. *Ibid.*

mation de *Mme de la Roulye* ensevelie depuis dix-huit ans dans l'église de Pontems[1] ou celle de *Barbe de Sanglé* qu'on venait d'enterrer dans l'église de Varennes en Brie[2], ou encore celle de *Mme de Présigny*, alliée aux Choiseul[3]. Il arrivait même qu'à Jumeauville, par exemple, le procureur général croyait devoir répondre en 1605 à une semblable requête demandant l'exhumation de *Marie Vassal* enterrée quatre ou cinq ans auparavant :

« Il est question, au principal, d'un déterrement qu'il n'estime pas, à présent se debvoir remuer, pour troubler les sépulcres et le repos des morts dont les os, de l'une et de l'autre religion, inhumés audit cymetière se peuvent dire estre joinctz ensemble et ne pouvoir estre dicernez ceulx des catholiques avec les aultres de lad. Religion prétendue refformée, estant requis d'y apporter de l'humanité par une rebénediction et réconciliation du cymetière, laquelle se peult faire sans trouble pour l'unité et la paix[4]. »

Ce qui montre que de pareilles prétentions pouvaient devenir une véritable plaie, c'est qu'en basse Normandie, par exemple, l'édit de Nantes ne permit l'exercice de la religion protestante que dans environ 22 localités, et dut accorder en 1612, aux protestants, tout près de 300 cimetières[5]. — Et nous comprenons que, dans leur requête au roi, nos pères se soient écriés :

« Bon Dieu, parmi quels tigres vivons-nous... qu'une cour de Parlement se licencie ainsi contre le droit naturel, contre l'honnêteté civile; car la sépulture est bien aussi naturelle à l'homme que la mort, est bien aussi civile que le bien mourir. Et par le droit des gens même, jamais il n'y eut ennemi si cruel qui refusât cet honneur à la mort de ceux qu'il ne pouvait souffrir en vie. Ha! que nos anciens François, ces vraiement François, par le moïen desquels nous sommes François, n'avoient garde de se dispenser ainsi... Ceux que

1. *Bull.*, II, 348.
2. Voy. *Bull.*, 1897. 649-650.
3. Arch. nat., L. 428, n° 46.
4. Arch. nat., L. 428, n° 45. *Jumeauville* était dans le diocèse de Chartres où l'on réclamait des exhumations aussi à *Mesrobert* et à *Chanceville*.
5. J.-A. Galland, *Essai sur l'Histoire du Protestantisme à Caen et en Basse-Normandie*, 1598-1791, Paris, 1898, p. 60 et 62.

vous déterrez ne sont point étrangers. Ce sont François, vrais François de nature comme vous, mieux que vous d'affection, s'il est vrai que l'humanité est la propre affection des François... Vostre religion est-elle donc comme cela ? Et cela, est-ce pour la faire catholique? Que nous peut-il servir de bien clore les cimetières ? On le faisoit pour empêcher que les bêtes ne violassent ces lieux et naturellement sacrés et inviolables pour l'honnêteté. O Dieu, ce qui se trouve horrible aux bêtes, est aujourd'hui permis aux François!... Lequel nous vaudra donc mieux qu'un loup dévore nostre charogne, ou que nos citoïens en repaissent leurs yeux, et contentent leur rage? Certes ni l'un ni l'autre n'empeschera qu'en ces mesmes os, en cette mesme chair nous ne voïons nostre Rédempteur qui approche, et rendra selon sa justice, oppression à ceux qui nous oppressent, et relâche à nous qui sommes oppressés[1]!... »

Ou je me trompe fort, ou voilà une page huguenote, dont on peut dire que pour la forme et pour le fond, elle l'emporte sur celle des cléricaux.

VI

On pense bien que si l'on traitait ainsi les morts[2], les vivants n'étaient pas beaucoup plus heureux. Il faudrait beaucoup de temps, seulement pour énumérer les dénis de justice auxquels était exposé ce pelé, ce galeux, ce paria de huguenot. Lorsqu'à Orléans, par exemple, il voulait envoyer ses enfants à l'école ou au collège, on ne les y admettait que s'il consentait à les faire rebaptiser. Que dans la même ville, où on l'imposait plus qu'on ne faisait les catholiques pour l'entretien de l'hôpital ou de l'aumône générale, il tombât malade ou dans la misère, on le mettait impitoyablement à la porte et de l'hôpital et de l'assistance qui n'étaient que pour les bons

1. *Mém. de la Ligue*, VI, 481.

2. A l'instigation du clergé, car là où il n'intervenait pas directement, personne ne songeait à la prétendue profanation des cimetières par la présence de cadavres huguenots, témoin ce qui se passait, par exemple, à Castelmoron : « ...Les habitants de cette ville... n'ont eu débats ny contentions entre eux pour l'effet de la religion, tant pour l'exercice d'icelle, pour l'enterrement des défunts d'une et autre relligion, pour le service de cloche et clocher et autres actes... » Voy. *Bull.*, II, 503.

catholiques[1]. Qu'à Poitiers, après avoir enseigné pendant vingt ans, *Antoine de la Duguie* se permit de briguer le doctorat, on lui préférait un bon catholique. Presque partout les huguenots, qui avaient obtenu, soit moyennant de l'argent, soit autrement, une charge officielle, étaient exclus de ces charges, ou n'y étaient admis que s'ils consentaient à abjurer. On pense si toutes ces mesures se multipliant, dans un pays encore moralement dominé par la Ligue, augmentaient le nombre des procès. Les victimes, du moins beaucoup d'entre elles, se disaient, quand leur bon droit paraissait si clair, que les tribunaux le reconnaîtraient. Erreur, les tribunaux se disaient comme la majorité que puisque le huguenot était hérétique, il ne pouvait avoir raison. Et les hautes cours, les Parlements étaient réactionnaires et conservateurs par essence, et à Toulouse, Bordeaux, Dijon et Rouen surtout, n'avaient qu'un but : tellement décourager cet hérétique, et lui faire comprendre qu'on ne lui pardonnerait jamais son obstination, qu'il finirait bien par planter là son hérésie[2]. Ailleurs, là où les protestants n'étaient qu'une poignée, comme à Nevers et à la Charité, on ne leur permettait même pas d'habiter, à l'intérieur des villes, leurs propriétés[3].

Malheureusement pour ceux qui escomptaient le découragement et heureusement pour ceux qui espéraient contre tout espoir, le huguenot était patient et tenace. Les avanies qui l'atteignaient dans sa vie civile, il arrivait parfois à en triompher. Mais il était prêt à accepter bien plus pour l'exercice, la manifestation de ses convictions. Oui sa religion, son culte, c'est là ce qu'il fallait à tout prix exclure de la vie publique et commune. Aussi n'y avait-il pas, en France, une ville de quelque importance où ce culte fût toléré. Pas une tout le long de la Loire, y compris Nantes. Et non seulement ce culte était exclu de ces villes, mais de toute la banlieue. Pour Nantes, on comptait au moins 3 lieues tout autour,

1. Voy. *Bull.* de 1898, p. 144 ss.
2. C'est un fait bien connu que ces parlements durent littéralement être *forcés* d'enregistrer l'édit de Nantes, et le firent non seulement de très mauvaise grâce, mais en montrant qu'ils n'en tiendraient pas compte.
3. *Bull.*, 1898, p. 148.

pour Paris d'abord 10, puis 5, sans compter beaucoup de stipulations particulières encore beaucoup plus vexatoires. Ainsi point de culte huguenot du tout dans des provinces aussi vastes que la Provence, la Bourgogne, la Picardie[1]. Ailleurs, comme à Lyon, il leur fallait faire jusqu'à 12, jusqu'à 20 lieues de chemin pour pouvoir entendre un prêche et communier. Au fond le culte ne leur était permis que dans les faubourgs ou les environs des localités où ils étaient les plus forts et qu'ils détenaient comme places de sûreté. Et c'est en réalité pour cette raison, *parce qu'il leur fallait une garantie, que ces places leur furent maintenues.* Mais, même là, par exemple à Montpellier, Saumur, Jargeau, il leur fallait affronter des grêles de pierre ou de boue quand ils allaient au temple ou en revenaient, sans compter toutes sortes de souffrances pour les femmes, les vieillards et les infirmes, au point que les protestants parisiens se plaignaient que, pendant l'hiver de l'année 1600, ils n'avaient pas perdu moins de 40 enfants morts de froid pendant le trajet de Paris à Ablon [2].

En un mot, on peut ainsi résumer la condition du huguenot avant l'édit de Nantes : Il avait, s'il désirait vivre réellement en paix, le choix entre deux alternatives : s'en aller dans un pays étranger, ou devenir catholique. Il pouvait, il est vrai, essayer de se faire rendre justice, mais il était sûr de ne jamais l'obtenir que comme une faveur insigne.

VII

Henri IV avait montré le chemin à ces entêtés, et puisqu'il nous reste à examiner son attitude après celle du clergé qui avait peu à peu créé ces mœurs, il faut, en dernier lieu, insister sur ce point. Personne n'admet que la conversion du souverain, qui a réellement dit que Paris valait bien une messe, fût sincère. Je ne veux pas dire que Henri IV fût irréligieux. On ne peut le soutenir lorsqu'on a parcouru sa correspondance et les mémoires du temps. Mais l'intolérance

1. Sauf pour la Provence à Mérindol et Lourmarin (*Bull.*, 1898, 138).
2. Voy. les *Plaintes* de 1601, citées dans le *Bulletin*, II, 253.

de son époque l'avait amené à faire bon marché des diverses formes religieuses, et il en voulait un peu aux huguenots de leur insistance et de leur intransigeance. Mais pour le souverain, la véritable explication de ses tergiversations est dans ses relations avec le pape. Il faut ne pas oublier que sa conversion et par conséquent sa royauté ne furent considérées l'une comme valable et l'autre comme légitime que si le pape lui accordait l'absolution pour avoir vécu dans l'hérésie. Cette absolution il fallut la solliciter comme une très grande faveur. Voilà pourquoi Henri IV, le jour de son sacre à Chartres, le 27 février 1594, avait prononcé les paroles suivantes : « Je « tâcherai à mon pouvoir, en bonne foi, de chasser de ma ju- « ridiction et terres de ma sujétion tous hérétiques dénoncés « par l'Église. » Il fit aussitôt assurer les Réformés, il est vrai, par brevet, qu'il n'avait point entendu parler d'eux dans ce serment[1]. Mais le pape et toute l'Église catholique se servaient de cette interprétation pour dire : Vous voyez bien que le roi de France n'est pas sincère, et pour refuser l'absolution demandée. Quand enfin elle eut été accordée le 17 septembre 1595, après plus d'une année de négociations, Henri IV avait d'autres faveurs à obtenir. Il sollicitait la rupture de son mariage avec Marguerite de Valois, ce mariage infortuné, ces noces vermeilles qui avaient été dans l'opinion de tous les contemporains, protestants et catholiques, l'occasion et le prétexte prémédités pour la perpétration du massacre de la Saint-Barthélemy. Aussi, quand le pape apprit que l'édit de 1577, cet édit dont je viens de montrer l'insuffisance, avait été enregistré par le parlement de Rouen, il pâlit de colère, le 7 mars 1597, et l'ambassadeur du roi, le cardinal d'Ossat, ne put le tranquilliser qu'en lui citant la parabole de l'Évangile dans laquelle Jésus « nous enseignoit de « tolérer l'yvraye en notre champ quand il y avoit danger d'ar- « racher et gaster ensemble le bon bled[2] ». On avait si peur de la colère de Sa Sainteté et de ses conséquences qu'on ne parla que d'une manière générale au cardinal d'Ossat des négocia-

1. Anquez, *Histoire des assemblées politiques des Réformés de France*, Paris, 1859, p. 95.
2. Lettre du 16 mars 1597. *Lettres du cardinal d'Ossat*, 1627, I, 411.

tions si longues, si laborieuses, qui se poursuivirent pendant plusieurs années à Loudun, à Saumur, à Châtellerault entre les députés protestants et les commissaires du roi, et qu'on attendit le départ du légat pour demander la vérification de l'Édit[1]. Ce n'est qu'ainsi qu'on peut s'expliquer une dépêche de l'ambassadeur datée de Ferrare, 31 octobre 1598, c'est-à-dire plus de six mois après la signature de l'édit de Nantes, d'après laquelle le pape lui dit qu' « il se disoit qu'il y avoit « un édict en faveur des hérétiques... que cela seroit mauvais « en tout temps, mais à présent que le Royaume estoit en « paix, seroit beaucoup pire... Quant à moy, dit-il, quand j'en- « tends de telles choses de luy (du roi) cela me crucifie ; je « vous prie escrivez-le luy de ma part[2] ».

En réalité, le pape ne le sut que cinq mois plus tard, lorsque le roi eut enfin obtenu l'enregistrement de l'édit de Nantes par le parlement de Paris. Et l'on voit bien, par la longue lettre du cardinal d'Ossat à ce sujet, que Clément VIII s'était flatté d'abord que jamais cet édit ne serait signé, puis qu'il soulèverait tant de difficultés que jamais il n'aurait en France force de loi « ...ayant estimé Sa Sainteté que vostre « Majesté l'eust fait pour contenter les Huguenots, en appa- « rence, et que vous fussiez bien aise que le Clergé s'y « opposast et que la Cour de Parlement refusast de le « passer, pour vous en servir puis après d'excuse envers « lesdits Huguenots ; mais que maintenant il voyoit tout le « contraire de ce qu'il avoit espéré de V. M. Premièrement, « il voyoit un édict le plus maudit qui se pouvoit imaginer, « par lequel édict estoit permise la liberté de conscience à « tout chacun, ce qui estoit la pire chose du monde... que « ces choses luy mettent le cerveau à party ; qu'il vous avoit « absous et recogneu pour roy, contre l'advis des plus grands « et plus puissants princes chrestiens... et maintenant la

1. Henri IV écrit lui-même, le 17 août 1598, au duc de Luxembourg, dans la lettre que j'ai citée plus haut : « ...Je fais retarder la publication de l'édit à cause de sa présence (du légat). » *Bull.*, II, 30. On trouvera plus loin la lettre par laquelle Henri IV informa son ambassadeur de ce qu'il projetait, mais très superficiellement.

2. *Lettres, ut suprà*, I, 549.

« recongnoissance et consolation qu'il en recevoit estoit qu'il « estoit la fable du monde et que chacun se mocqueroit de « luy; que cet édict que vous luy avez fait en son nez estoit « une grande playe à sa réputation et renommée et luy sem- « bloit qu'il avoit receu une balafre en son visage. Et sur ce « propos il se laissa transporter si avant qu'il adjousta que « comme il avoit alors franchy le fossé pour venir à l'abso- « lution, aussi ne se feindroit-il point de le franchir une autre « fois s'il falloit retourner à faire acte contraire[1]... ».

Le cardinal d'Ossat était aussi navré que le pape, mais il était obligé de défendre et de justifier les actes du roi qu'il représentait à Rome. Il ne put le faire qu'en plaidant les circonstances atténuantes et donnant, selon lui, la véritable pensée de Henri IV :

« Son intention, disait-il, estoit de réduire tous ses subjets « à la religion catholique, apostolique et romaine : mais cela « ne se pouvoit faire qu'avec le temps, et en biaisant et gau- « chissant, comme fait le bon pilote qui tend tousjours au « port, encore qu'il n'y puisse pas tousjours aller de droit « fil[2]... »

VIII

Notre devoir est de rappeler que le pape et l'Église catholique s'emparèrent avec empressement de cette promesse et résolurent, dès ce moment, d'en faire une réalité. Notre devoir est aussi de reconnaître hautement que jamais ser-

1. *Ibid.*, p. 621 à 632. Toute la lettre, très longue, est à lire.

2. Lettre ci-dessus, datée de Rome, 28 mars 1599, p. 628. Henri IV approuva ce langage en écrivant, le 8 mai 1599, au duc de Joyeuse : « J'ay bien considéré le langage que vous a tenu Sa Sainctelé, tant sur le mariage de ma sœur, que sur l'édict que j'ay faict pour maintenir mon Royaulme en repos; et j'espère que le temps luy fera cognoistre que les asseurances que vous luy aves données de mon intention en l'un et en l'autre faict sont plus véritables que les rapports qui luy en ont esté faicts à mon désadvantage, louant grandement la response que vous luy aves faicte en particulier, comme j'ay faict celle que vous et le cardinal d'Ossat luy aves faicte ensemble sur la grande plaincte qu'elle vous a faicte dudict édict, ainsy que vous verrés plus particulièrement par la lettre que j'adresse à tous deux... » (*Lettres missives*, V, 113.)

ment ne fut plus complètement, plus systématiquement, plus terriblement tenu. S'il ne s'agissait que d'admirer la ténacité, l'esprit de suite, l'inébranlable fermeté mis au service d'une seule idée, je n'hésiterais pas à m'incliner devant les auteurs responsables et les exécuteurs de la révocation de l'édit de Nantes, c'est-à-dire de la destruction, quatre-vingt-trois ans après sa fondation, de la plus belle œuvre de Henri IV. — Mais je ne puis me résigner à croire que le but justifie les moyens et il m'est moralement impossible d'admirer ni la fin

LE PAPE CLÉMENT VIII.

ni les moyens dans l'œuvre meurtrière de la Révocation. — Et puisque nous parlons de ténacité, j'aime mieux celle que déployèrent pendant plusieurs années les députés protestants à Loudun, à Saumur, à Vendôme et à Châtellerault, car c'est à cette ténacité que nos pères ont dû l'édit de 1598[1].

Ici, je le dis hautement, moralement nous pouvons, nous devons admirer et approuver et le but et les moyens. Ces hommes luttèrent sans relâche et triomphèrent pacifiquement, pour les deux biens que personne n'a le droit de mépriser, la *vie* et la *conscience*, la vie qui était sans cesse menacée, la conscience qu'il fallait libérer.

1. « Si nous ne traictons avec les huguenots, écrivait Henri IV au duc de Luxembourg, le 21 avril 1598, il seroit à craindre qu'ils ne se joignissent au désespoir des Anglois et des Hollandois pour susciter en mon Royaulme une guerre plus dangereuse que celle que nous voulons esteindre. *C'est le dessein des jésuites* de nous y faire retomber, qui sont plus Espagnols que chrestiens... » (*Lettres missives*, IV, 964.)

C'est l'honneur de Henri IV, c'est l'honneur de son éducation huguenote, c'est la récompense des peines et de la tolérance de sa pieuse mère Jeanne d'Albret, d'avoir compris qu'il devait écouter ces hommes et, dût son exemple rester isolé — qu'il convenait qu'à la tête de la France, il devançât l'Europe dans les voies de la tolérance[1].

Quand on lit attentivement le préambule[2] de l'édit de Nantes, et mieux encore, quand on médite ces paroles de Henri IV au parlement de Paris : « ... Il faut sauver l'État mais il le faut « faire par la paix... Il ne faut plus faire de distinction de Ca« tholiques et Huguenots, mais il faut que tous soient bons « Français... Je suis roy berger qui ne veux respandre le sang « de mes brebis, mais les rassembler avec douceur d'un roy et

1. Les principes proclamés par l'édit de Nantes ne le furent que cinquante ans plus tard, en Allemagne, par la paix de Westphalie (1648). Les pays entièrement catholiques, comme l'Italie et l'Espagne, n'ont jamais connu avant le XIXe siècle rien qui ressemble à la liberté de conscience.

2. Ce préambule est vraiment très remarquable. Je n'y relèverai que ces lignes : « N'étans, pour nostre regard, entrés en ceste délibération que pour le seul zèle que nous avons au service de Dieu, et *qu'il se puisse dorénavant faire et rendre, par tous nosdits sujets, et établir entre eux une bonne et perdurable paix*. Sur quoy nous implorons et attendons de sa divine bonté la même protection et faveur, qu'il a toujours visiblement départie à ce royaume, depuis sa naissance, et pendant tout ce long âge qu'il a atteint, et qu'elle face la grace à nosdits sujets de *bien comprendre qu'en l'observation de cette notre ordonnance consiste* (après ce qui est de leur devoir envers Dieu et envers tous) *le principal fondement de leur union, concorde, tranquilité et repos, et du rétablissement de tout cet État en sa première splendeur, opulence et force...* » Que ce préambule ait été rédigé, comme le prétend Varillas, par Daniel Chamier ou, comme le dit Guichard Déagent, par de Fresne-Forget, la pensée qui l'inspire vient de Henri IV. En convoquant l'assemblée des notables à Rouen, en juillet 1596, il avait déjà fait écrire : « La mort me serait moins dure qu'il ne m'est de veoir et souffrir plus longuement les misères dont ce royaume est accablé. » Et il ne craignait pas de justifier ainsi auprès du cardinal d'Ossat ce qu'il se proposait d'accorder aux protestants : « ... Ils sont fomentez, tant par aucuns catholiques... que *par l'exemple de ma debonnaireté et libéralité envers ceux de la Ligue... à quoy leur sert plus que je ne voudrois les rigueurs et difficultés desquelles ont usé les parlements à la publication de l'édit de 1577, et les animositez et passions qu'aucuns manifestent encores journellement contre eulx;* car vous scavez que la deffiance est la nourice de toutes les factions, *à laquelle ceulx de ladicte religion sont d'autant plus enclins qu'ils y ont esté instruits à leurs despens de trop longue main*, dont ils auroient commencé à perdre l'usage à mon avène-

« non par force d'un tyran[1]», on comprend pourquoi Henri IV a fini par céder. Dans son royaume si divisé, si épuisé, si altéré de paix et de sécurité, il a entrevu une chose alors nouvelle, l'idée morale de la patrie, de la mère commune de tous les Français. Cette patrie, cette maison paternelle, il s'est dit qu'elle n'appartenait qu'à eux, qu'elle n'était la propriété particulière, ni des protestants s'ils s'avisaient d'en exclure qui que ce fût, ni du pape, ni de l'Église, qui s'en prétendaient les seuls maîtres. Cette patrie, cette mère blessée, mutilée, il a compris qu'elle ne pouvait guérir, être consolée que si tous ses enfants apprenaient à se supporter et à l'aimer pardessus leurs divisions, d'un amour fait de mutuels sacrifices d'intérêt et d'amour-propre. Cette maison paternelle, lézardée, menacée, dont il avait entrevu avec pitié la ruine, et dont il avait, enfant, connu la splendeur, Henri avait compris qu'elle ne pourrait être réparée, relevée aux yeux des nations voisines que par le commun labeur de tous ceux qui l'habitaient et que cette œuvre ne pouvait s'accomplir que par l'ensevelissement des haines et l'effacement des ruines amoncelées par la violence et par le fanatisme. On peut vraiment s'écrier, en se plaçant à ce point de l'histoire, qu'il y a trois cents ans, dans cette ville de Nantes Henri IV a posé, par sa signature, la pierre angulaire, a dressé devant le monde

ment à la couronne; mais la venue en ce royaume du légat de nostre Saint Père le Pape leur en a fait reprendre la praticque à la suscitation d'aucuns, tant de leur religion que aultres qui ne sont encores las des troubles ; l'estat à quoy il faut que je remédie aveeq prudence et patience pour esviter pis et ne me charger d'affaires... » 7 mars 1597 (*Lettres inédites*, par A. Galitzin, p. 194, 203, 217 et s.). Enfin, dans les réponses au cahier des députés de Châtellerault du 6 déc. 1597, le premier article était ainsi rédigé : « Le Roy ne juge estre à propos, pour le bien de son service, *d'user d'aucune clause provisionnelle* en la préface de l'édict ou déclaration qu'il faira sur le présent cayer. » Et en marge, J.-A. de Thou, un des commissaires de Henri IV, avait, évidemment à l'instigation de ce dernier, ajouté ce qu'on peut considérer comme la première forme du préambule : « *Voulant establir un bon et asseuré repos entre tous nos sujetz* et leur donner règlement au faict de la religion autant que l'estat présent de nos affaires le peut comporter, avons, par édict *perpétuel et irrévocable*, statué et ordonné... » (Manuscrit de la Bibl. de la Société.)

1. Voy. tout le discours du 16 février et aussi celui du 7 février 1599 dans le *Bulletin*, II, 128-136.

l'image auguste de la patrie française[1]. — Catherine de Médicis n'avait jamais vu dans la France que son royaume et celui de ses enfants, Louis XIV n'a jamais invoqué que son bon plaisir et compris autre chose que le pouvoir absolu[2]. Henri IV, je le reconnais, était léger, souvent égoïste et ingrat, mais, au fond, il avait du cœur. Et n'en doutons pas, c'est bien pour cela, pour cet élan de son cœur qui a été compris jusque dans la plus humble chaumière où l'on sentait le prix de la paix, que la mémoire de Henri IV a vécu, qu'elle vivra éternellement dans le cœur de la France!

Je dirais même plus : Henri IV savait si bien ce qu'il faisait, il savait si bien qu'il portait un coup fatal aux idées du moyen âge, qu'il se vit dès lors menacé par l'obscure puissance réactionnaire qui l'avait si longtemps fait hésiter. Pendant la vérification de l'Édit au parlement de Paris, on arrêta un capucin et deux pèlerins jacobins qui avaient comploté l'assassinat du roi, le premier affirmant, entre autres, qu'il l'avait fait parce que la publication de l'Édit allait implanter l'hérésie dans le royaume[3]. N'est-ce pas une loi du monde moral qu'un bienfait, un acte d'affranchissement entraînent un sacrifice, et cette loi ne fut-elle pas appliquée à Henri IV?

1. Les idées qui nous sont familières, comme celle d'une patrie commune à tous les enfants d'un même pays, d'un État neutre en matière religieuse, ont, dans l'histoire, leur date initiale, tout aussi bien que les inventions ou les découvertes scientifiques qui facilitent notre existence matérielle. Et je crois vraiment que le préambule de l'édit de Nantes est le premier document officiel où apparaissent clairement ces idées dont l'Hospital avait eu la vision.

2. « Une vanité qui porta l'orgueil au comble, qui s'estendit sur tout, qui le persuada que nul ne l'approchoit en vertus militaires, en projets, en gouvernement. De là ces tableaux et ces inscriptions de la gallerie de Versailles qui révoltèrent les nations; ces prologues d'opéra qu'il chantonnoit luy mesme, cette inondation de vers et de proses à sa louange, dont il estoit insatiable, ces dédicaces de statues renouvelées des payens, et les fadeurs les plus vomitives qui luy estoient sans cesse dittes à luy mesme et qu'il avaloit avec délectation », dit Saint-Simon dans son *Parallèle*, p. 105.

3. Voy. *Bull.*, II, 33, la dépêche d'Aerssens, du 22 février 1599, et les suivantes des 15 et 22 août, où il raconte qu'à Limoges le clergé fit abattre les autels, briser les images, profaner le sacrement, essayant de faire croire que c'était l'œuvre des huguenots; qu'à Tours, on démolit leur temple, etc.

Comme le remarque judicieusement Saint-Simon, il crut désarmer ceux qui lui reprochaient le plus l'édit de Nantes en rappelant les Jésuites et les comblant de privilèges. Ce n'en fut pas moins l'édit de Nantes et ses conséquences[1], qui, douze ans plus tard, armèrent le bras meurtrier de Ravaillac, car, jusqu'au moment d'être écartelé, cet élève des Jésuites répéta invariablement pour sa justification que « le roi était huguenot et déterminé de faire la guerre au pape ». — Je n'hésite donc pas à m'incliner devant la mémoire de Henri IV, car on peut dire qu'il paya de sa vie la signature et l'exécution loyale de l'édit de Nantes[2].

IX

Assurément l'édit de Nantes n'est pas la liberté telle que nous la comprenons. Ce mot même ne s'y trouve pas[3]. Mais ce n'est plus non plus un traité de paix provisoire, « boiteux, mal assis » comme on avait justement appelé ceux qui le précédèrent. C'est une loi générale, fondamentale et définitive qui reconnaît officiellement l'existence et le droit à l'existence de deux religions, qui permet que celle de la minorité soit célébrée publiquement dans 951 localités françaises[4], qui offi-

1. Il faut, en effet, reconnaître que Henri IV tint sa promesse « de faire exactement observer » l'Édit, « sans souffrir qu'il y soit aucunement contrevenu ». Il suffit de rappeler l'insistance avec laquelle il en requit l'enregistrement, et chargea, par exemple, à Paris, le conseiller Jehan Vivier (dont la famille existe encore à La Rochelle), de poursuivre des prédicateurs qui s'y étaient opposés.

2. C'est là aussi, comme on le verra plus loin, l'opinion de Prévost-Paradol. Quant à Saint-Simon, voici ses paroles : « On sçait ce qui les avoit fait bannir (les Jésuites), on n'a point veu de service qui les ait pu faire rappeller. Ce qui est estrange, c'est que la mesme raison qui les avoit fait proscrire, fut précisément celle de leur retour et celle encore qui porta Henry IV à les combler de biens et d'établissements, malgré l'opposition des Parlements, des Universités, on peut ajouter, de tout ce qui ne sentoit point la Ligue et l'Espagne. Henry ne se cacha pas de la crainte que la continuation de leur proscription ne lui coutast la vie. » (*Parallèle des trois rois*, 127.) C'est le 27 juillet 1606 qu'il leur fut permis de résider à Paris (ils avaient été expulsés le 7 janvier 1595).

3. Sauf lorsqu'il est question de « liberté de conscience ».

4. *Bull.*, I, 123.

ciellement proclame que la diversité des opinions religieuses ne doit exclure personne ni des écoles, ni des hôpitaux, ni d'aucune charge, ni d'aucune fonction. Cette loi fut violée presque aussitôt qu'elle eût été proclamée; mais le fait seul qu'elle fut solennellement proclamée, constituait, dans l'Europe civilisée, un événement absolument nouveau, inusité, qu'il n'était désormais au pouvoir de personne d'effacer entièrement. Ce n'était pas plus la liberté que la lueur faible et incertaine qu'on aperçoit à l'horizon de grand matin n'est le soleil. Mais quand, marchant au milieu de la plaine, ou gravissant des hauteurs, ou naviguant sur la mer, nous avons aperçu à l'orient cette lueur vivante, grandissante, nous renaissons à l'espérance d'une nouvelle journée, car nous savons que le soleil montera sûrement à l'horizon et que sa lumière et sa chaleur nous éclaireront et nous réchaufferont.— Il en fut de même pour les contemporains de l'édit de Nantes. Ils ne savaient pas encore ce que c'était que la liberté ; à travers toutes les guerres, les massacres, les haines, ils l'avaient pourtant rêvée, entrevue. Maintenant, dans l'affirmation royale qu'on peut vivre librement sans être tous du même avis, dans la constatation de ce fait que la nature elle-même est une œuvre éminemment diverse, ils avaient vu se dresser la belle et pure vision de cette liberté, forme tangible d'un amour qui embrasse toutes les créatures.

Ah ! on peut dire sans exagération qu'il n'y a pas de pays au monde qui ait souffert plus que la France pour cette liberté. Il n'y a pas un peuple qui ait versé son sang plus libéralement pour la conquérir, il n'y en a pas qui ait plus souvent aidé d'autres peuples à l'obtenir. — Quand, dans la nuit du 24 août 1572, le futur Henri IV avait été obligé de renier la foi de son enfance, qu'était-ce donc que le sang qui inondait les rues de Paris, qu'étaient-ce que ces cadavres qui barraient le cours de la Loire au pont de Beaugency, si ce n'est le sang et les cadavres de ceux qui criaient : Liberté ! — Quand, un siècle plus tard, on vit des centaines de milliers de Français suivre les sentiers déserts de l'exil, se cacher dans les bois et dans tous les ports de mer pour gagner ailleurs un abri, une rive hospitalière, que signifiait cette immense proscription? Elle peut se résumer dans un seul cri : Liberté. — Quand, vingt-cinq ans après la Révocation, dans les gorges des Cévennes, ces pâtres visionnaires qu'on appelle des Camisards firent reculer les meilleurs généraux du grand roi et trembler le roi lui-même, pourquoi donc avaient-ils cru devoir, comme aux premiers âges, rendre œil pour œil et dent pour dent, si ce n'est parce qu'ils ne pouvaient plus vivre sans liberté? — Quand, en 1789, en pleine Révolution française, le jour anniversaire de la Saint-Barthélemy, nous écoutons Rabaut de Saint-Étienne et Mirabeau parler au nom de deux races proscrites, les Protestants et les Juifs, que demandent-ils, si ce n'est la liberté? — Et quand en 93 la tête de Rabaut de Saint-Étienne roule sur l'échafaud de la place Louis XV parce qu'il n'a pas voulu signer l'arrêt de mort du roi qui avait persécuté ses coreligionnaires, quand à Nantes et ailleurs la Loire charrie des centaines d'autres cadavres, que crient-ils tous ces suppliciés, si ce n'est ce même éternel refrain : Liberté !

Et aujourd'hui... ! Je ne veux pas, je ne dois pas faire d'excursions dans le domaine sacré de l'histoire contemporaine[1]. Mais on me permettra bien d'exprimer ma conviction profonde, née de l'étude de l'histoire, je dis de l'histoire de France, et tout particulièrement de notre histoire huguenote : Quelles que soient les ténèbres et les angoisses de l'heure présente, il me paraît impossible que tant d'aspirations, tant

1. Pour que ceux sous les yeux desquels ces lignes pourraient tomber plus tard, ne m'accusent pas d'avoir cherché un effet de rhétorique, je me bornerai à citer cet extrait d'un article envoyé en février 1898 par M. Louis Teste, rédacteur du *Gaulois*, au *Journal de Bruxelles*, et que plusieurs autres journaux ont reproduit (entre autres le *Signal* du 8 février) : « C'est l'idée d'une Saint-Barthélemy de Juifs qui a traversé comme un éclair l'esprit du peuple français... Si l'appel qu'ils ont fait à l'Allemagne (?) et auquel l'Allemagne a probablement répondu (?) nous amenait la guerre, je suis sûr, aussi sûr que j'existe, que le lendemain de la déclaration de guerre, il ne resterait plus un Juif vivant en France... Cette idée d'une Saint-Barthélemy des Juifs a donné naissance à une autre idée lorsqu'on a vu les protestants, les francs-maçons et les libres-penseurs, sous les espèces militantes des socialistes et des anarchistes, venir à la rescousse des Juifs : l'idée d'une guerre religieuse... » A rapprocher de l'affiche dont le *Bulletin* du 15 janvier 1898 a reproduit le dernier paragraphe.

de requêtes, tant de sacrifices sanglants restent sans réponse. Oui, dans le monde moral, je crois à la moisson d'une liberté dont les semailles ont été accompagnées de tant de larmes et arrosées par le sang le plus généreux de France. — J'y compte parce que j'espère en Dieu et que je ne puis pas ne pas avoir foi dans la Justice.

N. Weiss.

Nantes, 31 mai 1898.

Troisième journée.

Le mercredi matin, premier juin, l'estrade qui s'étend devant la chaire est couverte de plus de cinquante personnes, dont la plupart sont des pasteurs en robe. Ce sont les représentants de plus de trente consistoires, c'est-à-dire de plus du tiers des Églises protestantes de France. M. Audra, pasteur à Angers et président du consistoire de Nantes, leur souhaite la bienvenue. Le vénérable M. Puyroche, de Lyon, lui répond avec beaucoup d'élévation, au nom de l'Église réformée, ainsi que M. Dieterlen, au nom des Églises luthériennes du pays de Montbéliard. Plusieurs Églises qui n'ont pu se faire représenter ont envoyé des adresses, dans le nombre desquelles on remarque celles de l'Église suédoise de Paris, de la Commission synodale de l'Église évangélique libre du canton de Vaud, en Suisse, de la Commission pour l'histoire des Églises wallonnes, en Hollande, et de la Société d'Histoire vaudoise en Italie. Cette dernière rappelle qu'elle vient de commémorer le cinquantenaire de l'édit dit *de Tolérance* qui accordait si bien aux Vaudois d'Italie la liberté religieuse « que le représentant officiel de « sa majesté a pu déclarer d'une manière publique et officielle que « l'histoire de l'Église vaudoise ne devait être autre chose, aux yeux « de la nation entière, que l'illustration parfaite et la réalisation « sublime de la parole du Christ, Rendez à César ce qui est à « César et à Dieu ce qui est à Dieu ».

M. Durand-Gasselin découvre et présente aux Églises de la consistoriale de Nantes (Nantes, Saumur, Angers, Le Mans et Laval) et à la Société de l'Histoire du Protestantisme français, une plaque commémorative en bronze destinée à être placée dans les temples de ces Églises et à la Bibliothèque de la Société. On y lit ces mots :

LES 31 MAI, 1er JUIN ET 2 JUIN 1898
A ÉTÉ CÉLÉBRÉ DANS LE TEMPLE DE NANTES
LE IIIe CENTENAIRE DE L'ÉDIT DE NANTES
SOUS LES AUSPICES DE LA SOCIÉTÉ
DE L'HISTOIRE DU PROTESTANTISME FRANÇAIS
ET PAR LES SOINS DU CONSISTOIRE

M. le pasteur Davaine, de Saumur, commente le sens de cette plaque, et M. de Schickler exprime les remerciments de la Société d'Histoire, au sein de laquelle, si l'édit qu'on commémore n'avait pas suffi à rappeler le nom de Nantes. Ce nom l'eût été par feu M. B. Vaurigaud qui fut à la fois le pasteur et l'historien de cette Église. — Des photographes profitent de l'aspect pittoresque de l'estrade pour dresser leurs objectifs, puis MM. Dartigue et le commandant Montagne communiquent quelques détails historiques sur le passé des Églises de Nantes et de Laval. D'autres notices avaient été préparées sur les autres Églises de la consistoriale, mais on les a réservées pour le volume que prépare la Commission des Fêtes.

Après déjeuner, visite rapide au musée Dobrée, série de bâtiments élevés récemment avec autant de goût que de luxe, dans les styles roman et gothique pour abriter les collections du donateur. Ces collections, de toute nature, n'ont pu encore être définitivement installées; mais, grâce à l'obligeance du conservateur, M. P. de Lisle, nous pouvons nous faire une bonne idée de l'intérêt qu'elles présenteront. Nous y avons remarqué, entre autres, un tout petit cachet en or, de Louise de Coligny, représentant un cœur percé de deux flèches en croix, et entouré de trois larmes, au-dessous de deux *lambdas* entrelacés qui rappelaient le nom de Louise. Parmi les manuscrits il y en a plusieurs à miniatures, et tout un paquet de lettres, encore inédites, d'Élisabeth de Nassau, duchesse de Bouillon. Parmi les livres, il y a, entre autres, un exemplaire superbe, en maroquin plein, d'une rarissime plaquette des premiers temps de la Réforme : *Sermon Notable* || *pour le jour de la* || *Dédicace*... 1539[1]. On y lit, au verso du titre, cette exhortation,

1. C'est le n° XXIII des *Impressions genevoises* de la *Notice bibliographique sur le Catéchisme et la Confession de foi de Calvin* de 1537, par Th. Dufour. Genève, 1878.

Au Lecteur,

Ne croys (Lecteur) ce grand troupeau tondu :
Qui le croyra il sera confondu.
Ne croys aussi ces doubteurs, ces rabis,
Si tu les croys, pour vray *tu errabis.*
Laisse moy la ceste troupe romaine
El' gaste tout et tout en enfer meine.
Croys seulement Jésus-Christ ton sauveur :
Car par luy as du pere la faveur.

A trois heures nouvelle séance consacrée à l'évangélisation et remplie par les discours de MM. Fauche et J. Pfender, président et agent de la Société Centrale d'évangélisation, qui s'efforce de grouper en communautés les protestants disséminés, et occasionnellement aussi, de faire œuvre de prosélytisme. M. le pasteur Louis Schmidt, de Lezay, nous recommande chaudement les nombreux disséminés du Poitou, si riche en noms huguenots (Nantes, Châtelleraut, la Trémoille, Loudun, Daillé, etc.); puis M. le pasteur Roufineau, de Saintes, nous montre les progrès accomplis dans les Charentes jadis huguenotes, aujourd'hui catholiques, grâce au zèle missionnaire de MM. Robert à Pons, Duproix à Barbézieux, et P. Faivre à Saint-Aubin-de-Blaye, qui sont aidés par 25 agents et font, dans toute la région, à la fois œuvre de pionniers et de défricheurs.

La soirée de cette longue journée est consacrée aux œuvres de bienfaisance du Protestantisme français. Son activité, beaucoup plus riche que ne le laisserait supposer le nombre si réduit de nos coreligionnaires en France, a été admirablement résumée et présentée par M. le professeur Westphal, de Montauban. On ne peut tenter, cela va sans dire, de résumer un pareil résumé. Mais il faut pourtant citer ne serait-ce qu'un chiffre, celui de plus de sept millions cent mille francs, donnés, en 1897, par le Protestantisme français pour ses œuvres de mission, d'évangélisation, d'instruction et de bienfaisance. Cette somme qui dépasse de deux millions trois cent mille francs celle qu'on donnait il y a quinze ans, en 1883, est loin pourtant de représenter tout ce que nous dépensons pour d'autres besoins que nos besoins personnels, puisqu'elle ne comprend pas les sommes recueillies, par exemple, pour la construction de nos temples, ou distribuées par la charité privée, ou encore pour des œuvres temporaires ou locales. Il serait donc souverainement injuste de soutenir que la Réforme ne vit en France que grâce au budget des cultes qui, pour les protestants de France et d'Algérie, ne dépasse pas seize cent trente-deux mille francs. Et on peut, sans trop de craintes, envisager l'éventualité — vers laquelle marche l'avenir, de la séparation définitive de l'Église et de l'État, dont l'édit de Nantes est, en quelque manière, le premier jalon. Car s'il a été signé c'est parce qu'il était impossible d'identifier toute la France avec l'Église catholique et que la présence en France de plus d'une religion indiquait d'elle-même la séparation des deux pouvoirs.

A cet exposé, salué par d'énergiques applaudissements, M. de Schickler est venu ajouter une bonne nouvelle au nom de la Caisse des retraites des pasteurs qui passe par une crise financière. Elle vient de recevoir d'un protestant anonyme de l'ouest, le 13 avril, jour anniversaire de la première signature mise au bas de l'édit de Nantes, une somme de cent mille francs. Tout le monde acclame le donateur qu'on devine et qui avait remis le même jour vingt mille francs à la Société Centrale.

Quatrième journée.

La journée du jeudi 2 juin débute par un service religieux suivi de la communion, que préside M. Coillard, l'héroïque explorateur et missionnaire français du Zambèze. — Puis le temple se remplit d'enfants : c'est l'école du dimanche de Nantes, en habits de fête, que haranguent MM. Auguste Schaffner, Ernest Bertrand, Théophile Calas, Mathieu Lelièvre, etc.[1]. — A midi près de 400 personnes, dont un assez grand nombre de dames, se réunissent dans la plus grande salle de Nantes, la salle Gault, où a lieu le banquet offert aux délégués, — le plus considérable, qui, de mémoire de journaliste nantais, ait eu lieu dans cette salle[2]. Ce banquet exceptionnel a été remarquablement bien servi, très animé, sans être bruyant et on y a

1. Chaque enfant reçut une belle photographie de la gravure de Luiken insérée dans l'édition hollandaise de l'*Histoire de l'édit de Nantes* d'Élie Benoît et représentant Henri IV signant cet édit, gravure qui a malheureusement plus de valeur artistique qu'historique.

2. A la table d'honneur faisaient face six tables qui occupaient toute la largeur de la salle et plusieurs convives durent prendre place dans une salle voisine. La gravure ci-contre figurait en tête du menu.

entendu quelques toasts éloquents dont il faut renoncer à donner, ainsi que de beaucoup de discours antérieurs, autre chose qu'un pâle résumé.

M. le pasteur Couve qui préside se demande ce que penseraient de nous les auteurs de l'édit de Nantes et croit pouvoir dire qu'ils ne renieraient pas leurs descendants... « Dans tous les cas ils salue- « raient avec nous, d'un même cœur, la France qu'ils aimèrent, pour

« laquelle ils vécurent et surent mourir, car mourir pour Jésus- « Christ, c'était à leurs yeux mourir pour la France. C'est pour cela « qu'en leur nom et au nôtre, nous lèverons nos verres en l'honneur « de la France, de son gouvernement et de celui qui le préside. » — Une dépêche est aussitôt rédigée et envoyée, avec acclamations, au président de la République[1]. — Ces acclamations se renouvellent lorsque M. le maire de Nantes se lève et déclare « qu'il appartient à « un maire républicain de se faire un titre de gloire de professer et

1. Voici le texte de cette dépêche et de la réponse reçue par M. Couve — « A M. Félix Faure, président de la République, Paris. — Les protestants français, assemblés à Nantes, pour commémorer le troisième centenaire de l'édit de Nantes, vous prient de vouloir bien agréer l'hommage de leur respect, ainsi que leurs vœux pour le bonheur et la grandeur de la patrie française. » — « Général Bagron, secrétaire général, présidence République, à M. Couve, pasteur, Congrès des protestants français, Nantes. — M. le président de la République a reçu votre télégramme et me charge de vous en remercier, et de vous faire connaître qu'il apprécie hautement les sentiments qui y sont exprimés. »

« de défendre la liberté de conscience. Qu'elle soit toujours respec-« tée, jamais troublée ! » — On applaudit de même M. le professeur A. Sabatier qui exprime les remerciements des délégués et représentants du Protestantisme français... « Nous ne pouvons songer à « acquitter la dette contractée à l'égard de nos frères de Nantes, et « en particulier de celui qui a tout préparé ici et que nous ne devons « pas nommer... Elle est de celles qu'on inscrit dans son cœur et qui « deviennent entre ceux qui ont donné et ceux qui ont reçu, un lien de « fraternel amour... Nous recueillerons et propagerons ces souvenirs « émus;... ils nous répéteront qu'il faut aimer la liberté parce qu'un « homme ne mérite ce nom que lorsqu'il a une conscience vraiment « libre;... aimer la France dont il ne faut jamais désespérer et pour « laquelle, comme Coligny, nous devons savoir « oublier »;... et nous « aimer les uns les autres d'un amour fraternel plus fort et plus du-« rable que l'édit de Nantes. » — M. le pasteur Diény remercie tout particulièrement la Société d'Histoire du Protestantisme français, et remet à son président, comme souvenir de ces fêtes, au succès desquelles elle a si bien contribué, le seul exemplaire de la médaille de M. Prudhomme, qui ait été frappée en or. — M. F. de Schickler adresse l'expression de sa gratitude au comité du centenaire « qui a « ménagé à notre Société d'Histoire les plus belles séances qu'elle « ait jamais eu l'honneur de présider... Cette médaille si réussie[1] « sera placée dans notre Bibliothèque à côté des méreaux des « Églises du Désert et nous rappellera toujours une de nos plus « pures joies, en même temps qu'un des souvenirs les plus pacifiques « de notre si tragique histoire... Puissions-nous continuer à préparer « l'avenir dans les sentiments d'union et de paix dont les fêtes de « Nantes ont été l'éclatante, l'inoubliable manifestation ».

On remet à plus tard la suite des toasts ou communications, pour ne pas manquer la séance de la Société des Missions de Paris à laquelle a été réservée l'après-midi. Elle est éloquemment représentée par M. G. Appia, par son agent M. Boegner, qui va partir pour Madagascar et s'élève avec indignation contre l'amoindrissement, le rétrécissement de la France que semblent rêver certains professeurs prétendus de patriotisme ou plutôt de chauvinisme; par M. Jean Bianquis, qui démontre que le budget missionnaire de Madagascar seul atteindra rapidement le demi-million ; enfin par le missionnaire Coillard.

1. C'est celle dont une reproduction, de même grandeur, se trouve en tête de ce compte rendu.

Le soir, retour à la salle Gault pour la clôture de ces diverses et multiples séances, c'est-à-dire pour une réception à laquelle assistèrent un grand nombre de personnes. Parmi les communications, que le temps n'a pas permis de faire au banquet le soussigné lit les vers qui suivent, de M. Georges Blot, pasteur à Meschers, qui nous en avait déjà adressé de fort beaux lors de l'assemblée de notre Société d'Histoire, en juin 1893, à Royan[1]. Ceux-ci sont intitulés

Stances à nos ancêtres

(1598-1898).

Rien n'est plus doux que le sourire
D'un clair soleil, d'un coin d'azur,
Quand la tempête enfin déchire
Son immense linceul obscur...

L'Histoire, en ses replis funèbres,
A parfois un rayon pareil :
Au peuple assis dans les ténèbres,
La Liberté devient Soleil !

Il a brillé pour vous, ce reflet d'accalmie :
Dans l'ombre où vous luttiez, ô Pères en la foi,
Un jour vous avez cru que votre œuvre affermie,
Ayant eu Dieu pour elle, aurait enfin la Loi.

Et, généreusement oublieux de l'offense,
Sans haine de vaincus, sans morgue de vainqueurs,
Remettant au fourreau les glaives de défense,
Vous avez aspiré les espoirs à pleins cœurs.

Le passé ? — Qu'importait sa souvenance amère !
La patrie entr'ouvrait ses bras longtemps fermés;
Et vous, enfants proscrits, aimant toujours la mère,
Vous reveniez vers elle attendris et charmés !

Ah ! la Justice alors n'était que Tolérance;
Les « Droits de l'Homme » encor n'étaient qu'un parchemin;
Mais vous aviez bien vu, qu'aux sillons de souffrance,
La Liberté germait, superbe pour demain !...

1. Voy. le *Bull.* de 1893, p. 475.

Et vous aviez fait vœu de le payer en gloire,
L'édit du Béarnais, peuple reconnaissant !
Oui, grâce à vous, la France eût écrit son histoire
Avec plus de splendeur et moins de noble sang...

Hélas! le souffle des tempêtes
N'était qu'un instant endormi;
Vite il secoua sur vos têtes
Le glas des Saint-Barthélemy!

Il fallait des martyrs encore!
Le supplice jetant l'effroi
N'est plus le bûcher qui dévore :
C'est la galère du Grand-Roi!...

...Les siècles ont passé; dans des jours plus prospères,
Nous poursuivons l'effort de vos bras généreux;
Du fond de vos tombeaux, regardez-nous, ô Pères :
Nous formons un peuple nombreux!

L'édit que les bourreaux, aidés du juge infâme,
Déchiraient pièce à pièce en leur mépris du Droit,
Nous l'avons reconquis et puis gravé dans l'âme
De tout pays qui pense et croit.

Mais nous n'avons tracé qu'en ébauche vos rêves;
Aisément satisfaits d'un trop faible labeur,
A tout effort hardi, nous imposons des trêves,
Par indifférence ou par peur.

Pauvres fils de héros! ô cœurs en défaillance,
Ne soyons pas toujours l'humble petit troupeau!
S'il ne faut plus de sang, il faut de la vaillance
A qui veut tenir un drapeau.

Pères! soufflez-nous donc cet esprit de droiture,
De bravoure et de foi qui manque à vos enfants;
Et, fiers, nous marcherons à la lutte future
Le front ceint d'espoirs triomphants!

Suivent d'autres allocutions, de M. D. Benoit, de Montauban, qui nous dit aussi des vers, de MM. E. Lacheret, de Paris, au nom des Églises wallonnes des Pays-Bas, E. Lods, F. Jacot, F. Puaux, en l'honneur de l'armée, G. Appia, au nom des Églises des vallées vaudoises du Piémont, Ch. Robert, au nom du Cercle des étudiants protestants, etc.

Les chanteurs nantais bénévoles qu'on avait déjà écoutés avec plaisir au temple, exécutent un chœur de l'*Orphée* de Glück. Puis on fait à M. S. Diény, qui vient de diriger ce chœur et qui s'est si activement dépensé pour le bien et le plaisir de tous, la surprise d'une garniture de cheminée artistique, souvenir visible de notre gratitude à tous, — après quoi la salle est plongée dans l'obscurité, sauf un écran sur lequel défilent successivement une série de vues et surtout de portraits d'un relief saisissant. A côté de l'écran, dans l'ombre qui lui permet à peine de lire çà et là une citation, M. F. de Schickler explique chacune de ces projections, Nantes au XVIe siècle, Henri IV d'après Goltzius, Duplessis-Mornay, Sully, Olivier de Serres, Jacques Nompar de Caumont duc de la Force, Soffrey de Calignon, Daniel Chamier, Claude de la Trémoille, Agrippa d'Aubigné, Catherine de Bourbon duchesse de Bar, Jeanne d'Albret, les signatures de l'Édit et derechef Henri IV d'après G. Dupré. C'est une véritable conférence composée de notices biographiques sur les principaux auteurs et contemporains de l'édit de Nantes, qui aurait suffi, à elle toute seule, à remplir la soirée. — Celle-ci s'achève par un concert que nous donnent Mme Durand Baltzinger, professeur de piano au Conservatoire de Nantes, Mlle Cécile Lauru, élève de celui de Paris, M. Jandin, professeur de violoncelle, Mlle A. Baudry, professeur de chant, M. Varnier, premier violon du théâtre, et enfin, le chœur de M. Diény avec une partie de *Gallia* de Gounod. — Je ne cite pas, et pour cause, les applaudissements.

Excursion à Sucé.

Vendredi 3 juin, c'est décidément la fin. Quelques délégués ou visiteurs quittent Nantes dès le matin, mais ils sont en très petit nombre. D'autres vont voir la cathédrale, le château où l'ancienne salle des États de Bretagne, dans laquelle l'édit doit avoir été signé[1], est convertie en dépôt d'armes, les vieilles rues qui entourent ces deux points de repère, le musée dont le portrait de Duplessis-

1. D'après une autre tradition ce serait dans une maison du quai du Fossé, nommée maison des Tourelles, dont nous reproduisons aussi la photographie, que cette signature aurait eu lieu.

Mornay, attribué, nous ne savons pourquoi, à Van Dyck, est certainement une des plus belles perles.

Après midi, par un clair soleil, on s'entasse, au nombre de 380, sur un petit bateau à vapeur, *le Vertou* qui remonte, bien plus vite qu'on ne faisait jadis, le cours paisible de l'Erdre. C'est un large cours d'eau, ressemblant parfois à un lac, qu'encadrent de riantes collines, de vertes pelouses, de petits bois parsemés de maisons de campagne. On passe devant le château de la Gascherie où la vicomtesse de Rohan fit célébrer le culte huguenot qui fut interdit vers

1572 sous prétexte que ce domaine n'était pas un fief de haubert, et cinq quarts d'heure plus tard, on débarque, à gauche, au bourg de Sucé où l'édit de Nantes permettait aux huguenots de cette ville de célébrer leur culte. Dans son *Histoire de l'Eglise réformée de Nantes*, feu M. B. Vaurigaud raconte qu'on s'y rendait surtout par eau, et qu'à cet effet le consistoire ou conseil presbytéral d'alors, louait un grand bateau pour ceux qui n'auraient pu faire régulièrement les frais d'un trajet très long, bien qu'à cette époque on ne comptât que trois lieues de Nantes à Sucé.

Grâce à une lettre de M. Marcel Giraud-Mangin, qui veut bien nous transmettre un extrait des *Essais historiques sur la paroisse de*

Sucé, de l'abbé Grégoire, et grâce à l'obligeance de M. Barré, de Sucé, nous pouvons, sans perdre de temps, nous rendre sur l'emplacement de l'ancien temple. « Le lieu précis, dit l'abbé, était la « tenue Bernard, qu'on nomme la tenue du Ruisseau, advis du « ruisseau qui conduit les eaux du chemin à la rivière de l'Erdre, « et la situation ancienne du poteau au collier de la juridiction de « Procé. L'endroit est aujourd'hui occupé par les jardins qui s'étendent entre le petit chemin des Vignes et le chemin creux. » Comme le montre la photographie ci-jointe[1], on s'entasse dans ces jardins

pour écouter la lecture, d'abord de la note ci-dessus, complétée par quelques renseignements (la grange où l'on se réunit après l'Édit ne fut sans doute remplacée par un temple que vers 1630), puis d'une note et d'une lettre de Gilles de Beauvais, évêque de Nantes en 1682, qui demande la démolition du temple à cause de la proximité de l'église catholique, ainsi que des poursuites contre les pasteurs et contre le prêche des de la Muce au Ponthus. Ces documents ont été publiés par M. Vaurigaud (ouvr. cité, p. 178-179).

1. Ces deux photographies de Sucé nous ont été obligeamment communiquées par M. le pasteur Jules Calas, de Castelmoron.

Après avoir écouté, on retraverse la maison qu'on voit sur la photographie ici reproduite, on s'arrête un instant dans la *cour Gaillard* au fond de laquelle une vieille maison doit avoir été celle du consistoire de jadis. On se rembarque pour visiter l'île Saint-Denis où était le cimetière huguenot et l'on revient à Nantes en prenant des rafraîchissements et se prêtant aux opérations des photographes.

Au pont Morand d'où l'on était parti, on échange une dernière poignée de mains avec les « amis et connaissances ». Quelques-uns se retrouvent le soir encore chez M. le pasteur Dartigue, et le lendemain à la gare d'où l'on quitte définitivement la ville de Nantes.

Souhaitons que dans un siècle on n'oublie pas la date de 1898. Puissent nos arrière-neveux, à la lecture de ce qui reste de ces quelques journées, y retrouver, malgré l'insuffisance d'un compte rendu aussi sommaire, une impression exacte de ces multiples séances, si pleines, si animées, si cordiales, où toujours nous avons senti battre à l'unisson le cœur du huguenot et du Français, où l'hospitalité de quelques-uns a été si grande qu'elle nous rapprochait des époques de sacrifice. Puissent-ils jouir aussi des réalités qu'aujourd'hui il ne nous est permis que d'entrevoir et de rêver[1] !

N. Weiss.

1. On trouvera plus loin l'article bibliographique qui complète ce compte rendu.

Documents

Nous publions, dans cette deuxième partie du volume consacré au troisième centenaire de l'édit de Nantes, une série de documents caractéristiques.

Sous la rubrique, déjà connue, de *Autour de l'édit de Nantes*, on trouvera d'abord quelques renseignements sur la rédaction de l'Édit, puis sur des manuscrits inédits concernant sa préparation par les députés des Églises réformées, enfin sur dix-huit de ces derniers, dont les signatures ont été reproduites en fac-similé.

Dans un second article, intitulé *Le Protestantisme béarnais en* 1598, M. Le Soulice, bibliothécaire et archiviste de la ville de Pau, nous donne un aperçu statistique des Églises réformées de ce pays et de leurs pasteurs en 1578 et 1598, ainsi que le texte de l'édit par lequel celui de Nantes fut appliqué aux catholiques du Béarn.

Enfin, dans un troisième document, M. de Cazenove nous montre *Comment l'édit de Nantes fut promulgué dans une ville de sûreté huguenote, à Montpellier en* 1600. On peut se représenter, en lisant d'une part les réclamations des catholiques, d'autre part celles des protestants, et en troisième lieu les réponses des commissaires du roi, imprimées en marge des requêtes, comment les choses se passaient en réalité. Et l'on pourra se faire une idée des difficultés considérables que l'exécution de l'Édit devait soulever là où les protestants n'étaient pas en majorité, comme à Montpellier.

Les dernières pages sont remplies par une série de *Jugements sur l'édit de Nantes*, et par quelques *Notes bibliographiques*.

N. W.

AUTOUR DE L'ÉDIT DE NANTES

LA RÉDACTION DE L'ÉDIT ET SA PRÉPARATION PAR LES DÉPUTÉS DES ÉGLISES RÉFORMÉES

Il a été dressé deux expéditions de l'édit de Nantes, l'une pour le roi, l'autre pour les Églises. Ce dernier exemplaire qui était conservé à La Rochelle a disparu, aussi bien que l'exemplaire de la Confession de foi des Églises réformées, qui y était aussi au XVIe siècle et peut-être encore au XVIIe siècle. — Nous ne connaissons donc plus aujourd'hui que l'exemplaire qui a été dressé pour le roi. C'est celui qui est conservé aux Archives nationales, où il figure, dans le Musée, sous la cote J. 943 n° 2. Nos lecteurs trouveront ici une reproduction, en fac-similé, de la première et des deux dernières pages de ce document. L'original forme un cahier en parchemin, de ce format, et de seize feuillets. C'est ce cahier qui a été présenté au Parlement de Paris et qui porte les certificats d'enregistrement au Parlement (25 février 1599), à la Chambre des Comptes (31 mars 1599), à la Cour des Aides (30 avril 1599) et au Châtelet de Paris (6 mai 1599). Il ne renferme, bien entendu, que les 92 premiers articles qui forment l'édit proprement dit. Les « articles particuliers », au nombre de 56, et qui précisent plus d'un point des précédents, n'ont jamais été enregistrés par le Parlement.

Qui est-ce qui a rédigé l'édit de Nantes ? Au XVIIe siècle Varillas prétendait que c'était Chamier :

« Comme l'hérésie est en possession de ne trouver jamais de sûretés qui lui paraissent suffisantes, le calvinisme avoit obtenu par ses importunités, que tout ce qu'il y avoit d'avantageux pour son parti dans les édits de pacification, fût renfermé dans celui de Nantes. Le plus habile de ses ministres, Daniel Chamier, avoit eu la commission de le dresser. Il y avoit employé trois mois entiers, et s'étoit vanté de n'avoir rien oublié de ce qui servoit à l'affermissement du repos de sa secte. » (Bayle, art. Chamier.)

Il peut paraître naturel que Daniel Chamier, qui était un des négociateurs huguenots les plus capables de ce temps-là, ait travaillé à cette rédaction. Mais M. Bernus veut bien me signaler un renseignement beaucoup plus précis et plus digne de foi, qui ne parle pas de Chamier. Guichard Déageant qui fut, dans la suite, premier président de la Chambre des Comptes du Dauphiné, et qui, en 1597, employé sans doute par Calignon, servait de secrétaire aux commissaires du roi pour la rédaction de l'édit de Nantes, a écrit ceci, dans un *Mémoire touchant feu M. le chancelier de Calignon*, daté du 21 octobre 1630 :

« Jeuz lhonneur, bien que fort jeune, d'estre le scribe de ces Messieurs en la negotiation qui dura plus de quinze mois, premièrement à Chastellerault, puis à Saumur, et, en fin, Ilz y convindrent de leedict apellé de Nantes, pour ce qu'il fust la signé. Mondict s^r de Calignon en dressast tous les articles, ensemble les secretz et les autres expeditions accordées en consequence. Il est vray qu'il laissa faire les preambulle par Monsieur Defresne Forgez, secretaire d'estat, Mr Vassault, son principal commis et scavant homme, le dressast et mondict s^r Dufresne le corrigea en divers endroitz. Cest eedict, qui pacifia les espritz fort esmus entre les protestans, donna coup a la paix de Varvins, et l'on attribua audict s^r de Calignon la gloire d'avoir le plus contribué a la resolution de cest eedict et a ranger a la raison les deputez protestants. » (Douglas, *Vie de Soffrey de Calignon et ses poésies*, Grenoble, 1874, 381.)

On ne pourrait guère accorder ces renseignements si détaillés avec celui de Varillas qui se fait sans doute l'écho d'une tradition, qu'en admettant que Chamier dressa une sorte d'avant-projet. Ajoutons que la signature de Forget, secrétaire d'État, se trouve sur l'original de l'Édit, contresignant celle de Henri IV. — Voici encore un autre renseignement, emprunté, comme le premier, à Bayle qui a su tant de choses que nous ne savons plus.

A l'article Amyraut, parlant des rapports qu'il eut avec Mazarin, il raconte ceci :

« Ils parlèrent de l'édit de Nantes, et sur ce que M. Amyraut, interrogé si Henri IV avait été dans l'obligation de le donner, avait répondu que oui; mais que, quand même ç'aurait été une grâce au commencement, l'observation en serait aujourd'hui une chose nécessaire, le cardinal lui dit qu'il avait raison, et lui cita cette maxime du droit : *Quod initio fuit voluntatis, ex post facto fit necessitas.* »

A ces renseignements, j'en ajouterai quelques autres pour ceux qui plus tard voudraient étudier de près cette histoire de la préparation, si longue et si laborieuse de l'édit de Nantes. Car, comme je l'ai déjà remarqué ici même, il s'en faut de beaucoup que cette histoire ait été écrite. Et j'ajouterai que nous n'en connaîtrons probablement jamais les « dessous ».

Le président de notre Société d'Histoire acquit, il y a quelques années, une série de documents originaux dont voici, faute de mieux, l'énumération. J'y ai joint une reproduction en fac-similé, des signatures qui se trouvent au bas de deux de ces pièces — signatures que M. le professeur A. Bernus a bien voulu accompagner de notes biographiques.

I. — *Actes de l'assemblée des eglises reformées de ce royaume tenue en la ville de Saumur soubs l'authorité du roy le 24 feuvrier et continuée jusques au 23 de mars ensuivant* 1595 [1].

Ce procès-verbal original forme un cahier de 14 feuillets petit in-folio, dont les deux derniers et le verso du feuillet qui les précède sont blancs. Les *actes* se composent de LXXXVIII paragraphes dont les XIV premiers sont suivis des signatures autographes de

Lanoue, mod^r.
La Caze.
Debarbesieres.
De Montigny.
De Chezieres.
De Bourdigalle.
F. Breliere.

N. Grimoult
La Mote, adjoinct au moderateur de laction.
Chouppes.
M. Vulson.
F. Ticier.
De Fontaines, scribe.

Claude de la Tremoille.
Claireville. A. De Baurepayre.
De la Primaudaye.
Samuel de Sainct-Hilayre.
Guillaume Le Maistre, dit La Varlaye. De Rabar.
Philippes de Mornay.

La dernière page de ce document est signée

La Noue, po' Anjou, Touraine, Le Maine, Loudunois, Vendomois et Le Perche.
Boysbreton, député de Poictou.
M. Vulson, po' Dauphiné et comté de Venessin.
S. de Sainct-Hylaire, po' Gascongne et Perigort et Limosin.
N. Grimoult La Motte, pour Normandie.
De Montigni, pour l'Isle de France, Picardie et Champaigne.
F. Roure de Macefer, pour l'Église de Bretaigne.
Pechdoue, pour le hault Lenguedoc et haute Guyenne.

La Caze, pour Xaintonge, Angoumois et Onis.
De Rabar, pour Saintonge, Angoulmois et Onis.
Claireville, pour Aniou Tour. et Lodunois Vendos. et Le perche.
La Barlaye, député de la Bretaigne.
De Bourdigalle, po' La Rochelle.
De Chezieres, pour la generalité d'Orléans et province de Berry.
De la Primaudaye, esleu deputé po' aller en cour.
Chalas, deputé du bas Languedoc et Vivarez.
Des Fontaines, deputté de Poitou et secrétaire de l'assemblée.

1. Les cinq derniers mots de ce titre ont été ajoutés après coup, sans doute lorsque les dernières pages de cette minute eurent été transcrites.

A la fin de l'assemblée sont arrivez les Deputez du haut et bas Languedoc lesquels après avoir este ouis, ont apporté tout consentement et signé le present caïer des actes et celui des plaintes[1] qui doit estre presenté à sa Maiesté.

LANOUE mod^{eur}

II. — *Reiglement des Eglises reformées de France reveu et arresté en l'assemblée gñale de leurs deputés tenuë a Lodun es mois de Mars, Avril et suivans l'an mil V^{c} quatre vingts et seize.*

Ce règlement en 26 articles forme un cahier de quatre feuillets, dont le dernier blanc, petit in-folio. Il se termine ainsi :

Fait et arresté en l'assemblée gñale desd. Eglises a Lodun les XXIIe et XXIIIe Juin mil V^{c} iiij^{xx} XVI. Approuvé l'interligne pñte mil V^{c} iiij^{xx} XVI.

Ces Articles du Reglement, dressé à Lodun, ōt esté leus derechef en la compagnie; aprouvés de tous et signés, le troisième jour de Avril 1597.

CLERMONT, prēdant.
J. ROCHELLE, deputé de la Rochelle.

ANT. DE SAINT-SIMON.
JEAN DE BEAUDEAN
COURTOMER.

J. DE GOHOT, N. GRIMOULT
BEAUMŌT, LA MOTE,
deputés de Normandie et Bretagne.

FONS, BRUNYER,
deputez du bas Languedoc.

M. VULSON, CHAMIER,
deputés du Daufiné.

VERAC, DE FONTAINES,
deputez de Poictou,

BEDÉ, s^{r} DE LA GOURMANDIÈRE,
deputé de l'Isle de France, Picardie, etc.

RIOUX, CONSTANTIN,
deputez de Xaintonge, Aulnis
et Angoulmoys.

DE SAINCT-QUENTIN, BLET, DORIVAL,
deputez de Berry et Orléans.
DU VIGIER, LA PLANCHE, LA VALLIERE.
F. TICIER, depputé pour la haulte
Guiene et hault Languedoc.

CAZES, deputé de Guienne,
Gascongne, Perigort, Limozin, etc.
LANOUE, deputé de la Touraine,
le Maine, Anjou, Loudunois
et Vendomois.

DE LA PRIMAUDAYE.

1. J'attire l'attention sur ce que M. Bernus dit plus loin, de la rédaction de ces fameuses *Plaintes* de 1597.

III. — *Instructions pour les Deputés alans trouver le Roy a Rouën*

Énumérant les articles qui leur sont particulièrement recommandés, en quatre feuillets (verso du dernier blanc) du même format que les précédents, et se terminant par ces deux lignes et ces signatures :

Fait et deliberé en l'assemblée gñale des Eglises reformées de France tenant à Lodun ce xve octobre mil V^c iiii^xx xvi.

LANOUE, président.	CHOUPPES.	J. ROCHELLE, secret^re.
VERAC, FONS.		J. DE GOHOT.
	RIOUX.	
DE SAINT-QUENTIN.	BRUNYER.	BEAUMÒT.
	BLET. CONSTANTIN.	
N. GRIMOULT.		CHAMIER.
	F. TICIER.	
CLAIREVILLE.	DE FONTAINES.	BEDÉ.
DORIVAL.		

IV. — *Articles traictés et convenus auecq Messieurs de Schomberg, de Thou, de Vic et de Calligon* (sic) *par messieurs du Plessis et de Fontaine deputez de lassemblée generalle des eglises reformées tenant a Chastellerault es mois d'aoust et septembre en l'an mil cinq cens quatre vingtz dix sept.*

Ces articles partagés en trois parties [a) articles du cahier des Églises, *b*) articles adjoustées au susdict cahier, et *c*) articles dont on n'a peu convenir et desquelz messieurs les deputtez doibvent parler au roy], — sont exposés dans un cahier semblable au précédent, de 30 feuillets dont les trois derniers et le verso du précédent sont blancs. L'expédition se termine par ces lignes qui, de même sans doute que le n° II ci-dessus, sont de la main du secrétaire :

Signé et délivré a M^r de St-Germain par ord^ce de l'Assemblée, par moy, deputé en icelle et secretaire.

J. ROCHELLE.

V. — *Responces du Roy au Cayer presenté par les deputés de la religion pretendue réformée assemblés par permission de Sa Maté en la ville de Chastelleraut.*

Un cahier de 30 feuillets petit in-folio, dont le dernier blanc. — Il y a 96 articles, la plupart suivis, dans le texte, d'éclaircissements et de 24 articles additionnels. En marge il y a quelques remarques supplémentaires signées J. A. DE THOU.

A la fin on lit :

Fait et arresté par le Roy après avoir ouy le rapport du Comre et l'advis de ceux de son Conseil a St-Germain en Laye le VIe jour de Décembre 1597. Signé Henry, contresigné Forget.

Baillé et délivré par nous soubsignés a Messieurs les deputés estans assemblés a Chastelleraut, le 11 Febr. 1598.

A. J. DE THOU. CALIGNON.

VI. — *Reglement des Eglises reformées de France reueu et arresté en l'Assemblée generalle tenant a Chateleraut.*

Quatre feuillets (le verso du dernier blanc) renfermant 37 articles et se terminant comme sur le fac-similé ci-joint. Ce sont ces signatures que M. A. Bernus a éclaircies en les accompagnant de notices biographiques.

VII. — *Instruction de ce que l'Assemblée a trouvé estre expédient pour faciliter l'exécution de l'édict accordé par le Roy a ceux de la Religion de ce Royaume.*

Deux feuillets (le verso du second, blanc) se terminant par ces lignes :

Fait et arresté en l'Assemblée gñale des deputés des Eglises reformées de France tenant par la permission du Roy a Chasteleraud ce XIe juin, mil Vc iiiixx XVIII.

Et par les mêmes signatures que le no VI.

VIII. — *Instruction au s^r^ des Fontaines envoyé de la part de l'Assemblée generale des Eglises reformées de France à Taillebourg, lieu ou se doivent trouver les Députez de La Rochelle, Onis et Angoulmois pour proceder à la nomination d'un Con^er^ pour la Chambre qui doit estre etablie au parlement de Paris.*

Deux feuillets (verso du 2e, blanc) se terminant par :

Faict et arresté en l'Assemblée generale des Eglises reformées de France tenant par la permission du Roy à Chaūt le XXIIIe septembre 1598.

St-Germain Dodeuoud

On voit que ce dossier, qui a peut-être fait partie jadis des papiers de Duplessis-Mornay, mériterait d'être publié et surtout étudié attentivement. Nous laissons maintenant la parole à M. le professeur A. Bernus qui a bien voulu expliquer les signatures des pièces nos VI et VII, et que nous remercions de son obligeant concours.

N. Weiss.

Notes sur les signataires du *Règlement* et de l'*Instruction* de l'Assemblée de Châtellerault (20 mars-11 juin 1598).

1. Jean Du Puy, sieur de Cazes, gentilhomme ordinaire de la chambre du roi, ancien de l'Église de Castillon (ville dont il était gouverneur en 1616), fut député de la Basse-Guyenne aux assemblées de Loudun (1596), Vendôme et Châtellerault (1597). Il fut un des hommes marquants de cette dernière, qui le chargeait, en novembre, de porter ses condoléances à *Du Plessis-Mornay* au sujet de l'attentat de Saint-Phal; en janvier 1598, elle le députait, avec *Courtaumer*, pour présenter au roi les réclamations des protestants; en mars, elle le renvoyait en cour, avec *Constans*, *La Motte* et *Chamier*, pour les dernières négociations au sujet de l'édit, dont ils signèrent le reçu à Nantes, le 30 avril; en juin, il retournait à Paris, avec *Du Coudray*, pour poursuivre la vérification de l'édit; et à la fin du même mois, au moment de se séparer, l'assemblée

le nommait l'un des sept commissaires (*Saint-Germain*, *de Cazes*, *Ticier*, *La Gourmandière*, *De Fontaine*, *Dorival* et *Du Coudray*), qui devaient demeurer jusqu'à la réunion de la nouvelle assemblée. En 1607, il est député au synode national de La Rochelle. (Voy. *France prot.*, III, 965, et V, 922.) — Il ne faut pas le confondre avec Jacques *de Pons*, marquis *de La Caze*, représentant de la Saintonge aux assemblées de Sainte-Foy (1594), Saumur (1595), Châtellerault (1597), Châtelleraut (1605) (dont il fut président), Saumur (1611), et qui fut nommé en 1611 député pour l'exécution de l'édit de pacification pour la Basse-Guyenne.

2. Théodore DE CAMBIS, baron DE FONS et de Sérignac, intendant de l'artillerie du Languedoc en 1585, député du Bas-Languedoc au synode national de Saumur (1596), et à l'assemblée de Loudun; il fut envoyé par celle-ci auprès du roi, à Rouen, 4 novembre 1596, avec *La Noue*, *Chouppes*, *La Motte*, *Ticier* et *Brunier;* le roi le retint auprès de lui après le départ (16 décembre) de ses collègues. — Son fils, Jaques de Cambis, baron *de Sérignac*, ancien de l'Église de Quissac, fut député des Cévennes au synode national de Tonneins (1614), à l'assemblée provinciale de Sommières (1611) et à l'assemblée générale de La Rochelle (1620). (Voy *France prot.*, III, 643.)

3. Hector DE PRÉAU (si c'est bien ce nom que présente une signature dont la lecture reste incertaine pour moi), sieur de Chastillon, qui avait fait son éducation militaire sous Brantôme, puis sous La Noue, fut un des vaillants capitaines huguenots de Henri IV. S'étant emparé pour ce dernier de Châtelleraut, en 1589, il fut nommé gouverneur de cette ville, qui devint une des places de sûreté des protestants; c'est en cette qualité qu'il prêta le serment d'union à l'assemblée de Loudun en 1596, et qu'il figure à celle de Châtelleraut. Pendant la session de celle-ci, en 1597, il déjoua un complot tendant à l'assassiner et à disperser l'assemblée pour livrer la ville au duc de Mercœur. Brantôme, qui l'appelle son grand ami, et se fait gloire de l'avoir « élevé de telle sorte que c'est un des honnêtes et vaillants capitaines de la France », l'avait

10

désigné, en 1609, pour être un de ses exécuteurs testamentaires; mais, en 1613, un an avant la mort de Brantôme, il ne vivait plus. (Voy. *Haag*, VIII, 317.) — On l'a quelquefois confondu bien à tort avec un de Préaux, agent diplomatique de France à Bruxelles à la fin du règne de Henri IV; il s'agit de Charles de Laubespine, abbé de Préaux, devenu plus tard marquis de Châteauneuf et garde des sceaux.

4. Étienne Defos, pasteur à Châtelleraut jusqu'en 1599 environ, fut député aux synodes nationaux de Sainte-Foy (1578) (*Bull.*, XLI, 363) et de La Rochelle (1581); le 26 août 1598 il était vice-président du synode provincial de Saint-Maixent. — Je ne sais s'il faut l'assimiler à Étienne *Deffos* ou *Desfos*, de Merry-la-Vallée (Yonne), étudiant en 1559 à Genève, puis envoyé en Berry; il y fonda, en 1560, l'Église de La Châtre, d'où il se réfugia à Genève lors de la Saint-Barthélemy; ou s'il ne faut pas plutôt le rattacher à une famille protestante notable de Châtelleraut, où *Vincent Defos* était médecin à la fin du XVIe siècle et avait un frère du nom d'*Étienne*, qui pourrait bien être notre pasteur. Ce Vincent eut, entre autres, pour fils l'avocat *David Defos*, né en 1592, mort en 1649, qui joua un certain rôle à La Rochelle, notamment lors du siège. — Le nom de notre pasteur est quelquefois écrit à tort *de Faulx* et *de Faux*.

5. Jacques Clemenceau, d'une famille très répandue dans le Bas-Poitou, pasteur de Poitiers dès 1594 jusqu'après 1637, fut député du Poitou au synode national de Jargeau (1601), aux assemblées de Châtelleraut (1597), Saumur (1611), Loudun (1619), La Rochelle (1620-1622); à cette dernière il occupa à quatre reprises la vice-présidence (mensuelle). (Voy. *France prot.*, IV, 415 et 1104.)

6. De Fontaine (signature dont la lecture reste douteuse pour moi), Joseph (fils d'Adam, médecin), originaire de la Champagne, ancien de l'Église de Melle, fut un des hommes de confiance des protestants du Poitou; il représenta cette province aux synodes nationaux de Saumur (1596) (dont il fut secrétaire) et de La Rochelle (1607), ainsi qu'aux assemblées

de Saumur (1595) (secrétaire), de Loudun (1596), de Châtellerault (1597) (dont il rendait compte au synode provincial de Saint-Maixent, 26 août 1598), de Sainte-Foy (1601) (qui lui confia une tâche ardue et prolongée), de Châtellerault (1605) (secrétaire) et de Saumur (1611). Marié à Judith *Grelier*, il mourut sans enfants, en septembre 1623, âgé de 70 ans, léguant ses biens à l'Église de Melle et y fondant un collège; après vingt ans de procès l'évêque obtint iniquement que ces legs fussent attribués aux catholiques. Son nom est souvent orthographié *Des Fontaines*. (Voy. Lièvre, II, 31, et III, 326; *France prot.*, V, 297 et 612.)

7. Marc VULSON, sieur du Collet, docteur en droit, avocat consistorial au parlement de Dauphiné, fut nommé le 22 avril 1592 conseiller au même parlement, charge dont il ne fut mis en possession que le 27 septembre 1595 et qu'il résigna en 1597. Le 6 août 1599 il fut nommé conseiller en la chambre de l'édit de Grenoble, et installé le 7 octobre; il résigna cette charge le 18 août 1627 en faveur de son gendre. — Très considéré pour son intégrité, il joua un rôle important parmi les protestants du Dauphiné : c'est probablement lui qui est le Vulson que l'assemblée politique des protestants de la province, réunie à Die en janvier 1586, nommait juge pour les bailliages du Grésivaudan, avec résidence à Mens. En novembre 1590, Lesdiguières le députait auprès de Henri IV, d'où il revenait en mai 1591, pour retourner encore en cour en juillet. Le 30 janvier 1593, le roi lui confia la répartition des subsides royaux pour l'entretien des pasteurs du Dauphiné. Le 29 juillet de la même année, les délégués des protestants de la province, réunis à Grenoble, lui donnaient procuration, ainsi qu'à Jean *de Serres*, pour les représenter à l'assemblée de Mantes. Il fit partie aussi des assemblées de Saumur (1595) et de Loudun (1596); cette dernière le députa au synode de Saumur et auprès du roi, auquel il exposa avec beaucoup d'énergie les réclamations de ses coreligionnaires; la même assemblée le nomma, en juin 1596, avec *Lamotte*, *de Rioux*, *Ticier*, *Esnard* et *Brunier*, pour discuter les conditions de l'édit avec les envoyés du roi, de Vic et Calignon,

mission dans laquelle il fut maintenu par l'assemblée de Vendôme (1596-1597). Il fit partie encore des assemblées de Châtelleraut (1597-1598) et de Saumur (1611). Pendant les premières années du XVIIe siècle, en tout cas jusqu'en 1617, il fit partie du conseil politique des protestants du Dauphiné. En 1622, au lendemain de l'apostasie de Lesdiguières, il se présenta devant celui-ci pour lui exprimer franchement les regrets et les craintes des protestants. Il mourut en 1640, respecté pour sa piété et laissant des marques de sa libéralité à quatre Églises du Dauphiné et à l'académie de Die. — Il a souvent été confondu avec d'autres membres de sa famille, entre autres avec le pasteur Jean *Vulson, sieur de La Colombières.*

8. DODEVOUDE, député du Dauphiné à l'assemblée de Châtelleraut, dont le nom est souvent défiguré par les documents imprimés : *Dodenond*, *Dodenouste*, *d'Audenouste*, *d'Audevouste*, *Andevouste*, *Odevous*, *etc.* Nous savons fort peu de chose sur ce personnage, dont Videl, dans sa biographie de Calignon, dit : « *Audevout*, l'un des députés des Églises réformées, nommé depuis *Villardières*, mon allié, personne de mérite et d'érudition, qui avait le plus d'accès auprès de Calignon. » Après la dissolution de l'assemblée, et lorsque *Du Coudray* eut été nommé, en 1599, député général (annuel) auprès du roi, Dodevoude le remplaça dans le comité de sept membres qui devaient représenter l'assemblée ancienne jusqu'à la réunion de la nouvelle ; il fit encore partie de cette dernière, réunie à Saumur dès novembre 1599 ; elle le députa, avec *L'Humeau*, au synode de Jargeau, le 30 avril 1601. Il était aussi en cette année député général auprès du roi, fonction de confiance, annuelle alors, qui cessait pour lui en décembre 1601 ; l'assemblée de Sainte-Foy lui donna deux successeurs, en la personne de *Saint-Germain* et de *Mercier-Des Bordes*.

9. F. TICIER (dont le nom est souvent écrit *Tyssier*, *Tixier* et *Texier*), avocat du roi à Lectoure, fut député de la Haute-Guyenne et du Haut-Languedoc à l'assemblée de Sainte-Foy (1594), qui l'envoya en cour avec *Chouppes* ; il rendit compte de sa mission l'année suivante à Saumur ; l'assemblée de

Loudun utilisa ses talents, soit pour des missions en cour, soit pour discuter avec les représentants du roi; celle de Châtelleraut le nomma de la commission des sept chargés de lui survivre. Il était encore délégué à l'assemblée de La Rochelle (1620), mais ne s'y rendit pas.

10. Gabriel DE POLIGNAC, sieur de SAINT-GERMAIN-*de-Clan*, de *Monroy* et de Comporté, gentilhomme ordinaire de la chambre du roi et conseiller en ses conseils d'État et privé, d'une illustre famille de la Saintonge, rendit de grands services aux protestants, parmi lesquels il occupa une place importante. Député à l'assemblée de Saumur (1596), il la présida quelque temps ; l'assemblée de Châtelleraut, qui s'ouvrit sous la présidence de *Clermont*, bientôt remplacé par *La Trémouille*, le délégua en août 1597 auprès de la reine Elisabeth, au grand mécontentement de Henri IV ; de retour le 16 octobre, il fut bientôt élu président de l'assemblée, puis envoyé, en janvier 1598, en mission en Dauphiné. L'assemblée de Sainte-Foy, le 16 octobre 1601, le nomma, avec Josias *Mercier*, sieur Des Bordes, député général des Églises auprès du roi pour l'année 1602; ils furent maintenus dans cette charge pour 1603 et 1604 par la volonté royale, corroborée par une décision du synode de Gap (1603), synode auquel ils assistèrent ; en 1605, l'assemblée de Châtelleraut reporta leurs noms sur la liste de six candidats parmi lesquels le roi devait choisir les nouveaux députés généraux; le choix du roi se porta sur *La Noue* et *Ducros*. Député à l'assemblée de Saumur (1611), Saint-Germain fut nommé commissaire pour faire exécuter l'édit de pacification en Poitou; et en 1616 il fut employé par la reine-mère à négocier la paix avec Condé. (Voy. *Haag*, VIII, 283.) — Les noms de *Saint-Germain-de-Clan* et de *Saint-Germain-Monroy* servaient de son temps à le distinguer des nombreux sieurs de Saint-Germain contemporains, avec lesquels les écrivains postérieurs l'ont souvent confondu, notamment avec Gaspard et Gabriel *Foucaut*, sieurs de *Saint-Germain-Beaupré* (père et fils), Abel de *Coussay*, sieur de *Saint-Germain-Beauvoir*, et Jaques de *Saint-Germain*, *sieur de Fontenay* (gendre de Du Plessis-Mornay), tous protestants.

11. Jean-Antoine de SAINT-SIMON, baron de COURTAUMER, était fils d'Arthur *Simon*, sieur de *Sainte-Mère-Eglise* (Manche), qui obtint, en 1585, de Henri III d'ajouter le mot *Saint* à son nom, et qui devint baron de Courtaumer (ou Courtomer, Orne) du fait de sa femme ; le fils obtint, en 1620, l'érection de son fief de Courtomer en marquisat. Ce dernier, capitaine de cinquante hommes d'armes et gentilhomme ordinaire de la chambre du roi, combattit vigoureusement la Ligue en Bretagne; il n'en fut pas moins, en 1594, dépossédé en faveur d'un catholique de son gouvernement d'Argentan, qu'il détenait dès 1590. Représentant de la Normandie aux assemblées de Loudun (1596), Châtellerault (1597), Saumur (1599), Châtellerault (1605), Jargeau (1608), Saumur (1611), Loudun (1619), La Rochelle (1620) (cette fois comme député de la Saintonge), il y fut constamment chargé de missions importantes; dans la dernière, il occupa à cinq reprises la présidence (mensuelle). Il mourut en 1626. (Voy. Haag, IX, 105.)

12. Nicolas GRIMOULT, sieur de LA MOTTE, qui étudiait à Heidelberg en 1573, était en 1593 lieutenant-général civil et criminel au bailliage d'Alençon, et l'un des protestants les plus influents de la Normandie. Député à l'assemblée de Mantes (1593), il fut l'un des six délégués chargés de discuter avec les représentants du roi et leur soumettant, en vain, les réclamations des protestants. L'assemblée de Saumur (1595) le nomma vice-président, et le chargea de composer un « discours en forme d'histoire, à commencer aux massacres de Paris »; ce travail, qu'il présenta à l'assemblée de Loudun, ne paraît pas avoir été imprimé[1]. Au nom des assemblées de Loudun

1. Peut-être servit-il d'ébauche pour le *Brief discours par lequel chacun peut être esclairci des justes procédures de ceux de la Religion réformée*, s. l. 1597, in-12. Ce remarquable opuscule, dû à la plume de Du Plessis, qui le composa à la demande de l'assemblée de Loudun, imprimé à La Rochelle en juillet 1597, a été reproduit dans les *Mémoires et Correspondance de Du Plessis-Mornay* (VII, 257 et suiv.) et provoqua l'*Anti-Huguenot* de Guill. de Reboul. En tout cas le travail historique de La Motte ne saurait être, comme le supposait Haag (VI, 298), les *Plaintes des Eglises réformées de France* (reproduites dans les *Mémoires de la Ligue* VI, 428 et suiv., et en abrégé dans la *France protestante*, X, 218 et suiv., et ici même p. 137 et suiv.). Rappelons que Henri de Sponde riposta en

(1596) et de Châtellerault (1597-1598), il négocia sans se lasser avec le roi et ses délégués, pour la rédaction de l'édit de Nantes. La Motte fut nommé conseiller à la chambre mi-partie de Rouen, sur la désignation de l'assemblée provinciale de Pont-Audemer, en septembre 1599. En 1611 on le trouve encore délégué à l'assemblée politique de Saumur. (Voy. Haag, V, 368.)

13. Noyant, député pour Touraine, Anjou, etc. — Nous sommes sans renseignements sur ce personnage, peut-être identique avec M. de *Noyan-Briquemaut*, qui, en 1585, était gentilhomme de la chambre du roi de Navarre.

14. François d'Amours, sieur de La Galaisière (commune de Durtal, Maine-et-Loire), frère du pasteur Gabriel d'Amours, avait longtemps été au service de la maison d'Orléans-Longueville. C'est à tort, croyons-nous, que la *France protestante* (2e éd., I, 175) l'assimile au conseiller (Pierre) d'Amours, qui s'était joint à la Ligue à Paris. Député de l'Anjou à l'assemblée de Châtellerault, La Galaisière fut délégué à nouveau par la même province, en 1599, pour l'assemblée qui se réunit d'abord à Châtellerault, puis à Saumur; celle-ci le nomma en premier rang, avec *Béraud*, *Colladon*, *Du Coudray* et deux autres, pour porter ses réclamations au roi, qui les reçut à Orléans en juin 1599. Voyez la lettre par laquelle La Galaisière raconte ce voyage à Du Plessis. (*Mém. et Corresp. de Du Plessis-Mornay*, IX, 271 et suiv.)

15. Elie Fétiveau (écrit quelquefois *Fétineau* et *Festiveau*), ancien de Saint-Jean-d'Angely, avait déjà été député pour la Saintonge, l'Aunis (Onis) et l'Angoumois au synode de Mon-

1598 aux *Plaintes*. Ces dernières ont peut-être eu pour rédacteur principal Marc *Vulson*, chargé en 1596 par l'assemblée de Loudun de présenter au roi le cahier des réclamations des protestants, cahier qui semble avoir formé le noyau desdites *Plaintes*; de Thou dit en effet (livre 117): « Les protestants, qui s'étaient assemblés à Loudun, firent présenter, par Pierre Vulson, conseiller de Grenoble, une requête à Sa Majesté, où ils se plaignaient de beaucoup de choses; ces plaintes et ces demandes *furent dans la suite imprimées avec des commentaires.* » De Thou confond certainement ici Pierre Vulson (qui ne fut jamais conseiller, mais seulement secrétaire de la chambre mi-partie de Grenoble, et cela seulement dès 1612), avec son cousin Marc Vulson, dont nous avons parlé ci-dessus.

Faict et arresté en l'assemblee gnalle des Eglises reformees de france tenant a Chastel... le xx Mars 1598

Extrait des actes de l'Assemblee gnale des Eglises reformees de france tenant a Chastelleraud l'an mil v^c iiij^xx xviij

Du xj^me Juin

L'Assemblee a ordonné que les reiglemens dressez pour les affaires des Eglises ne pourront estre changés sans nouvel avis et pouvoir exprés des provinces. Faict en lad. assemblee gnale les jour et an ...

Sallus pour Guienne — ... pour le bas Languedoc — ... — ... pour ... — Goureau — Desfos pour Poitou — ... — Moyant pour Touraine — Anjou ... — Flemencault — ... — ... — ... — Detenvie — ... pour Berry — ... — ... pour Orleans — Silvier pour la haulte Guienne et haut Languedoc — ... pour l'Isle de France — St Germain — ...

tauban (1594), avant de l'être à l'assemblée de Châtellerault. Lorsque, conformément à l'art. 31 de l'édit de Nantes, une chambre mi-partie fut instituée au parlement de Bordeaux, Fétiveau en fit partie; la résistance du parlement à la création de ce corps aboutit seulement à en transférer la résidence à Nérac, où la chambre fut solennellement installée le 22 mars 1601, avec Joseph *Feydeau* pour président protestant. Fétiveau avait épousé Marie *Foucher*, de La Rochelle, et mourut dans cette ville le 20 octobre 1607.

16. Dorival (si cette signature peut se lire ainsi), Adam, ministre de Sancerre, fut député du Berry, Orléans, etc., aux synodes nationaux de Saumur (1596) et de Jargeau (1601). Ayant soumis au premier la question de savoir si les pasteurs peuvent être délégués aux assemblées politiques, le synode décida que, « attendu la nécessité des temps, ils y pourront assister ». Aussi fut-il envoyé à celles de Loudun (1596), Châtellerault (1597), Châtellerault (1605), Jargeau (1608). Il joua un rôle prépondérant dans les synodes de sa province. (Voy. *France prot.*, V, 458.)

17. Jean Bédé, sieur de La Gourmandière (commune de Brissarthe, Maine-et-Loire), originaire d'Anjou, avocat au parlement et ancien de l'Église de Paris, fut député de l'Ile-de-France aux assemblées de Loudun (1596), Vendôme (1596-1597), Saumur (1597), Châtellerault (1597-1598), Châtellerault (1605), Jargeau (1608). Cette dernière le porta sur la liste des candidats parmi lesquels le roi devait nommer les deux députés généraux; le choix du roi tomba sur *Villarnoul* et *Mirande*. Bédé mourut en 1648, âgé de 85 ans. (*France prot.*, II, 189 et suiv.)

18. Jean Rochelle, sieur Du Coudray (dont le père, du même nom, était maire de a Rochelle en 1594), avocat, échevin de La Rochelle, député de cette ville à l'assemblée de Loudun (1596), dont il fut secrétaire, y fit ratifier les droits de La Rochelle d'envoyer un député spécial aux assemblées politiques des réformés. Il fut député de nouveau à l'assemblée de Châtellerault, dont il fut encore secrétaire; en juillet 1598 cette assemblée l'envoya avec de *Caze* auprès du roi

pour le remercier de l'édit de Nantes. En mars 1599 le roi le chargea d'exposer aux Rochellois ce qui avait été fait jusque-là pour la vérification en parlement de l'édit de Nantes. Député général (annuel) auprès du roi jusqu'en juillet 1600, il devint à ce moment l'un des conseillers protestants au parlement de Paris. Après la mort de Henri IV il semble s'être attaché aux intérêts de la cour, aux dépens du parti protestant et des libertés de La Rochelle; aussi, ayant été envoyé à deux reprises dans cette ville, en 1612, par la reine-mère, sa présence y suscita une émeute, et il fut obligé d'en sortir; quatre ans après, il n'y pouvait pas même résider quelques jours pour voir sa femme (la troisième), gravement malade. Peu après, le 29 septembre 1616, il mourut en sa maison du Coudray (près Périgny, Charente-Inférieure). — Il ne faut pas le confondre, comme l'a fait la *France protestante* (2e éd., VI, 653), avec Jacques *Foucher*, sieur du Coudray et de Sazay, lieutenant particulier au présidial de La Rochelle, qui fut chargé par le roi, en décembre 1627, d'engager ses concitoyens à se soumettre; en récompense, il fut nommé, le 20 mars 1629, lieutenant général au siège de La Rochelle, charge qu'il vendit en 1643.

L'Assemblée qui siégea à Châtelleraut, du 15 juin 1597 jusque vers la fin de juin 1598, compta un nombre plus considérable de membres que ceux qui, présents le 11 juin 1598, signèrent la pièce ci-dessus. Elle devait régulièrement, d'après le règlement fixé par l'assemblée de Sainte-Foy, puis revisé à Saumur et à Loudun, se composer de deux députés de chacune des dix provinces ecclésiastiques entre lesquelles on avait réparti le territoire de la France, plus un député spécial pour La Rochelle; mais, vu l'importance des circonstances, cette assemblée fut fortifiée [illegible] l'adjonction d'un grand nombre d'autres députés, tant de la noblesse que des villes; aussi d'Aubigné dit-il que l'assemblée de Châtelleraut était à un moment de 70 têtes, et quelquefois de 80. C'est ainsi que, en dehors des noms que nous avons étudiés, nous trouvons mentionnés, comme ayant été présents, du moins par moments, à cette assemblée, les personnages qui suivent.

Représentants de la noblesse et gouverneurs de places de sûreté : Henri de la Tour, duc de *Bouillon;* Claude de *La Trémouille*, duc de Thouars; Henri de Coligny, seigneur de *Chastillon*; Agrippa d'*Aubigné* (Maillezais); Jonas de *Bessay*, baron de Saint-Hilaire (Talmont); Pierre de *Chouppes* (Loudun); Guillaume de *Clermont*-d'Amboise, marquis de Gallerande; Augustin de *Constant*, sieur de Resbecq (Marans); Louis d'Avaugour, sieur *Du Bois et de Cargrois* (Beauvoir-sur-Mer); *Du Plessis-Mornay* (Saumur); de *La Ferrière* (Vezins); Charles de *La Forest*, sieur de Vaudoré (Parthenay); de *La Lane*; de *La Planche-Boulière;* François Des Noues, sieur de *La Tabarrière* (Fontenay); Louis de Harlai, sieur de *Montglas* (Saint-Maixent); Jacques de Lorges, comte de *Mongommery* (Castres); Jean de Madaillan, sieur de *Montataire* (Thouars); Jean de Beaudéan, comte de *Parabère* (Niort). — Députés de provinces ou de villes. Poitou : de *Cauche;* Jean *Chalmot*, sieur du Breuil; Louis *Esnard*, ministre de Fontenay; *Faure*, lieutenant de Fontenay; *Gourfailles*, assesseur de Niort; *La Chevalière* (La Chevrolière?); *La Lardière;* Pierre Gourjault, sieur de *La Millière;* Jean Buisson, sieur de *La Touche*, avocat à Fontenay. Saintonge : Jacques de Pons, marquis de *La Caze;* Jacques de Beaumont, sieur de *Rioux;* de *Rabar*, conseiller au parlement de Bordeaux; Pierre *Constantin*, ministre de Saint-Séverin. Aunis : Charles de la Rochefoucauld, sieur de *Fonpastour*. La Rochelle : *Harraneder* (al. Harnadet), sieur de Rouaux; Jean Sallebert, sieur de *Romagné* (al. La Ramigue). Anjou : Odet de *La Noue*, sieur de Téligny; *Clairville*, ministre de Loudun; Pierre de *La Primaudaye*. Berry : Claude de Saint-Quentin, baron de *Blet*. Haut-Languedoc : Philippe *Canaye*, sieur de Fresne, président de la chambre mi-partie de Castres; Guillaume Le Nautonnier, sieur de *Castelfranc*, ministre de Montredon. Dauphiné : Laurent *Brunier*, ministre d'Uzès; Daniel *Chamier*, ministre de Montélimar. Normandie : *Beaumont;* Jean de Bouquetot, sieur *Du Breuil*; Centurion de Pardieu, sieur de *Boudeville;* Gabriel *Le Grand*, conseiller assesseur en la vicomté d'Arques. Bretagne : de *Huillay*.

A. Bernus.

LE PROTESTANTISME BÉARNAIS EN 1598

Au moment de la promulgation de l'édit de Nantes, le Béarn se trouvait, au point de vue protestant, dans une situation absolument privilégiée. En effet, l'exercice public du culte réformé y était seul autorisé, en vertu des ordonnances ecclésiastiques de Jeanne d'Albret. Après la mort de sa mère, et au lendemain de sa lettre de soumission adressée au Pape, Henri de Navarre avait bien publié, le 16 octobre 1572, une ordonnance rétablissant la religion catholique dans toute la vicomté et chargeant le comte de Gramont d'en assurer l'exécution en qualité de lieutenant général. Mais cette charge était alors occupée par Bernard d'Arros, protestant convaincu, qui la tenait de Jeanne d'Albret, et lorsque Gramont s'achemina vers le Béarn, pour faire exécuter les ordres de son maître, il fut surpris à Hagetmau, au mois d'avril 1573, par Jacques d'Arros, fait prisonnier et n'obtint sa liberté, au mois d'août suivant, qu'en s'engageant à ne jamais faire d'entreprise directe ou indirecte contre la religion réformée[1]. Il va sans dire que l'ordonnance de 1572 fut dès lors considérée comme lettre morte.

La situation n'était pas modifiée au moment où Henri de Navarre put s'enfuir de la cour (février 1576) et lorsque, pendant la tenue des États de Blois, l'archevêque de Vienne vint le trouver en Gascogne, pour l'implorer en faveur des catholiques de Béarn, le prince se borna à lui faire la promesse de le contenter « lorsqu'il irait dans le pays[2] ». Cette promesse ne fut pas tenue et plus de vingt ans se passèrent sans que la prépondérance de l'Église calviniste fût atteinte en Béarn. Elle n'avait donc pas besoin des garanties que l'édit de Nantes assurait aux Réformés de France. L'Édit n'avait pas

1. Nous avons raconté les péripéties de cette affaire dans un travail intitulé : *Bernard, baron d'Arros et le comte de Gramont*, 1573 (*Bulletin de la Société des sciences de Pau*, 2e série, t. IV).

2. *Revue de Gascogne*, 1870, p. 249.

été fait pour le petit État pyrénéen, il ne lui était pas applicable, ne lui fut jamais appliqué[1] et nous ne ferions pas figurer le Béarn dans la statistique des Églises réformées françaises, si cette province, réunie au royaume en 1620, n'avait pas vu le catholicisme reprendre alors, par la mainlevée des biens ecclésiastiques, toute son ancienne situation et n'avait pas subi dès lors le contre-coup des mesures restrictives qui atteignirent successivement la Réforme en France, en attendant la Révocation.

Sans entrer dans l'historique de faits très connus et souvent discutés, nous voudrions montrer simplement quel était, à la fin du XVIe siècle, le nombre des Églises et leur division en colloques. Malheureusement nous ne possédons plus les actes des premiers synodes qui eurent à procéder à l'installation des ministres et à désigner leur centre d'action. Malgré la suppression du culte catholique, les *Églises* ne furent jamais en aussi grand nombre que les anciennes *paroisses*, mais elles furent constituées par un nombre plus ou moins grand de ces dernières, sous l'autorité d'un ou plusieurs pasteurs, selon la population. Nous ne possédons aucun document relatif à cette répartition. Nous savons seulement que, dans l'organisation établie par le synode de la province de Guyenne tenu à Clairac en 1560, le colloque de Béarn était composé de quatre Églises : Pau, Nay, Sauveterre, Oloron[2].

Dès 1563, les Églises béarnaises sont assez nombreuses pour constituer un corps particulier. Le premier synode régulier se tient au mois de septembre et adopte la Discipline ecclésiastique préparée par Merlin et par laquelle sont institués « certain nombre de colloques », mais sans en désigner le nombre[3]. Nous ne le connaissons pas encore en 1569, mais des documents indirects nous fournissent les noms des prin-

1. Dans une déclaration de 1626, Louis XIII rappelle que le Béarn a toujours été exclu du bénéfice de l'édit de Nantes, qui n'avait pas été fait pour cette province.

2. Archives départementales de Lot-et-Garonne. Bourgeon, *La Réforme de Nérac*, p. 83.

3. *La Discipline ecclésiastique du pays de Béarn*, publiée par Ch. Frossard.

cipales Églises. Nous devons entrer à ce sujet dans quelques explications préliminaires.

Au moment où Terride envahit le Béarn à la tête de l'armée catholique, les ministres se trouvèrent les plus menacés. Seize d'entre eux furent compris dans la capitulation de Pau et emprisonnés. Peu auparavant, les ministres Lostau et Bedat, de Lembeye, Duluc, qui n'avait pas d'affectation spéciale, avaient été exécutés à Lescar. Ceux qui étaient encore libres fuirent devant les troupes catholiques et se réfugièrent à Navarrenx, lorsque cette ville devint le dernier boulevard du Protestantisme en Béarn. La défense fut opiniâtre; le siège se prolongea du 27 avril au 7 août, et les réfugiés, après avoir épuisé leurs provisions, furent obligés de s'adresser à d'Arros, lieutenant général de la reine, pour en obtenir d'autres. Solon, ministre d'Orthez, présenta, le 17 juin, une requête en son nom et au nom de vingt-quatre de ses collègues. Les Églises desservies par ces ministres sont désignées dans l'état dressé à cette occasion[1]. Ce sont les suivantes : Artiguelouve, Audaux, Sauveterre, Arette, Navarrenx, Gouze, Loubieng, Morlanne, Arthez, Maslacq, Orthez, Salies, vallée de Josbaig, Tarsacq, Charre, Carresse, Oraas, Gan, Lagor, Pardies, Lucq, Orion, Ostabat, Monein. Il faut ajouter à ces noms Lembeye, dont nous avons cité plus haut les pasteurs, Oloron, que les ministres Ponteto et Buisson ne voulurent pas abandonner, fidélité qu'ils payèrent de leur vie, Pau, Lescar, Garlin, Beuste, dont les ministres furent exécutés à Pau, où ils étaient prisonniers, et avec les localités non dénommées auxquelles appartenaient le reste des seize pasteurs détenus à Pau, nous obtenons un chiffre minimum d'environ quarante Églises.

En 1578, nous rencontrons un document d'un autre genre contenant des indications plus complètes. C'est un état détaillé des sommes payées aux ministres pour leur traitement, à raison de 400 livres par ministre et 450 livres pour les ministres mariés[2]. Cette pièce offre un intérêt particulier parce

1. Archives des Basses-Pyrénées, B. 954.
2. Archives des Basses-Pyrénées, B. 2368.

qu'elle groupe les Églises par colloques. Nous constatons à cette époque l'existence de sept colloques, comprenant soixante-sept Églises desservies par soixante-douze pasteurs. Nous reproduisons ce document avec les noms des ministres qui y sont cités. Pour montrer la persistance de ces Églises à la fin du XVIe siècle, nous indiquons en outre les noms des pasteurs en exercice à cette époque, d'après les documents multiples que nous avons compulsés afin d'établir la *Statistique des Églises réformées de Béarn* depuis leur origine jusqu'en 1685, travail dont ces pages ne sont qu'un extrait.

Colloque de Pau.

Églises.	Pasteurs en 1578.	Pasteurs en 1598.
Pau.	Pierre Martel.	Jean Fauger.
Morlaas.	Costa.	Bertrand de Lavigne.
Gan.	Bertrand d'Arrac.	Bertrand d'Arrac.
Lasseube.	Sabatier.	Sabatier.
Artiguelouve.	Gratian Pomarede.	Mathurin Bereau.
Momas.	Balsergues.	David Quidel.
Denguin.	Fabry.	
Lescar.	Bernard de Melet. Colomies.	Bernard de Melet.
Cescau.	Pierre Gruyer.	Pierre Gruyer.
Lons.	Arnaud d'Aons, seigneur d'Andrein et de Lussagnet.	Arnaud d'Aons, seigneur d'Andrein.
Serres.	Salettes.	
Jurançon.		Archambaud de Colomies.

Colloque de Nay.

Nay.	Nicolas de Bordenave. Guillaume Cazenave.	Nicolas de Bordenave. Jean Brun.
Espoey.	Veguer.	Guillaume Rodier en 1585; Daniel Lavaut en 1610.
Arros.	Bourgade.	Paul de Brocarel.
Assat.	Benoit Pascal.	

Églises.	Pasteurs en 1578.	Pasteurs en 1598.
Asson.	Isac.	
Nousty.	Pierre Jehan.	Jérémie Clavel.
Pontacq.	Pierre Brun.	Jean Dufaur.
Beuste.	Geoffroy Brun.	Samuel Dujac en 1610.

Colloque d'Oloron.

Oloron.	Pierre Noguez.	Jean Diserotte.
Sainte-Marie.	Durand Baldran.	Jacques de Pomarède en 1606.
Navarrenx.	François Leguay, dit Boisnormand, ou La Pierre.	François Leguay.
Lucq.	Claude Clavel.	Claude Clavel.
Ogeu.	Maillos.	
Arudy.	François d'Arras.	Bernard d'Escout, en 1600.
Bielle.	Bernard d'Escout.	Bernard d'Escout.
Vallée d'Aspe.	Gassiot de Latourette.	
Vallée de Baretous.	Bernard de Candomec.	Eusèbe de Barromères, en 1613.
Castetnau.	Guillaume Herault.	Pierre de Latourette, en 1611.
Vallée de Josbaig.	Pierre Carrière.	Théophile Landecheverry, en 1613.
Moncin.	Jean de Toyaa.	Pierre Hesperien.
Laruns.	Guillaume Rodier.	Jean Pourrat.
Osse (vallée d'Aspe).		Jean Coudures en 1606.

Colloque d'Orthez.

Orthez.	Bernard Solon. Du Boys.	David Formalaguer.
Arthez.	Pierre Baquier.	Pierre Paloque, en 1610.
Bérenx.	Bertrand de Sainte-Grace.	Bertrand de Sainte-Grace.
Lagor.	Alexandre Duzer.	Jean Minvielle.
Bellocq.	Samson Olhagaray.	Samuel Mugat, en 1605.
Garos.	Jean Bonine.	

Églises.	Pasteurs en 1578.	Pasteurs en 1598.
Castillon.	Pierre Formalaguer.	Pierre Formalaguer.
Maslacq.	Odet de Piis.	Daniel Bourgade.
Loubieng.	Taudin.	Jean Bonine.
Morlanne.	Jaufret.	Raimond Paloque.
Gouze.	Antoine Lafite.	Antoine Lafite.
Viellesegure.	Mugat.	Jacques Couture, en 1610.
Hagel-Aubin.	Saint-Martin.	
Pardies.	Lerrous.	David Capelle, en 1610.
Baigts.		Pierre Espelette.

Colloque de Sauveterre.

Oraas.	Guillaume Barbaste.	Théophile Casamajor, en 1610.
Saint-Gladie.	Hespérien. Cazenave.	Raimond Tholose, en 1610.
Sauveterre.	François Seguas.	François Seguas.
Salies.	Guillaume Rozier. Bernard de Carrière.	Guillaume Rozier. Gaillard du Cassou.
Carresse.	Guillaume Tenarnaut.	Jean Pourrat, en 1605.
La Bastide-Villefranche.	Germain d'Armena.	Germain d'Armena.
Audaux.	Pascal Tortorel.	Pascal Tortorel.
Andrein.	Puyou.	
Araujuzon.	Arnaud de Bordenave.	Jean Davant, en 1610.
Charre.	Arnauld de Landecheverry.	Jacques Bustanoby, en 1610.

Colloque de Lembeye

Lembeye.	Juglier Lavigne.	Jacques Lagarrigue, en 1610.
Gayon.	Chauvet.	
Anoye.	François Rostolan.	Samuel Dujacq, en 1600.
Theze.	Pierre Taudin.	Pierre Taudin.
Sévignacq.	Lagarrigue.	Arnaud de Marque, en 1610.
Garlin.	Jean Arriulat.	Pierre Arriulat, en 1610.
Montaner.	Pierre Lacaze.	

Églises.	Pasteurs en 1578.	Pasteurs en 1598.
Moncaup.	Lacassaigne.	Bertrand de La Vigne, en 1610.
Conchez.	Germain d'Armena.	Arnaud de Puyol, en 1610.

Colloque des ministres de Navarre.

Saint-Palais.	Sans Tartas.	Jean Cazenave.
Ostabat.	Tardets.	
La Bastide-Clairence.	Jean de Liçarrague.	

L'édit de Nantes ne devait avoir par lui-même aucun effet sur l'organisation que nous venons d'exposer. Mais, un an après sa promulgation, en avril 1599, Henri IV, cédant aux sollicitations du pape et du clergé, réalisa la promesse qui avait été une des conditions de son abjuration et publia, à Fontainebleau, un édit qui fut, pour les catholiques de Béarn, ce que celui de 1598 avait été pour les protestants du royaume [1]. Cet édit, accompagné d'un règlement particulier pour son exécution, ne fut pas enregistré sans réserve par le conseil souverain de Pau. La porte fut dès lors ouverte à toutes les revendications du clergé. Nous n'avons pas à en retracer ici l'histoire; elle se déroule pendant tout le cours du XVIIe siècle pour aboutir à la Révocation. Nous nous bornons à publier l'édit de 1599 et ses pièces annexes [2]; il est la contre-partie de l'édit de Nantes; il appartient comme lui à l'histoire religieuse de la France.

1. Henri IV a exposé dans une lettre du 29 avril 1599, adressée à M. de Villiers, son ambassadeur à Venise, les raisons qui l'engagèrent à publier cet édit. — Lettres publiées par Halphen, p. 38.

2. L'Édit seul a déjà été publié par M. l'abbé Dubarat : *Le Protestantisme en Béarn*, pages 359 et suivantes. Les copies du temps qui ont servi à cette publication et à celle que nous faisons aujourd'hui auraient eu besoin d'être comparées avec une troisième conservée dans le tome 153 du fonds Dupuy de la Bibliothèque nationale. L'occasion nous a manqué pour faire cette collation.

Édit donné à Fontainebleau pour rétablir l'exercice de la religion catholique en Béarn.

Henri par la grâce de Dieu, roi de France et de Navarre, Seigneur souverain de Béarn, à tous présents et à venir salut. Nous n'avons rien plus désiré depuis qu'il a plu à Dieu nous appeler à la conduite des peuples qu'il nous a soumis que de réunir les courages et volontés de nos sujets non seulement en une bonne amitié, intelligence et correspondance telle qu'elle eût été entre personnes vivant sous mêmes lois et obéissant à même prince, mais aussi en un bon accord et conformité de la vraie foi et créance, ayant toujours estimé que Dieu ferait couler plus abondamment ses bénédictions et prospérités sur les états esquels il serait servi purement et où l'union serait établie en son église; et pour parvenir à ce bien et contentement, aurions embrassé de cœur et d'affection toutes les voies propres et convenables dont nous nous serions pu aviser sans avoir onques approuvé la force et contrainte des consciences, parce que tels remèdes se sont toujours trouvé faibles, ayant plutôt semé les discordes et dissensions entre nos sujets, même fourni le plus souvent d'argument et prétexte d'altérer la paix et repos public; au moyen de quoi il nous a semblé être à propos, attendant que Dieu nous fasse la grâce de le voir servi et invoqué d'une même façon et unanime par tous, de convier et affermir nos sujets tant d'une que d'autre religion à la concorde et société civile, par un traitement égal autant qu'il se pourra, comme nous avons naguère effectué en ce royaume par l'édit accordé à ceux de la R. P. R. et désirant pratiquer en autres terres de notre obéissance, nommément en notre pays souverain de Béarn, ayant été très humblement requis par les catholiques d'icelui d'y remettre l'exercice de la R. C. et de les admettre indifféremment aux charges publiques; à la requête et supplication desquels inclinant favorablement et désirant leur donner contentement, même établir un bon et assuré règlement entre nos sujets tant d'une que d'autre religion, qui leur serve de loi à l'avenir, par le moyen de laquelle ils puissent continuer de vivre en une bonne paix et union, sous l'obéissance qu'ils nous doivent. Par ces causes et autres bonnes considérations à ce nous mouvant, de notre certaine science, pleine puissance et autorité royale, avons par cestuy notre présent édit perpétuel et irrévocable dit, statué et ordonné, disons, statuons et ordonnons.

1. Premièrement que tous nos sujets catholiques dudit pays sou-

verain de Béarn auront liberté de conscience et pourront faire exercice public et libre de leur religion dans le pays et assister tant eux que tous autres étrangers à tous les actes, offices et services d'icelle ès lieux où l'exercice sera rétabli, comme aussi pourront nos d. sujets de Béarn aller hors le pays faire l'exercice de la d. religion sans pour raison de ce être recherchés ni molestés, nonobstant toutes défenses à ce contraires.

2. Avons ordonné que tous et chacuns patrons laïques faisant profession de la R. C. soit gentilhommes ou aultres patrons, si fait n'a été aux cures, prébendes, archiprêtrés et autres bénéfices de leur présentation, personnages suffisans et capables pour desservir les bénéfices et administrer le service divin ainsi qu'il est ordonné par l'église catholique et faire ces actes, fonctions, ministères, exercices et dévotions tant publics que privés et jouir du revenu des d. bénéfices en la présente année, nonobstant les présentations faites en notre collège ou écoles particulières dud. pays, lesquelles dès à présent sont annulées et n'auront plus de lieu, et seront pourvus iceux bénéfices par les évêques dud. pays dans le temps porté par le droit commun que nous voulons être gardé et observé en matière bénéficiale comme il était auparavant le changement avenu sur le fait de la religion, sans toutefois que le temps de présentation puisse courir qu'à compter du jour de la publication du présent édit en notre conseil ordinaire séant à Pau.

3. Entendons pour cet effet que lesd. bénéfices soient rayés de l'état des affermes et lots et que celles qui en pourraient avoir été faites l'année courante soient pour non avenues, même que les fermiers rendent compte aux bénéficiers des fruits par eux perçus, si mieux n'aiment lesd. bénéficiers entretenir les baux, auquel cas pourront contraindre iceux fermiers au paiement du prix par les mêmes rigueurs et sous mêmes conditions qu'ils sont obligés aux receveurs ecclésiastiques.

4. Voulons en outre que l'exercice de la R. C. soit rétabli en deux lieux de chacun des six parsans du pays selon qu'ils sont distingués par capdeuils et ès endroits qui seront jugés les plus propres et commodes par notre ami et féal le s[r] de Caumon conseiller en notre conseil d'état et notre lieutenant général aud. pays, iceux évêques appelés, pour es dits lieux aussi bien qu'en ceux où les juspatronats appartiennent aux catholiques, être fait led. exercice avec pareille liberté, sans aucun trouble ni empêchement.

5. Et d'autant que pendant la discontinuation de l'exercice de la religion catholique en notre d. pays, plusieurs pourraient avoir im-

pétré des bénéfices de patronage laïque par dévolu, à faute d'avoir les patrons présenté dans le terme prescrit par le droit commun, ou l'un des d. 12 lieux n'étant de patronage laïque, contre lesquels patrons néanmoins et personnes ecclésiastiques le temps n'a pu courir, attendu les empêchements notoires, ordonnons qu'en procédant au jugement du possessoire desd. bénéfices, les juges n'auront aucun égard aux impétrations faites avant la publication du présent édit, mais seulement aux provisions obtenues par le moyen ordinaire, savoir est des bénéfices de juspatronat laïque ecclésiastique sur la nomination ou présentation desd. patrons et pour le regard des bénéfices qui sont à la pleine collation des évêques par la provision et collation d'iceux.

6. En tous les lieux où l'exercice de la R. C. sera remis les églises et les cimetières seront rendus aux catholiques pour y faire le service sans que ceux de la R. P. R. puissent y continuer leur exercice et les fabriques des églises dont les jurats des lieux ont obtenu main-levée seront employés à la réparation d'icelles et autres usages auxquels elles sont destinées.

7. Nous avons permis tant auxd. évêques que curés et autres personnes ecclés. ayant charge et pouvoir de ce faire de visiter et consoler les malades, dire la messe en leurs chambres et leur administrer les sacrements même hors les lieux ou led. exercice sera rétabli et partout led. pays indifféremment, sans que pour ce regard, ils puissent être recherchés.

8. Avons restitué et restituons les évêques en l'entière possession de leurs maisons, clos et jardins en dépendant dont les occupateurs seront tenus de se départir, sans que, pour quelque sujet que ce soit ils les puissent retenir, ensemble ès vaquants et autres droits appartenant sur lesd. bénéfices, ainsi qu'ils avaient accoutumé d'en jouir avant le changement pour le sujet de la religion.

9. Comme aussi les avons restitués en leur juridiction purement spirituelle.

10. Davantage leur baillons faculté de retirer à perpétuité tant le temporel de leurs évêchés que celui de leurs chapitres aliénés depuis led. changement, soit à titre de vente, inféodation ou autrement, en remboursant néanmoins les acquéreurs des deniers par eux déboursés, frais et légaux coûts suivant le for et pour posséder lesd. biens aux charges imposées sur iceux par lesd. inféodations, sans qu'aucune prescription de cent ans ou plus leur puisse être opposée, toutefois et quantes qu'ils les voudront racheter et recouvrer.

11. Et pour donner moyen aux évêques de s'entretenir, leur avons accordé main-levée et délivrance des dîmes dépendant de leurs évêchés, telles qu'ils voudront eux-mêmes choisir jusques à la valeur et revenu de mille écus sol par chacun an à l'évêque de Lescar, et de six cents écus à celui d'Oloron, dont l'estimation se fera, cessant tout dol et fraude sur l'état des affermes ecclésiastiques, par nos amés et féaux conseillers les gens de nos comptes à Pau, iceux évêques appelés, en faisant des dix années précédentes une commune, et ce outre les biens et revenus qu'ils ont hors led. pays.

12. Desquelles dîmes ils entreront en jouissance dès l'année courante ; au cas les baux à ferme soient faits avant la publication du présent édit, sera à leur octroi de les entretenir avec pouvoir de contraindre les fermiers et leurs cautions au payement du prix aux termes par lesd. baux, fixés et sur les mêmes rigueurs et conditions qu'ils sont obligés aux receveurs ecclésiastiques, ou bien de reprendre lesd. dîmes de leurs mains et contraindre lesd. fermiers à la restitution des fruits.

13. Avons d'ailheurs, outre lesd. seize cens escutz de reveneu annuel, rendu, restitué et balhé main-levée ausd. evesques, savoir est à l'evesque de Lescar de toute la justice, directe, fiefz, droitz et devoirs segneriaux et généralement de tout le bien tamporel non vandu, de quelque nature et qualité qu'ilz soint, appartenent aud. eveché ès lieux de Beneyac et de Bordères, leurs appertenences et déppandances, saufs toutesfois les fiefs des bois dud. Beneyac, terres vaines et vagues et territoire de labour, que par arrest de nostre conseil de Navarre, donné à Nantes au mois d'avril en l'année passée, nous avons ordoné estre baihées en affievement par les gens de nosd. comptes, lesquelz fiefs demeureront unis et incorporés à nostre domayne, estant néanmointz en la puissance dud. evesque de retirer toutz et chacuns les territoires, bois, foretz, terres vaines, vagues, affiévées, ou qui se affiéveront, par vertu dud. arrest en payant, comme dit est, les autres charges et randemens imposés sur les fivatiers ou emphitheotes d'icelluy, ensemble les biens vandus esd. lieux en remborsant lesd. acquéreurs, comme dessus. Et pour le regart de l'evesque d'Oleron, luy avons parelhement rendu, restitué et balhe main-levée de toute la justice, directité, fiefs, droitz et devoirs seigneriaulz et generallement de tout le bien tamporel non vandu appartenant aud. evesque ez lieux de Ste Marie et Oleron, de la deppandance de la paroisse de St Pee de Catron, auquel temporel toutesfois ilz n'entreront en juissance

que la ferme de la presente année finie et espirée, entandant pour cest effaict que tous les titres, papiers, documans et ensaisimentz concernans led. temporel cy dessus restitué soint rendus et delivrés ausd. evechez par les gardes et conservateurs tant de nostre thresor que du domayne ecclésiastique et autres persones quelzconques entre les mains desquelz ilz se troveront.

14. Et afin de donner à nos d. sujets tant plus d'occasion de vivre en union sous notre obéissance, même pour lever tout sujet de plainte aux catholiques, nous les avons déclarés et déclarons capables de tenir et exercer tous états, dignités, offices, charges et fonctions publiques tant militaires que de judicature, finances, administration de villes et autres de quelque nature et condition qu'elles soient, grandes ou petites, suprêmes ou subalternes, pour en être pourvus, l'occasion s'offrant, indifféremment avec nos autres sujets, sans que pour raison de lad. rel. cath. ils en puissent être exclus ni privés, ou qu'à leur réception lad. qualité leur puisse être objectée.

15. Faisons très expresses inhibitions et deffances à tous nosd. subjects en général de s'entrejurier, offancer ou provoquer à querelles en aucune façon de faict ou de parolle, ny donner subiect d'escandalle les uns aux autres, surtout en l'exercice de lad. religion ou par occasion des controverces d'icelle; ains leur comandons très estroitement de vivre paisiblement, se contenant en l'amitié et fraternité décente et convenable à hommes crestiens et bons concitoiens, sur pene aus contrevenans d'estre punis exemplairement comme perturbateurs du repos et tranquillité publics, sans aucun destor, connivance ou discimulation, dont nous avons chargé la religion et conscience de nos juges.

16. Enjoignons semblablement à touz prescheurs et autres qui parlent en public de se comporter modestement en leurs discors et exortations pour bien instruire et édifier le public, sans user de augunes paroles qui puissent le movoir à troubles et sédition, comme aussy deffandons à toute sorte et condition de gens, de faire publier auguns libelles et escritz diffamatoires, sur peyne d'estre rigoureusement chatiés, faizant très expresse recomandation à toutz nos juges et offiçiers de y thenir la main et de punir les colpables, sans augune differance ou exception de personnes.

17. Voulons et entendons que toutz nos subiects catoliques de nos susd. pais juissent pleinement et paisiblement des choses contenues et declarées par cestuy nostre présent edict, sans qu'il soit

faict, mis ou donné, ny souffert leur estre faict, mis ou donné augun trouble ou empèchement; ains, sy augun leur estoit faict, qu'il soit osté incontinent et sans délay, nonobstant opposition ou appellation quelzconques et toutz autres empèchemens qui pourront estre donés par quelques personnes et pour quelque cause et occasion que ce soit, pour lesquelles ne voulons estre differé, nonobstant aussy touts edicts, ordonences et règlemens faicts par le roy et royne, nos très honorés seigneur et dame, père et mère nostres, ou d'autres, et sans avoir esgart aus arrets, sentences ou jugemens ensuivis. En conséquance d'iceulx, et généralement à toutes provisions contraires ausquelles nous avons derrogé et derrogeons.

18. Entandons neanmoins que nosd. reglemens et de nosd. predecesseurs demeurent en leur force et vigueur pour les articles ausquelz n'est derrogé par cestuy nostre présent edict.

Sy donnons en mandement à noz amez et feaux les gens thenans nostre conseil ordinaire et cort souveraine dud. pais de Béarn, Chambre des Comptes establie à Pau et autres nos justiciers et officiers qu'il appartiendra, qu'ilz fazent lire, publier et enregistrer cestuy nostre présent edict et ordonance, et iceluy entretenir, garder et observer inviolablement de poinct en poinct, plainement et paisiblement par touts ceulz que appartiendra, cessant et faisant cesser toutz troble et empechemens à ce contrères. Car tel est nostre plaisir. En tesmoing de quoy nous avons signé cesd. presentes de nostre propre main et affin que ce soit chose ferme et estable a tousjours, nous avons faict mettre et apposer nostre scel accoustumé, le quinziesme du mois d'avril l'an de grace mil cinq cens quattre vingt dix neuf. Ainsy signé Henry. Et plus bas. Par le Roy, souverain seigneur de Béarn, de Lomenie. Et en marge. Veu par Duplessis, par le très exprès comandement du Roy pour ce qui est de sa charge.

Arrêt du Conseil.

Lou conseil ordoune que lou pr article portan restablissemen de la religiou romane hens lou present pays aus loqs qui seran declarats et libertat en l'exercici per aquets qui en fen professiou sera legut et publicat. Lou second article sera si bien publicat, sauf que lou terme de quoate mees autreiat aux patrous laiqs por presentar, S. M. sera tres humblement supplicade lou prorogar per un an per la presente vegade seulemen, chens prejudici aux patrous deputas penden aquet au coutengut deud. article en far jouir lous presentats penden lad. aneye. Lou tres[al] article sera publiquat et goardat. Per lou quar[al] contenen restablissement de la religiou romane en deus loqs de chacun parsan ainsi que sou distinguits per lous capdeuils sera publiquat et vérificat. Lou 5[al] sera publicat et goardat. Lou 6[al] sera goardat au regard deus temples et neanmoins per lous cimeteres que la vérification en sera supercedide tant entre S. M. en aura desclarat son intentiou sus las tres humbles remonstrances que lou en seran feites et cependen un chacun tant d'une que d'autre religiou jouira de sou dret de sepulture en la medixe forme qui es a presen observade et comme auparaben la reformation. Lou 7[al] article sera publicat et neanmoins S. M. sera supplicade adjuster aud. article que lous Jésuistes nou seran recebuts a degun exercici fens lou present pays. Lou 8[al] sera publicat et goardat sauf per las maisous de Pau et Lescar lasquoalles S. M. sera supplicade lexar usadges qui sou destinats despuix longtemps. Lou 9[al] sera publiquat et goardat. La publicatiou deu detzal sera suspendide tant entre S. M. en aura declarat son intentiou. L'onzal, dotsal et tredsal articles seran vérifiquats et lous S[rs] evesques jouiran deu contengut en aquets sauf per la permission de racheptar lous biens temporels venduts ainsi que es couchat au 13[al] article la publicatiou deuquoal lou conseil a supercedit per aquet regoard tant entre S. M. en aura declarat sa volontat après las remonstrances qui sus ço lou seran feites ainsi que dessus au 10[al] article. Ordoune que lou 14 article sera publiquat et neanmoins tres humbles remonstrances seran feites à S. M. que sie sou bou plaser ajustar que avenent vaquatiou per lou regard deus jurats et deu conseil, lou nombre dequets qui fen professiou de la religiou romane nou poira excedir lou nombre dequets qui fen profession de la reformade. Lous, 15, 16 et 17 articles seran vérificats. Feit à Pau lou 17 d'août 1599.

Reiglement et déclaration du Roy sur certains articles de l'édict accordé à ses subjectz catholiques, du 15 avril 1599[1].

I

Sa Majesté n'a entendu restablir l'exercice de la religion catholique ès villes closes du pays et fauxbourgs d'icelles, ni comprendre en l'article second de son edict les prébendes et bénéfices de pré-

1. Nous donnons ce Règlement d'après une copie du XVIIe siècle, de la main du P. Hilaire Martin, religieux barnabite.

sentation laïque cy devant rayés du rolle des affermes ecclesiastiques, suivant le reiglement fait à la requeste des Estatz, lequel sortira son plein et entier effect.

II

Les Comandeurs de l'ordre de Saint-Jean de Hierusalem et autres dont les présentations ont esté cy devant admises en faveur des escholiers seront tenus présenter ausdits evesques des bénéficiés comme les autres patrons laicqs catholiques.

III

Pour les présentations alternatives où les patrons se trouveront de diverse religion le bénéfice sera égalment divisé entre lesdits patrons dans un moys après la publication de l'edict pour présenter chascun en sa portion contingente, ou escholiers ou curés, selon la religion dont ils fairont profession ; estant néanmoins l'intention de Sa Majesté que les tuteurs catholiques de pupils dont les pères seront morts catholiques présentent aux bénéfices de leur présentation tout ainsi que les autres patrons faisans profession de la religion catholique.

IV

Et comme par ledict article tous présentés doivent estre pourveus par les evesques du pays et non autres, en cas qu'il se trouve aucun bénéfice de patronage laicq estant à l'institution des evesques estrangers, le Sr de Caumont son lieutenant général moyenera, estant sur les lieux, qu'ils passent vicariat aux evesques de Lescar et Oloron, pour chascun en l'enclos de son diocèse, conférer iceux bénéfices.

V

Ce qui a esté accordé sur le même article touchant le service des bénéficiés presentés par les patrons laicqs, ne sera observé ès paroisses où il se trouve église recueillie et ministre nommément estabil et couché sur l'estat pour servir en icelle, sinon qu'il se puisse faire commodément, sans scandale et en évitant les inconvéniens qui pourraient s'en ensuivre, du rencontre des deux religions en un mesme lieu, ains sera l'exercice de ladicte religion catholique transféré au lieu plus proche et plus commode, ainsi que sus le tout sera advisé par ledict Sr de Caumont, iceux evesques appelés, ayant toutesfois Sa Majesté pour considérations réservé dès à présent les paroisses de Monein, La Seube, Juranson et Sebinhac où elle entend que ledict exercice catholique soit remis nonobstant qu'il y ayt églises recueillies par l'établissement du ministre.

VI

Sur les douze paroisses accordées ès six parsans, outre celles qui seront à la présentation desdicts catholiques, les lieux de la résidence desdits evesques seront choisis, Benejac pour l'une des deux du parsan de Pau et Sainte Marie pour le parsan d'Oloron, et sera pourveu à la raison des églises tant desdicts lieu que des autres dudict païs par les tenans la chambre des comptes, ainsy qu'il a esté cy devant pratiqué en dressant l'estat ecclésiastique.

VII

Et à cette fin de fournir à l'entretenement des curés qui seront pourveus desdites douze paroisses, Sa Majesté veut et entend que de tous les bénéfices dont la présentation appartiendra aux catholiques laics et qui se trouveront excéder trois cens escus petits de revenu annuel, soit prins ce qui sera au dessus desdits trois cens escus pour faire un fonds, lequel iceux evesques distribuiront ausdits curés selon qu'ils adviseront; et pour éviter les abus qu'ils pourraient commettre, lesdits bénéfices excedant trois cens escus seront raisonablement estimés dans le moys après la publication de l'édict par les evesques et un commissaire de la chambre des comptes, appelés les patrons et les curés, s'il y en a, estant neanmoins en l'option desdits douze curés de faire valoir les fruits davantage, si bon leur semble. Et seront lesdits curés titulaires desdits bénéfices de presentation laïque constraints au payement desdites sommes excédentes trois cens escus petits, par toutes voyes deues et raisonables, mesme par la saisie de leurs fruits, et ce en deux termes esgaux, sçavoir, le premier au moys d'octobre, et le second au mois d'avril ensuivant; et où le dit fonds ne reviendrait à la somme de trois mille six cens escus, qui est à raison de trois cens escus pour chascun desdits curés, Sadite Majesté, pour parfaire icelle somme, affecte les pensions des titulaires des bénéfices de collation ordinaire employés sur l'estat jusqu'à la concurrence desdits trois mille six cens escus, lors que lesdites pensions viendront à vacquer par mort; voulant mesme que les deniers qui lui pourront estre acquis par vacation advenue pendant l'année courante y soient employés, ensemble le revenu de tous et chascuns les biens ecclésiastiques recelés et retenus indeuement par quelques personnes que ce soient, lesquels seront cy apres découverts par lesdits ecclésiastiques.

VIII

Quand à ce qui est ordonné par l'article sixiesme des cemitières, iceux seront rendus aux ecclésiastiques et par mesme moyen sera pourveu gratuitement à ceux de la Religion de places commodes pour leurs sépultures, qui seront prinses des lieux appartenant à Sa Majesté ou au commun, s'il y en a, et à faute de ce seront lesdits cemitières partagés, si mieux n'aiment les catholiques en fournir à leurs dépens.

IX

Ordonne aussi Sa Majesté, pour le regard des corps des catholiques décédés ès villes et paroisses où l'exercice de la religion catholique ne sera remis, que le convoy se faira sur les lieux par les parens et amis, sans l'assistance d'aucun prestre, et sans user d'aucune cérémonie, selon qu'il a esté pratiqué cy devant (sauf toutesfois à célébrer les obsèques selon l'usage de ladite religion catholique ès lieux où l'exercice sera establi), sinon que lesdits parens aiment mieux faire transporter lesdits corps.

X

Les visites ordinaires des malades et administration des sacremens permise[s] par l'article septiesme des lieux où l'exercice de la religion catholique ne sera restabli, se fairont sans apparat extérieur allant ou revenant, et pour le regard de la messe, elle sera célébrée dans la chambre du malade les portes fermées, sans y admettre autres que les ecclésiastiques.

XI

Touchant la juridiction spirituelle, les evesques l'exerceront dès à présent en ce qui concerne la correction des mœurs des prestres, discipline ecclesiastique, excommunication et règlement du service divin, les ordres, feront les visites, tiendront le synode de leurs diocèses, pourront faire faire les questes et cognoistront des mariages entre personnes catholiques, desclarant Sa Majesté que pour l'exercice de la dite jurisdiction et autres cas, elle en dressera un particulier reiglement dans trois moys après avoir eu sur ce l'advis des gens tenant le conseil ordinaire à Pau.

XII

Pour la faculté donnée aux evesques par le dixiesme article de rachepter et retirer le temporel vendu et inféodé en remboursant les achepteurs et emphitevtes tant du prix des ventes, frais et loyaux cousts que deniers des autres; ordonne Sa Majesté que au cas qu'iceux evesques viennent à rachepter ou retirer lesdits biens, leurs successeurs ausdits evesques ou autres ecclesiastiques au profit desquels ledit rachapt ou recouvrement pourrait estre faict seront tenus de rendre, payer réellement aux héritiers desdits evesques les sommes qu'il leur aura convenu bailler ou fournir ausdits acquéreurs, leurs hoirs et ayant cause, tant pour le sort principal que pour lesdits frais et loyaux cousts, avant qu'ils puissent entrer en la jouissance desdits biens.

XIII

Sur le contenu en l'article treiziesme concernant la restitution du temporel de Benejac et Sainte-Marie, Sa Majesté entend que nonobstant tous affièvement faits et à faire desdits bois, forests, terres et vagues dudit Benejac et territoire de Baloust en vertu de l'arrest mentionné audit article, l'evesque de Lescar ayt tous droit de chauffage pour soy, sa maison, domestiques esdits bois, forests et territoires, ensemble qu'il y puisse prendre et faire couper du bois pour les réparations de sa maison seigneuriale dudit lieu de Benejac, granges et tous autres bastiments qui en dépendent.

Fait par le roy en son Conseil à Fontainebleau, le quinziesme d'avril mille cinq cens nonante neuf. *Signé :* Henry. Veu par Du Plessis, par le très exprès commandement du roy. Et plus bas De Lomenie.

PROMULGATION DE L'ÉDIT DE NANTES

DANS LES VILLES DE SURETÉ HUGUENOTES

MONTPELLIER EN 1600

A la fin du xvie siècle, Montpellier était l'un des boulevards du Protestantisme. Place de sûreté des huguenots depuis 1577, la capitale du Bas-Languedoc avait eu, dès les premiers jours de la Réforme, une population en grande partie calviniste, et, dès 1561, les premières magistratures de la cité étaient exercées presque constamment par « ceux de la Religion ».

Dans ces conditions, l'édit de Nantes, ailleurs destiné à protéger les protestants contre les catholiques, semble avoir été appelé à jouer ici un rôle tout opposé : c'est ce rôle que nous allons essayer d'analyser, en transcrivant *in extenso* les cahiers de doléances que les deux parties firent dresser après six mois d'application des mesures de conciliation prescrites par Henri IV.

L'édit de Nantes fut vérifié à Montpellier le 12 février 1600. « Les catholiques, de leur côté, demandaient à jouir des grâces que le roi leur accordait par le même édit, et comme il y était ordonné qu'ils rentreraient dans la possession des églises qu'on avait occupées, ils résolurent, pour prévenir les huguenots, de députer au roi et de lui demander le rétablissement de l'église de Notre-Dame-des-Tables : ils choisirent pour cela trois personnes considérables, Me Omer de Gérard, conseiller en la cour des aides, Jean Testoris, procureur général en la cour des comptes, et Claude Talamandier, lieutenant de robe courte au présidial. Lesquels, ayant été reçus favorablement, eurent pour réponse que le roi enverrait des commissaires sur les lieux pour l'exécution de son édit. Les préparatifs que le roi faisait alors contre le duc de Savoye, retardèrent le départ des commissaires; ils furent néanmoins envoyés en décembre à Montpellier, où ils firent leur entrée avec le duc de Ventadour. Ils se nommaient Champlay, maître des requêtes, et Dubourg, gouverneur de l'Ile-Jourdain, ce dernier protestant » (d'Aigrefeuille, *Histoire de Montpellier*).

Les réclamations des habitants catholiques furent rédigées sous la forme d'

Articles baillés par les habitants catholiques de Montpellier, par devant les commissaires exécuteurs de l'Édit de Nantes [1].

Messieurs,

Messieurs les commissaires depputtés par le Roy pour l'exécution de l'Édit fait par sa Majesté et declara(ti)on des précédents édits de pacifica(ti)on.

I

Les habitants catholiques de la ville de Montpellier, tant du clergé, officiers du Roy que aultres, vous remontrent très humblement que, par article 3e du dit édit, est porté que tous ceulx qui se sont emparés des eglizes, biens, maisons, qui ont appartenu aux ecclésiastiques ou qui les dettiennent et occupent leur en laisser l'entière possession, paisiblement jouissant en tels droits et libertés que avoient auparavant que en fussent dépossédés : suivant lequel édict requièrent qu'il vous plaise ordonner :

II

Que les Églises de Notre Dame des Tables [2], St Pierre, Ste Foy, généralement toutes autres eglizes, tant dans l'enclos (des murs) que faubourgs de la ville, desquelz ceux de la R. P. R. en em-

1. Les passages entre guillemets sont les réponses des commissaires.
2. Les protestants, pour ne pas céder cette église, s'appuyaient sur les déclarations arrachées aux chanoines, en 1561 et 1563, par la peur, disent les catholiques. Or, le 22 novembre 1561, le chapitre de Saint-Pierre et le consistoire huguenot s'étaient, au contraire, pacifiquement accordés pour céder au culte protestant, entre autres Notre-Dame-des-Tables; ce qui le prouve c'est que 17 chanoines sur 24 embrassèrent la Réforme, ainsi qu'en témoigne « l'accord » officiel publié ici même en 1891 (XL), 337-345 (*Réd.*).

« Les commissaires depputtés par le Roy pour l'exécu(ti)on de son édit de Nantes, veu par nous le cayer des demandes mises par devers nous par les habitants catholiques de la ville de Montpellier, ensemble les respons à icelluy baillées par les consuls et habitants de la R. P. R. : faisant droit sur le premier article avons ordonné que les Eglises St Pierre, Ne Des Tables ensemble toutes les aultres églizes, tant de la ville que faux bourgs d'icelle, seront rendues aux catholiques pour y fe le service divin fait et observer en la forme qui estoit auparavant les troubles, lesquels, à ces fins, leur avons permis et permettons de rebastir sellon qu'il sera par eulx advisé pour la commodité et pour aulcunes bonnes causes ; ordonné que les dits catholiques ne pourroient rebastir que le corps et nef de l'Eglize de St Pierre seulement, tous les aultres batiments de la dite eglize contigus d'icelle demeureront en lestat que sont aprésent : et pour le regard des 3 tours commandant sur la muraille de la ville estant autour de ladite eglize, ceux de la R. P. R. pourront s'en accomoder et s'en servir si bon leur semble, à la charge aussi, que ceulx de ladite religion pourront faire du costé de la tour une porte et monter pour aller à l'orloge qui est à ladite eglize de Ne De des Tables pour y faire le guette comme ils ont fait par ci devant et que pourront peschent aux ecclésiastiques la jouissance, leur soient librement, sans aulcune réservation rendues et restituées, pour en jouir avec telles libertés comme ils faisoient auparavant qu'ils en fussent déposSédés ; et néanlmoings qu'ils ayent pouvoir et leur soit loisible de les réparer et remettre en tel état qu'elles estoient auparavant qu'elles fussent démollies, pour y célébrer le divin service et que à ce ne leur soit fait ny donné aulcun trouble ny empeschement.

III

Que les 4 mandians, commandeurs tant de St Jean de Jérusalem, de St Antoine, du St Esprit, Ne-De de la Mercy dicte Ste Aulalie, de St More[1] et aultres ne soient empeschés

1. Le couvent de Sainte-Maure était situé au Puech-Sainte-Aularic, sur l'emplacement de la promenade actuelle du Peyrou, à la hauteur et au nord de la statue actuelle de Louis XIV. Les faubourgs de Montpellier où étaient presque toutes les communautés religieuses furent tellement dévastés au cours des guerres de religion que les protestants purent construire avec leurs matériaux les 13 bastions, et la fameuse demi-lune d'Argencourt, qui résistèrent victorieusement aux attaques de l'armée royale lors du siège de Montpellier (1622).

rettenir le corps de garde qu'ils ont basty joignant à ladite eglize qui regarde à la maison de ville en murant les portes par lesquelles on entre dudit corps de garde à ladite eglize, ensemble les canonières et aultres petites fenestres regardant dans ycelle si aulcunes il y en a tant dudit corps de garde que à la rue et monter ; faisant inhibition et deffense aux soldats et aultres estant dans ledit corps de garde, faire aulcune insolance ny chanter pseaumes dans ycelle sur les peines portées par les édits.

Avons ordonné que les parties se retireront devers le Roy[1] pour savoir si sa volonté est que lesdits 4 mandians et commandeurs de St Jean de Jerusalem, de St Antoine, du St Esprit, de N[e] D[e] de la Mercy, de St More et aultres qui avoient accoustumé demeurer aux faux bourgs, puissent demeurer pour faire le service divin dans ladite ville : néanlmoings, par provision et jusques par sa Majesté en soit ordonné, leur avons permis et permettons faire leur demeure tant dans la ville que faulx bourgs selon leur commodité et y faire le service divin comme ils avaient accoustumé auparavant les troubles et avant que les eglizes et habitaons fussent démolies : avons ordonné que samblablement lesdits mandians[2] et aultres susdits jouiront de leurs biens, rentes et revenus, lesquels leur seront rendus par les dettanteurs et payez par les redeen la jouissance de leurs couvents, biens, rentes et revenus et deppendance d'iceulx et d'autant que leur principal manoir estoit entièrement hors la ville et ont esté entièrement ruinés et n'y a pierre sur pierre, les matériaux transportés ça et là, sy que leur est impossible les pouvoir remettre : le revenu desdits couvents et commanderies ne pouvoir porter telle dépense, qu'il soit permis aux dits religieux et commandeurs, aux nonnains et aultres ecclésiastiques qui avoient leurs habita(ti)ons hors la dite ville, d'abiter dans ladite ville et y faire le service divin tel qu'est porté par leur fonda(ti)on sans qu'ils en puissent estre empeschés en façon quelconque.

IV

Que l'entrée de la présente ville sera libre aulx prestres,

1. Par cette formule, la question est soumise au Roi : la réponse qu'il fait aux deux partis est celle rapportée dans l'assemblée convoquée en 1601 à Pezenas (voir plus loin), soit que les ordres émanent directement d'Henri IV, soit qu'il ait laissé à Montmorency le soin de résoudre les différends.

2. L'Église des « 4 mandians les plus beaux de France, feust détruite en 1562 » (manuscrit de Serres, grand séminaire).

vances que à ce seront contraints par toutes voyes. »

« Avons ordonné qu'il sera permis à tous les sujets du Roy sans distinction de la religion d'entrer et sortir dans la dite ville de Montpellier en se comportant selon qu'il est porté par les édits et ordonnances de sa maté, règlement de police de la dite ville, faisant inhibition et deffense aux consuls d'y contrevenir et aux gardes de porter demande à ceulx qui voudront entrer en icelle, de quelle religion ils sont, sur les peynes portées par les édits.

Attendu que ceux de la R. P. R. ont un cymetière propre et comode pour enterrer leur morts, leurs avons fait inhibition et deffense d'enterrer aulcungs de la dite religion dans les cymetières et eglizes des catholiques, ains seront tenus se contenter dudit cymetière qu'ils ont à présent. »

mandians, pelerins et aultres personnes ecclésiastiques sans que les portiers ni aultres leur en puissent faire reffus pour y pouvoir faire tel sejour qu'ils voudront.

Qu'il sera inhibé et deffendu à ceux de la R. P. R. enterrer ny faire enterrer aulcung corps de la Religion dans les Eglizes de la Ville et faulx bourgs du dit Montpellier ny aux cimetières d'icelles, ains enterreront les dits corps dans le cimetière que ceux de la religion ont de longtemps desjà.

V

« Avons permis et permettons aux dits ecclésiastiques faire les processions de la feste Dieu et aultres qui ont acostumé d'estre faictes de vollonté antienne en l'Église apostholique catholique romaine, ensemble celles qui seront advizées estre necessaire par le sieur evesque et clergé du diocèse, et aux catholiques d'y assister sans qu'il puisse estre introduit dans la ville aulcune confrairie des battus[1] (ou flagellants). »

Que, suivant la vollonté du Roy par laquelle est dit que l'exercice de la Religion catholique sera librement faite par toutes les villes et lieux de son Royaume, que les dits catholiques de Montpellier ne

1. L'édit du roi Charles IX, fait au conseil privé du roi tenu à Blois le 13 octobre 1571, porte que « les confrairies des battus introduites à Montpellier depuis l'édit soient chassées » ; le roi enjoint à ceux qui sont députés

soient empeschés de façon quelconque en aulcune des fonctions lesquelles dépendent de leur dite religion, singulièrement aux prosessions antiennes de la feste Dieu et Regaons[1] (rogations), de Nᵉ Dᵉ du Chappellet, ordonné(es) dès longtemps, que aux processions qui cy-après pourront être ordonnées et commandées, tant par notre saint père, le sieur Legat, par sa Magᵗᵉ, par le sieur evesque de Montpellier, vu son clergé, sellon les occasions qui les pourroit esmouvoir et que la dévotion les esmouvroit de ce faire.

VI

« Attendu que ladite ville a esté baillée en garde à ceulx de ladite Religion pretendue refformée l'ouverture se fera comme il a esté acostumé. »

Que au jour du dimanche et feste comandées de chaumer (chômer) par l'Églize catholique, les portes de la ville soient et demeureront ouvertes affin que les habitants catholiques des faulx bourgs et des metteries voisines puissent commodément entrer dans la ville lors de la célébration du divin service et acister aux sermons, processions et aultres actes deppendans de l'exercice de la dite Relligion catholique et deffendre à tout qu'il appartiendra de fermer les portes de ladite ville, ny permettre que soient fermées durant que le saint service sera célébré.

VII

« Avons ordonné que deffance seroit faicte aux habitans de la dite ville de Montpellier, tant d'une que d'aultre relligion de fᵉ (faire) aulcung bruict qui porte scandalle pendant le service divin. Leur est enjoinct se comporter modestement suivant les édits et ordonnances de sa maᵗᵉ. »

Soit deffandu à toutes personnes pendant que ledit saint service se fera, de fᵉ aulcung tumulte, bruit ny assemblée qui puisse tant soit peu porter incommodité ausdits catholiques qui feront ou assisteront aux services.

pour l'entretenement de la pacification et la distribution de la justice d'y tenir la main.

1. Les rogations étaient l'une des plus grandes processions de l'année : le « petit Thalamus » fait connaître, page 484, que « le jour des Rogaysons toutes les bandieyres (bannières) des mestiers de la ville sortent toutes premières » en tête de la procession.

VIII

« Avons ordonné que ceulx de ladite religion prettendue refformée seront tenus de garder et observer les festes indictées par l'Eglise apostolique et romaine suivant l'article XXX dudit édit; enjoint et enjoignons au gouverneur de Montpellier ou son lieutenant procéder contre les contrevenans et aux consuls de donner mainforte à l'exécu(ti)on des jugements qui seront par eulx donnés à cet effect. »

Que suivant le trentième article dudit édit concernant l'observation des festes indites en l'Eglise catholique romaine, soit deffendu à tous ceulx de ladite R. P. R., travailler, vandre ny installer boutiques ouvertes esdits jours et festes, et aux artisans de travailler hors lesdites boutiques ny dans les ycelles où lesdits artisans pourraient porter scandalle et tout ainsi qu'est porté par ledit article; et soit enjoint aux consuls dudit Montpellier le jour desdites festes, d'aller et marcher par la ville, dès bon matin, pour faire fermer les boutiques de ceulx qui voudroient contrevenir audit édit, les y constraindre ou contre les reffusans faire procès verbaux bien et dument tesmoignés, yceulx remettre tout aussitôt devers ledit sieur gouverneur de Montpellier, son lieutenant et siège de la justice, ausquels soit comandé de, promptement et toutes choses laissées, procéder contre les coulpables comme de raison, ausdits consuls prester mainforte pour l'exécution de ce que par les dits sieur gouverneur et siège sera ordonné à peine d'en respondre en leur propre nom desdites contraventions.

IX

« Advenant vacca(ti)on de places ou (du) principal et des régents au collège de Montpellier, y en sera pourveu sans distinction de relligion tant par ledit sieur evesque du dit Montpellier, chancellier de l'Université, que par les VII personnes qui ont esté ci devant nommez. »

Et d'aultant qu'il a pleu au Roy d'ordonner un collège[1] pour les lettres humaines et instruction de la jeunesse de ladite ville que sa Ma^té a pourveu à l'entrénement d'icelluy,

1. Les auteurs catholiques disent à ce sujet : « Comme les protestants cherchaient toujours à brouiller, ils troublèrent en 1579 le repos qui régnait dans les escoles des catholiques, voulant empescher que leurs enfans y fussent élevés dans l'estude des belles lettres divines et humaines,

dans lequel indiféremment tous doivent estre receus tant d'une que d'autre religion, qu'il vous plaise, Messieurs, ordonner que les régens et précepteurs dudit collège seront mypartis, savoir moitié d'une religion, moitié d'aultre, et que suivant l'antienne costume, on ne pourra recepvoir aulcung précepteur ou régent audit collège qui n'ait esté approuvé par ledit sieur evesque, ou son vicaire général en son absence, par le sieur gouverneur ou son lieutenant; néaulmoings, affin que la jeunesse catholique puisse estre confirmée en sa foy et religion, conformément à tous collieges bien reiglés, instituer qu'y (que y) sera dressé (e) par ceulx quy ont charge au colliège du dit colliège, une chapelle capable et comode dans ledit coulliège et y ordonner tel nombre de prestres que par vous sera avizé, entretenus du revenu dudit colliège, lesquels seront tenus tous les jours de dire la messe et vespres à tel heure que par le sieur evesque sera advizé.

X

« Avons ordonné que les pouvres malades seront receus indiférement à l'hôpital de ladite ville, nourris et hébergés sans aulcune distinction de relligion; pour le regard des dits légats et dons qui seront faicts tant par les catholiques que de la R. P. R. en termes exprès de ceux de l'une ou l'autre religion. L'aumosne et distribution en sera faite suivant la vollonté du testateur suivant l'article XVIIII des articles particuliers. »

De mesme, vous plaira ordonner qu'en conséquence du XXIIe article dudit édit, que les pouvres catholiques soient receus en l'hospital et maladreries et aulmosnes publicques et participer aux dons, bienfaicts et légats faicts par ceulx de ladite relligion mesme des biens meubles et immeubles comme aux légats faicts par Bauson, Rigaud et aultres : eu égard que Messieurs du chappitre de Montpellier font une pantion tous les ans à l'hospital saint Elloy, de deux cens sestiers blé, quinze muids vin et cens livres d'argent et que tous les bien-

afin de donner plus d'esclat à un collège qu'ils dressèrent et dans lequel ils establirent un ministre. » (Serre.) Ces affirmations sont aussi inexactes qu'entortillées. C'est *avant* 1579 qu'avec le concours des catholiques éclairés et tolérants, un collège fut établi à Montpellier *où il n'en existait pas*, et il fut relevé, à partir de 1579, surtout par les protestants. On voit qu'après 1596 où il était devenu, grâce à Henri IV, *Faculté des arts*, les catholiques en réclamaient ouvertement la direction. (*Réd.* Cf. Bourchenin, *Académies prot.*, 125 ss.)

faicts et légats près faicts (déjà faits) par les catholiques la pluspart à la charge de dire messe par fonda(ti)on d'hobits, mesmement de Monsieur Coguonnier duquel l'hospital St Elloy possède la metterie et grange des Euzes, moulin de Semallens et une grande condamine à Castelnou de Guier, de Jean Cristol duquel les dits pouvres possèdent la grande maion et jardin, de valleur de 2 à 3 mil escutz, de grands debtes et des feuz sieur de Figaret et Montmaur quy en possèdent de grandes pantions et plusieurs aultres, ausquels bienfaicts tous les dits pouvres particippent indiféremment tant d'une que d'aultre relligion et en deffent (défaut) des dits revenus, les consuls imposent annuellement sur tous en général une notable somme, sous prétexte de l'entretenement dudit hospital, laquelle impon ne se feroit si tous les dits légats estoient employés pour l'entretenement des dits pouvres en général.

XI-XII

« Avons ordonné que les malades du dit hospital seront admonestés et consolés: savoir, les catholiques par les ecclésiastiques; ceux de la Relligion par leurs ministres et feront chascung les prières et aultres exercices de relligion séparément et en diverses chambres la consolation des dits malades sans que soient constraints d'assister à celles qui sont contre leurs consciences; et pour le regard de la chapelle prettendue estre fondée dans le dit hospital, feront les supplians catholiques apparoir de la dite fondation pour icelle veue, ordonner ce que de raison. »

Et de tant que de nouveau l'on a édifié ung hospital pour avoir esté l'antien desmoly durant les troubles, auquel il y avoit une chapelle fondée sur le titre de St Elloy, en ce que on avoit acostumé de dire tous les jours messe pour les dits pouvres pour exercer les malades, leur administrer le saint sacrement, et iceulx ensemble ayant à ces fins ung chappelain qui avoit sa chambre dans le dit hospital où il résidoit ordinairement, que suivant l'antienne costume sera dressé une chapelle dans ledit hospital au lieu où sera advizé par ledit sieur evesque de Montpellier pour y célébrer le service divin et aussy sera baillé une chambre audit chappelain pour y f^{e} (faire) sa demeure, le tout du revenu dudit hospital, sans que les pouvres catholiques puissent être contrainets à assister aux prières de ceulx de la R. P. R., ainsy qu'a esté faict pendant les troubles de ce peu qui y estoyent; sy mieulx ceulx de la Relligion n'ayment entretenir les pouvres de la dite Relligion de ce qui est provenu et proviendra des bienfaits faire ung hospital à par de ceulx des catholiques, lequel, audict cas doit estre restitué pour en jouir avec les aultres revenus qui en dépendent pour l'entretènement des dits pauvres catholiques.

XIII

« Avons ordonné que les ecclésiastiques jouiront des biens, dismes, rentes et revenus; faisons inhibition et deffence à toutes personnes de quelque quallité et condi(ti)on que soient les troubler ny empescher en la pocession et jouissance d'iceulx, sur les peynes portées par les édits. »

Requierent aussi l'observa(ti)on et execu(ti)on du XXVe article concernant le paiement du dixme des ecclésiastiques avec inhibition et deffence de troubler ni molester les rentiers et fermiers à la jouissance et perception des dits fruicts et fossoyer leurs hieres[1] comme ils ont cy devant faict par gens masqués avec port d'armes, heures nocturnes; avec inhibition et deffence pouvoir constraindre leurs rentiers et fermiers d'en faire composion et ausdits rentiers d'y entendre ny rien faire, à peine du quadruple.

XIV

« Sera pourveu cy-après sur le contenu oudit (du dit article). »

Et d'aultant qu'il avait pleu au feu Roy ordonner le sieur de Chatillon, gouverneur de la présente ville ce qui a esté confirmé par le Roy à présant règnant en la personne du sieur son fils, pour l'absence desquels les consuls de la ville de Montpellier ont usurpé le commandement de ladite ville, au moing nous est-il fait apparoir d'aulcunes commissions que sur ce sa dite Ma[te] leur ayt octroyés, de manière que les dits catholiques pour ce regard ont juste occaon d'ignorer leur préthendu pouvoir; cependant ils (les consuls protestants) se sont volleu cy-devant attribuer le titre de gouverneur, de sorte que sy par les soldats de la garnison ou par les habitans de la dite relligion sont comis quelques excès avec port d'armes ou

1. Hière : sens de pièce de terre, jardin : [« le suppliant estant après vespres hors la place de Gardie, près de la hière de l'abé St Hilaire » (J. J. 162, p. 10, an 1453)] (*Dictionnaire historique* de Lacurne de Sainte-Palaye). Nom d'une famille française : Garnier des Hières.

autrement, en quelque façon que ce soit, sous prétexte dudit port d'armes ou que les dits habitans soient de garde ou enrollés aux compaignies ou sixains, les dits consuls en veullent prendre conoissance et empescher le sieur gouverneur et siège d'en cognoistre; à ce que vous plaise leur deffendre de s'intituler ny dire tels ny lieutenants du dit sieur de Chatillon, que ne facent apparoir de leur commission affin que nul n'en puisse préthendre cause d'ignorance; de deffendre aus dits consuls de prendre cognoissance d'aulcungs excès qui ayent esté comis dans la dite ville ou faulx bourgs d'icelle, soit pour port d'armes ou autres excès quelconques, tant par les soldats des sixains ou aultres quels que soient habitans de la ville : ains en laisser la cognoissance au gouverneur[1] de justice et officiers du dit siège lequel prétexte de la dite charge pour l'otaige qui ont conjoincts avec leur charge consulaire la veulent rendre inséparable, presupposant exclure les habitans catholiques d'avoir aultres sceaux ny voix délibérative dans la maion consulaire, hors ne fut question que du fait de police.

XV

« Les partis se retireront dans le mois par devers le Roy pour la diversité d'oppinions des communautés sur les XV, XVI, XVII, XIX et XXI articles du presant cayer, d'estre prononcé sellon son bon plaisir. »

C'est pourquoi requièrent les dits catholiques l'exécu(ti)on de deux lettres patentes de sa Ma^té^ depescher (dépêchées) pour ce regard, les ungs (unes) donnés à Lion le VIIIe jour de septambre mil cinq cents quatre vingt quinze, les aultres au camp de Chamoux[2] le XIe du mois de septembre dernier passé, par lesquelles Sa Majesté veut et entend que les consuls, conseillers, acesseur, consuls de mer[3], greffier et aultres officiers de la maion de ville dudit Montpellier soient my-partie affin de réunir de tant mieulx les habitans de lad. ville et oster toutes deffiances et plaintes à l'advenir[4].

1. Cet article est injurieux pour les consuls de Montpellier, alors exclusivement protestants et semble mettre en doute leur impartialité dans le jugement des excès commis par leurs coreligionnaires.

2. Chamoux (Savoie); au moment de la marche contre le duc de Savoie.

3. Les consuls de mer avaient la connaissance de toutes les questions maritimes concernant la ville. Ils étaient au nombre de 4.

4. Cet article est un de ceux qui souleva le plus d'orages. Conformé-

XVI

A cet effect soit enjoinct aux consuls de la présante ville, pour l'advenir, de procéder le premier jour de janvier prochain à la nomina(ti)on de deux consuls de mer catholiques pour conjoinctement faire leur dite charge avec les deux autres de la R. P. R.

XVII

Pareillement soit enjoinct ausdits consuls, le premier jour de mars prochain, mettre en rolle la moitié des esleeteurs, que soient catholiques et en suite de la dite élection soient aussy mis la moitié

ment à l'avis des commissaires, les deux partis se retirèrent par devers le roi.

La question du consulat mi-partie était, en effet, une de celles auxquelles les catholiques tenaient le plus ; les protestants, de leur côté, soutenaient que dans les places de sûreté qui leur étaient accordées, ce partage n'avait pas été prévu par les édits royaux.

Dès qu'ils eurent connaissance de cet article dans la requête des catholiques, ils réclament : « L'édit de Nantes porte que dans les villes laissées en garde à ceulx de la R. P. R., il ne sera rien altéré ni innové durant le temps de 8 années. » Or, à Montpellier, depuis 1577, le consulat avait été presque exclusivement protestant.

« Néaulmoings la pluspart des habitans catholiques de ces villes, sous prétexte qu'ils sont declarés capables par le dit edict d'estre admis à toutes charges, se seroient retirés devant V^{e} Ma^{té} et obtenu sur la requête qu'ils vous ont présentée, qu'ils seroient cy-après admis indiférement en toutes les charges et fonctions tant consulaires qu'autres publiques provisions sur lesquelles M^{r} le Connestable aurait baillé son atache et ordonné qu'il serait sursis à l'eslection consulaire esdites villes jusqu'à ce qu'il y feust autrement ordonné, les suppliants ont déféré à cet ordre par respect pour S. M. ; à ceste cause, ils supplient qu'il sera procédé à l'election de nouveaux consuls des dites villes. »

Le 16 février 1601, le roi « veut et decide qu'il sera procédé à l'élection des consuls des dites villes, monobstant toutes les surcéances qui en peuvent avoir esté ordonnées et que tous les subjects indiférement tant de l'une que de l'autre religion puissent estre admis ausdites charges quand par la pluralité des voix ils y auront esté esleus, comme il est porté par l'édit, à quoy le brevet expedié aux supplians ne repugne aulcunement. — Fait et ordonné au conseil du roi tenu à Paris ».

La stipulation de l'édit de Nantes, en ce qui concerne les places de sûreté, ne fut donc pas respectée jusqu'en 1607 ou 1608 puisque le consulat my-parti fut institué dès 1601. Cette combinaison dura en Languedoc jusqu'aux environs de l'année 1632 (Voir professeur Gachon : *l'Édit de Bèziers*).

de consuls catholiques alternativement sellon le rang que par vous sera ordonné le 1er, 3e et 5e de la Relligion catholique, le 2e, 4e et 6e de la préthendue refformée; auquel jour la costume est antiennement de procéder à l'alection des dits consuls et à ces fins que la nomina(ti)on des dits électeurs catholiques qui seront en nombre de XVII personnes pour procéder à l'élection prochaine des dits consuls majours seront pris et nommés par le scindic des dits catholiques avec inhibition et deffence aus consuls que sont à présent en charge de procéder à aultre élection que en la forme susdite et au gouverneur, lieutenant, et aultres magistrats, recepvoir à serement les consuls nouvellement esleus que en la forme susdite à peyne de nullité des dites élections procédures que de dix mille escus demande en leurs propres et privés noms, le sal pour l'insolvabilité en cas de contravention; neaulmoings que la chapelle de tout temps ordonne(e) en la maiôn de ville soit revize(e), l'autel redressé, et le service divin restably comme d'antienneté.

XVIII

Pareilhement que des XXIII conseillers que annellement ont accoustumé de créer pour le conseil politique de maiòn consulère de la dite ville, que les d. consuls catholiques nommeront et creeront douze conseillers catholiques pour assister aux conseils politiques de la ville.

XIX

Que les ouvriers de la maison de ville seront pareilhement mypartis ensemble les quatorze ordonnés de tout temps pour la despartement des dîmes.

XX

Ensemble les escudièrs[1] tant des dits consuls majours, consuls de mer, que les dits ouvriers, les compaignons du guet et sergens de la livrée, seront moitié d'une Relligion et moitié d'une aultre.

1. Les escudiers des consuls étaient des employés chargés, entre autres missions, d'aller prévenir les conseillers de la ville de l'heure et du jour des séances du conseil. Les consuls majours sont les consuls de Montpellier, les premiers magistrats de la cité, par opposition avec les consuls de mer, chargés d'attributions spéciales.

XXI

Que le cappitaine du guet, l'assesseur de la maión de ville, et greffier, tant des consuls de mer que majours seront, d'une année, catholiques, et, d'autre, de la Religion aussi alternativement.

XXII

« Se retireront les supp^ans par devers Monseigneur le connestable ou par devers Monseigneur de Ventadour pour prononcer sur le contenu des presens articles. »

Que aulx portes de la dite ville il y aura esgallement autant de portiers catholiques que de lad. Religion pour obvier aux reffeuz (refus) que ordinairement on faict aux catholiques tant ecclésiastiques que aultres qui se présentent à la porte de lad. ville pour entrer.

XXIII

« Est enjoinct aux consuls de lad. ville se comporter en la forme du guet modestement et observer les formes et règlemens antiens. »

Et affin d'hoster toute souvenance de guerre et fere perdre la mémoire des misères passées lesquelles semblent encore continuer par le moyen des pathoules (patrouilles) qui se font principallement le jour, à armes descouvertes, avec plusieurs coups d'arquebuzades qui donnent encore quelque effroy au peuple et laissent marque de guerre comme aussy par le moien qu'on bat ordinairement le tambour tant le soir lorsqu'on veult poser la garde que le matin à la diane; qu'il vous plaise, Messieurs, deffendre toutes patoulhes de jour et de nuit et qu'on ne batte dans la ville aulcung tambour, soit pour poser la garde, pour la diane ni aultre façon qui puisse rafreschir la mémoire de la guerre, ains que ceulx de lad. Religion qui seront commandés pour la garde avec les armes telles que vous ordonneres, le plus modestement et paisiblement que faire se pourra, sans bruict ni obstantion (ostentation) aulcune.

XXIIII

Et quand au guet que l'on a acoustumé pour la nuit que suivant l'antienne costume, sera conduict par l'ung des consuls suivy du cappitaine et compaignons du guet sergents de la livrée, quelques habitans paisibles que le consul, qui fera le guet, pourra choisir sy la nécessité le requiert, pour luy assister; lequel consul fera procès verbal suivant l'antienne costume de ce qui sera advenu durant son guet.

XXV

« Avons ordonné que aulcungs des habitans de lad. ville ne pourra estre chassé d'icelle que par forfaiture par la voye de justice; et, pour l'advenir, ne pourra aulcung estre receu habitant que suivant les antiens estatuts et règlements observés en lad. ville. »

Et parce que le principal désordre pour les contreventions aux esdicts de pacifica(ti)on procède de ce que certains artisans se seroient retirés dans la présente ville de diverses provinces, et contrées de la France sans qu'on scache l'occa(si)on de leur reffuge, lesquels n'ont contracté aulcune parantelle alliance ny amityé avec les originaux habitans de la d. ville qui, advenant esmotion, seroient quittes en deslogeant, ne possedant aulcune chose quy les peut retenir; partant, vous plaise, Messieurs, attendu que par les edits de pacifica(ti)on il est permis à chacun de se retirer au lieu de son origine et que la cause pour laquelle ils disent estre reffugiés dans lad. Ville cesse à présant, vous plaira[1] ordonner que tous artisans quy se sont venus retirer dans la présente ville de Montpellier pour XXV ans en ça, quy n'ont traité mariage avec aulcunes filhes de la dite ville, ne possedent aulcune maiòn ne bien au soleil, vuideront la dite ville dans trois jours; inhibé et deffendu aux consuls présens et advenir permettre la résidence à aulcung artisan foreing dans la dite ville, soit d'une ou d'autre Relligion sans suffisante attesta(ti)on de ses officiers et consuls des lieux de leur origine, tant pour leur extraction, bonne vie et meurs, de l'occa(si)on pour laquelle ils auroient quitté les lieux de leur nativité affin que la ville ne se peuple de feneans ou que ceux qui resteront vivent en bonne paix, amitié et concorde.

1. Cet article est arbitraire et abusif: il ne faut pas oublier que Montpellier est ville de sûreté depuis 1577, et que depuis cette époque nombre de protestants de toute condition sont venus chercher à l'abri de ses murs la liberté pour leur conscience et la sécurité pour leurs personnes. Plusieurs d'entre eux, sans doute, n'étaient pas fortunés : il serait inique de profiter de cette circonstance et de ce qu'ils n'ont pas contracté de « parantelle alliance » avec les familles autochtones de la ville, pour les forcer d'en sortir. Les commissaires émettent à ce sujet un jugement fort juste.

XXVI

« Faisant droict sur les XXVIe et XXVIIe articles, avons deschargé et deschargeons les consuls de la ville de Montpellier de tous deniers qui ont esté par eulx prins et levés tant royaux que des villes et communautés et aultres jusqu'à l'advènement du Roy à ceste couronne suivant l'article LXVI de l'edict; et pour ce quy est levé depuis le dit temps se pourvoiront les dits suppans par devant les juges ainsin que la cognoissance en appartiendra. »

Et affin d'hoster tout soubson que les catholiques pourroient avoir coureu à l'occa(si)on des grandes impo(siti)ons de deniers et grands surcharges que ont receus, depuis XXV ans en ça, et que raisonnablement qu'ils sachent en quoy ils ont esté employés, vous plaira ordonner, Messieurs, que les dits catholiques auront communicaon des comptes ou mouvement desd. deniers imposés depuis ledit temps tant pour la recepte que despense, pour, en cas d'abus, pouvoir avoir recours au Roy ou à ceulx qu'il plaira à Sa Maté commettre pour leur faire justice.

XXVII

Et pareilhement affin que les dits catholiques scachent à quoy ont esté employés les deniers depuis led. temps, des rantes et revenus du domaine de lad. Ville, vous plaira ordonner qu'ils auront pareilhement commun(ic)a(ti)on desd. comptes de la recepte et des despenses desd. deniers.

XXVIII

« Avons ordonné que l'ordre qu'on a acostumé de tenir de toute ancienneté aux bailhs et affermes, sera suivy et observé. »

Néanlmoings que tous arrentemens qui seront faits, tant du bois de Valène [1], boucherie [2], que générallement sur tous les esmomulents de lad. Ville lesquels on a acostumé annuellement arranter, qu'il y assistera aussy grand nombre de catho-

1. Le bois de Valène, situé au nord de Montpellier, appartenait de toute antiquité à la ville, qui l'affermait à son gré.

2. La ferme à un ou plusieurs bouchers de la viande de boucherie, était un des revenus de la ville. Sur la somme en résultant, un impôt d'un sol

liques que de ceulx de lad. Religion, les consuls comp(r)ins, lesquels auront voix deslibérative pour la délivrance de baulx affermes desd. esmoluments à peyne de nullité d'action, et enjoinct au sr gouverneur dudit Montpellier, les lieutenant et siège, de tenir la main et garder qu'il ny soit contreveneu à peyne d'en respondre de leur propre et privé nom, et aulx consuls d'y obéir sur les peynes portées et de désobéissance et de contravention ausd. edits de pacifica(ti)on.

XXIX

« Seront les suppans deschargés de toute impo(siti)ons pour la garde de lad. ville sans que puissent estre constraincts à payer aulcune chose pour icelle. »

Et d'aultant que les compagnies qui sont en garnison dans la presente ville de Montpellier sont soldoyées par sa Maté, vous plaira ordonner que les catholiques seront exempts de paier rien pour la garde de lad. Ville suyvant lesd. lettres patentes du Roy portant déclara(ti)on sur ce à la descharge desd. catholiques tant pour le passé que pour l'advenir.

XXX

« Seront tenus tous les habitans de lad. ville de Montpellier, indifféremment de contribuer aulx frais qu'il conviendra de faire pour l'achept du boys et chandelles pour la garde d'icelle et des gaiges des portiers seullement sellon la taxe qui en sera faite par Monsr le duc de Vantadour et pour le reste du contenu en l'article demeureront les dits suppans deschargés. »

Et pour ce que cy-devant ont esté faictes de grands impons pour l'achet du bois et chandelles pour le corps de garde, gaiges desd. sergens majours, sentinelles, portiers, portevilles de ronde et aultres ausquels les catholiques ont esté comprins et constraincts au payement de leurs cottités, ordonner aussy qu'ils soyent aussi pour l'advenir exampts deschargés, avec très expresse inhibition et deffense aulx consuls qui sont et seront cy-après, de faire aulcune impon et despartemens de deniers sans l'expresse commission du

par livre était, sous le nom de « denier de la chair », affecté à « l'entretenement » de pasteurs protestants. Cette rente subsista, en tout ou en partie, pendant trente-six ans.

Roy par ses lettres patentes bien et deument vérifiées partout ou il appartiendra, sur les peynes portées par les ordonnances.

Lesquelles susd. parties ceulx de lad. Relligion préthendue refformée qui sont zelés au service du Roy qui ayment l'union concorde des habitans de lad. ville, ne peuvent reffuzer d'accorder, considéré que lesd. catholiques ne demandent rien quy ne soit conforme à l'édit du Roy et en considéra(ti)on de l'édict de pacifica(ti)on, mesmes heu égard que les catholiques tiennent le premier rang de la ville, font le plus grand tailhable d'icelle, par conséquent, portent le plus de charge que ceulx de lad. relligion P. R., estant par conséquent raisonnable que comme ils souffrent plus de charge et incommodité que ceulx de lad. R. P. R. ils participent aux honneurs et commoditez ce quy est le vray et plus assuré moyen pour (faire) revenir bien tost le cœur des vrais originaux et vrais habitans d'une et d'aultre Relligion de la dite ville, en une bonne pasciffica(ti)on et amitié, l'ayant ainsin recogneu le sieur des Diguieres, aultant affectionné en la d. R. P. R. que aultre sauroit estre, en son gouvernement de Dauphiné, il auroit donné tel ordre à l'estat des villes de Montolimar et autres lesquelles presupposent avoir pareilhe prerogative et avantage que les habitans de lad. R. P. R. de lad. ville de Montpellier; ce neaulmoings prévoyant qu'il n'y auroit plus salut ni remede pour oster toute aigreur et deffiance entre les subjects de Sa M^té que d'admettre aux charges publiques les ungs et les aultres subjects du Roy indifférement sans acception ni distinction de Relligion, ils auroient faict les consuls et officiers des maions communes desd. villes my-partis; aussy à la vérité ils y vivent en telle amitié et concorde qu'il n'y a aulcune apparance ny souvenance des troubles entre eulx : aussy voit-on en plusieurs villes de ce pays de Languedoc, ores que les catholiques y soient en plus grand nombre et ayent le maniement des affaires publiques, neaulmoings ils ont accueilly aux charges consulaires[1] et politiques ceux de la R. P. R. comme aux villes de Baignols, Allès, Montaignac, Giniac et autres qu'il seroit trop long d'icy reciter, aussy y vivent les habi-

1. Cette éternelle question des consulats mi-partis, même dans les villes « bailhées en hostage » aux protestants, revient encore une fois sur l'eau. Nous avons vu comment, en février 1601, Henri IV avait tranché le différend, dans un esprit de justice et de conciliation, qu'il est difficile de méconnaître. Il convient de remarquer que, le 4 août 1605, Henri IV accorde pour quatre ans au delà de la limite de huit ans accordée à partir d'avril 1598, la promulgation de la garde par les protestants des places et chateaux « qui leur avoyent été delaissés en garde pour leur seureté ».

tans dans une bonne paix et fraternité, comme aussy on espère qu'on fera à la ville de Montpellier pourveu que ceux de lad. R. P. R. y veuillent entendre amiablement puisque telle est la vollonté du Roy à laquelle ses bons et loyaux subjects ne peuvent de droict ressister, lesquels susdits signés catholiques exortent vouloir en leurs discours estre sobres et n'uzer de ce mot d'adverserres ny aultre comme leur scindic a commancé en votre presance[1], ains uzer de mots de douceur et quy puissent esmouvoir ung chacun à une bonne réunion perpetuelle et indissoluble.

G. E. (évéque) de Montpellier (Guitard de Ratte), Roussel da-gulhon, Engarran, Tallon scindic du clergé, Girard[2], Rignac, de Grilhe, Mariotte, Guillemenet, Usillis, Plantade, Mairier, de Gavaudan, Planque scindic des catholiques, Rudavel, advocat pour lesd. sieurs, Comte not[re] greffier aussi signés.

Le pnt (présent) jour du mois d'octobre mil six cens, les articles de ce cahier ont esté par nous commissaires depputés par sa Ma[té] pour l'exécu(ti)on de son edict de Nantes responduz ainsin qu'est porté en l'apostille d'iceux.

Fait les an, jour que dessus.

Dubourg, Clermont, comm[res] ainsi signés.

Collationné sur l'extrait signé par led. s[r] Dubourg l'ung des s[rs] com[res], par moy not[re] royal et greffier de lad. maison consulaire soubssigné

Fesquet[3], not[re].

1. Ce *meâ culpâ* est curieux à constater; il semble prouver que, avant que le cahier de doléances ne fût présenté aux commissaires, un catholique peu modéré avait exposé de vive voix les griefs que ses coreligionnaires avaient contre les protestants.

2. Sans doute, Omer de Gerard, député auprès du roi au printemps de 1600.

3. Il y aurait, croyons-nous, une intéressante étude à faire sur ce Fesquet, si fréquemment nommé à cette époque troublée, soit comme notaire, soit comme consul, soit comme greffier de la maison consulaire. Son portrait ou celui d'un de ses descendants est conservé à la tour des Pins à Montpellier, et son énergique figure surmontant la robe rouge des consuls est accompagnée de son écusson où deux oiseaux de gueules accostent un laurier de sinople.

Outre le rôle important qu'il joua dans la magistrature de Montpellier, il fit tenir, entre autres, le grand registre d'où nous extrayons ces pages, registre qui s'ouvre à l'année 1599 et se termine en 1622, par une série de lettres (de Rohan, Soubize, la Trémoille, Bouillon, Sully, Mornay, Chatillon) adressées à ou émanant de l'assemblée de Grenoble.

II

A cela, les protestants répondent par les :

Articles bailhés par les habitans de la Religion de Montpellier, par-devant Messieurs de Champlay et du Bourg, commissaires depputés par le Roy pour l'exécu(ti)on de l'Édit de Nantes.

Messieurs

Messieurs les commissaires envoyés par le Roy en la province de Languedoc pour l'exécu(ti)on de son edict de paciffica(ti)on et ce qui despend d'icelluy.

Les scindicz, consuls et habitans de la R. P. R. de la ville et diocèze de Montpellier vous desmontrent très humblement que leur désir n'est autre que de jouir du beneffice de l'Edict et de veoir effectuer ce qui leur a esté octroyé par icelluy et par les articles secrets et brevets de sa Mag[té].

I

« Les com[res] depputés par le Roy pour l'exécu(ti)on de son édit de Nantes au bas Languedoc, veu par nous le cayer des demandes faictes par les scindics, consulz et habitans de la R. P. R. de la ville et diocèse de Montpellier faisant droict sur les 6 premiers articles dud. cayer, avons ordonné que les supplians se retireront devers le Roy pour leur y estre pourveu sellon son bon plaisir[1]. »

Premièrement, ils vous supplient avec toute humillité et révérance de faire entendre à sa Mag[té] les justes plaintes qu'ils sont contrainets de réitérer pour en avoir aultant vu plus d'occa(si)on que jamais ou mesme leur pourvoir sur icelles de remède convenable, en ce qui concerne le payement des deniers qui leur ont esté accordés par les brevets de sa Mag[té] pour l'entretènement de leurs pastentes et de leurs garnisons.

II

Sa dite Mag[té] estant en sa ville de Blois au mois d'aoust quatre vingt dix neuf, fist retrancher jusqu'à vingt cinq mil escus des deniers

1. Les plaintes des protestants touchant la non-exécution des clauses pécuniaires des édits, sont reconnues justes.

auparavant accordés pour l'entretènement des dits pasteurs et garnisons avec promesse que le restant serait très bien paié à l'advenir : et cependant il n'en a esté rien ; fait que ne voit on (ce qui fait qu'on ne voit) aulcune espérance d'estre mieulx à l'advenir.

III

Car les dicts deniers n'estant deubs qu'en vertu des dits brevets, on n'a moien de recourir aux officiers de sad. Mag^{té} qui estiment n'y devoir avoir aulcung esgard ; et d'autre part ce qui doit estre payé à une province est bien souvent assigné sur une aultre et sy encore les assigna(ti)ons sont invalables et inutilles, sy bien qu'après avoir beaucoup travailhé après icelles, on se trouve n'avoir rien advancé.

IV

Ils ne font sans cause ceste plaincte, veu que, quelques dilligences qu'on aye sceu faire, on n'a peu jusques icy obtenir aulcun payement pour la garnison de la ville de Lunel deppendant du diocèze de Montpellier, à laquelle est deub (dû) la solde de quatre années ; et, pour celle de Montpellier voyant qu'elle subsistoit par le moyen de la crue de seize sols qui leur avoit esté destinée par le feu Roy pour qu'elle fust premièrement déclarée ville de seureté, on a treuvé moien de l'en priver pendant ceste année baillant au lieu d'icelle des assigna(ti)ons inutilles.

V

Et sy outre cella, les années sont diminuées de jour à aultre, et réduictes tantost à dix mois, puis à huit, puis à sept, veoir à six, de sorte que pour ce moien peu à peu lesd. garnisons se voient anéanties, la plainte qu'ils font pour les dites garnisons leur est commune avec celle que font les aultres villes du diocèze qui sont toujours après à mandier leur payement sans en pouvoir rien obtenir.

VI

Sa mag^{té} en accordant lesd. brevets sur la remonstrance qui luy en feust faicte que ses officiers n'y voudroient avoir esgard, donna cette parolle royale qu'elle les feroit effectuer, voullant que cella despendit de sa seule providence ; c'est pourquoy, Messieurs, les dits de la Religion vous supplient très humblement de luy faire entendre l'inexécu(ti)on d'iceulx et les justes plaintes qu'ils font pour ce regard avec le reste du Languedoc et toutes les autres provinces de la France, et ordonner cependant que lad. crue de 16 solz sera rendue aux garnisons de Montpellier, Ayguesmortes et Peccais ausquelles elle appartient, ainsi qu'il appert par lectres patentes qu'ils ont en leur pouvoir et dont ils ont joui despuis l'année mil cinq cens soixante dix sept, et que celle de Lunel, ensemble les pasteurs, seront paiés des deniers à eulx destinés et qu'à ceste fin pourront estre... et arrestées la part ou ils seront tenues.

VII

Et d'aultant que par le XIe article de l'édict, l'exercice de la relligion doit estre mis et estably dans un second lieu des gouvernements et bailliages comme le premier qui avoit esté accordé par les dits édicts, vous plaira en effectuant les d. édicts, establir led. exercice en la ville de Frontignan où il y a bon nombre des habitans de lad. Religion, comme il y a esté aussy cy-devant, mesmes en l'année LXXVII[1].

« Nous, attendu que le lieu de Frontignan n'a esté trouvé comode pour y establir l'exercice de la R. P. R., avons ordonné que le scindic des Eglizes pret. ref. du gouvernement de Montpellier nommera deux ou trois bourgs ou villages, l'un desquels sera par nous choisy pour y establir le dit exercice, le tout suivant les articles XIe de l'édict VIe des articles particuliers et instructions qui nous ont esté données. »

VIII

Que suivant l'article 72 du dit édict et en effectuant d'icelluy, le bureau des Trésoriers Généraux soit estably en la ville de Montpellier qui est son ancien siège et dont il a été desplassé à occa(si)on des troubles et transferré premièrement à Narbonne et par après à Béziers.

« Nous sommes d'advis la demande des supplians estre juste comme fondée sur l'article LXXI de l'édit, mais de tant que le bureau ne peut estre restably sans lettres patentes du Roy, nous ordonnons que les parties se retireront vers sa Mag[té], laquelle nous supplions leur accorder les provisions sur ce nécessaires. »

1. Encore que Frontignan ait été désigné en 1577 comme place de sûreté, le nombre des protestants ne devait pas y être considérable, vu que

IX—X

« Avons ordonné que la confrérye de de Nº Dᵉ du Chappelet demeurera et sera continuée sans empeschement comme elle estoit de toute antienneté mesme devant les troubles, sans qu'il y soit rien innové et ne pourront les catholiques et aultres introduire des battus dans la ville. »

Qu'à mesme fin, il vous plaise de faire cesser la confrérye de Nᵉ Dᵉ du Chappelet et toutes autres, veu que l'expériance a par trop fait veoir au grand préjudice de toute la France que telles confréryes ne sont que séminaires de Ligues, complots et machinaons, joinct (d'autant) que toutes compagnies de battus du nombre desquelles est celle de Nᵉ Dᵉ du Chappellet ont esté interdittes dans la ville de Montpellier par un cayer respondu par le Roy Charles neufviesme et que sa magᵗᵉ a fait déclaration aux depputés des dits de la Religion au mois d'aoust dernier en sa ville de Lyon que son intantion estoit d'abolir telles confréryes.

XI

« Les parties se retireront devers le Roy pour savoir si sa vollonté est que les 4 mandians et aultres ecclésiastiques qui avoient acoustumé de demeurer en faux bourgs demeurent et fassent le service dans la ville et néaulmoings, par provisions et jusques à ce que par S. M. en soit ordonné, leur avons permis et permettons faire leur demeure tant en lad. ville que faux bourgs sellon leur commodité, d'y fere le service divin comme ils avoient accoustumé auparavant les troubles et avant la démolition de leurs églizes et habitaons. »

Que les mandians et aultres ecclésiastiques qui auront leurs églises aux faulx bourgs de la ville de Montpellier soient tenus habiter et loger dehors ladite ville, ou, pour le moings, qu'il ne leur soit loisible de faire leur service divin dans ycelle, ains de se prouvoier de quelque lieu dehors ou de se bastir sur les ruines de leurs couvents et monastères, eu esgard mesme qu'ils ont vendu la pierre de leurs esglises et que les Cordeliers qui depuis n'aguères, se sont logés de leur propre authorité dans les collèges de la chapelle neufve, en occupant la place des escolliers, soient tenus d'en vuider.

c'est dans cette ville que se retirèrent, de 1574 à 1579, le chapitre et l'évêque de Montpellier, chassés de leur siège par les troubles ou la peste.

XII

« Se contenteront les dits supplians du cymetière qu'ils ont à présent, attandu qu'il est capable pour enterrer les morts de ceulx de la R. P. R. de la ville et faux bourgs. »

Et comme les dits supplians sont en possession de tout temps avant et après les troubles et pendant iceulx enterrer leurs morts en tous les cymetières des esglizes et temples des d. catholiques tant dehors que dedans la ville, qu'il leur soit loisible, Messieurs, de continuer la dite possession et les maintenir en ce droict ou bien leur partager les dits symetières, une moitié pour les catholiques, et l'aultre moitié pour lesd. de la Religion, comme ils vous en font aussy très humble supplica(ti)on, ou bien leur en faire bailler d'aultres aux despens du public.

XIII

« Avons enjoint et enjoignons tant aux catholiques qu'à ceulx de la R. P. R. de se comporter modestement les ungs avec les aultres suivant les édicts et ordonnances du Roy. »

Requièrent qu'il soit par vous inhibé, s'il vous plaist, au sieur evesque de Montpellier, son vicaire et aultres ecclésiastiques de ne passer en prosession ou aux enterrements de leurs morts et autres actions et exercices de leur Religion au devant des Temples de ceulx de la Religion réformée d'un cousté ny d'aultre aux heures du presche ou des prières tenues de leurs consistoires et aultres exercices qui leur sont permis par l'édict pour ne les troubler en leur dévotion, aussy d'éviter à toutes occasions de scandalles donnés à cause d'ung tel rencontre et aproche.

XIV

« A esté fait droict sur la dite demande en jugeant les articles de ceulx de la Religion de Béziers. »

Pour garder esgallité suivant l'édit aux ungs et aux aultres, que au collège de Bésiers les régents seront my-partis d'une et d'aultre Religion sans abstraindre les ungs ny les autres à aulcune chose contraire à la Relligion, foy et croyance d'ung chascung, et où ceulx de la Religion n'y seroient dès maintenant par vous admis et receus pour l'instruction de la jeunesse tant de la ville que des environs faisant profession de la religion, les dits supplians assistés du scindic général des Esglizes, protestent qu'ils ne peuvent ni doibvent estre constraincts de continuer, pour l'advenir, l'admission des régens catholiques en leur collège à Montpellier, ains qu'ils y emploieront seullement des régens de la Relligion[1].

XV

« Se retireront les d. supplians pour le jugement de cet article, par devant les juges auxquels la cognoissance en appartient. »

Que suivant l'antienne coutume le sieur evesque et chapitre de Montpellier soient tenus et constrainets de donner et paier deux prébandes chascun an pour suplir (subvenir) à l'entretènement d'ung collège de Montpellier à distribuer par les d. consuls comme recteurs et patrons; et que l'ordonnance qu'il vous plaira d'en donner serve pour le présent et pour l'advenir, déclairant, pour ce, ypothéquer les fruicts, rentes et revenus tant du dit sieur evesque et chapitre jusqu'à concurrence desd. deux prébandes.

XVI

« Se retireront les dits supplians par devant les juges ausquels la cognoissance appartient de ce fait. »

Finallement, qu'il vous plaise aussy, Messieurs, faire ordonnance, conformément à plusieurs arrests de la cour souveraine, que lesd. ecclésiastiques seront de mesme tenus et constraincts au paiement de la congrue et contingante portion des dismes et aultres rentes et revenus du terroir et tailhable de Montpellier pour l'entretènement des pouvres de l'hospital de lad. ville. Laquelle contingente portion doit estre ung tiers de l'entier revenu de ung chascun an, à distribuer aussy par les dits consuls pour le paiement duquel tiers y a lieu de mesme déclairer les dits fruicts ypothéqués au proffict desd. pouvres.

XVII

« Deffendons à tous prescheurs, lecteurs et aultres d'uzer d'aulcune parolle tendant

Et, en oultre, vous supplient d'interdire à tous prescheurs et

1. Cet état de choses ne dura pas : dès 1603 la classe des abécédaires, remplaçant les petites écoles primaires de la ville, devint mi-partie, et en 1604, la moitié des régents devint catholique; toutefois, le principal, l'un

d'excyter le peuple à sedytion et leur est enjoint de se comporter modestement, le tout sur les peynes portées par les édits. »

aultre d'appeler du nom d'hérétique ceulx de la Religion ny user d'aulcuns propos injurieulx, soit en public soit en privé.

De Tremolet de Bucelly, 1er consul de Montpellier; Patris, consul; Fesquet, consul; Foulcrand Rat, consul; Pascal Sarrasin, Serres, Baile et d'Hébrard, Janvier, du Pous, Magny, Calvet, Gigord[1], Daniel Peyrol[1], Atgier et Ranchin, Manduron, scindic des Eglizes refformées.

De par mes dits sieurs,

Fesquet, greffier, ainsi signés.

Les presans articles ont esté par nous, commissaires soubsignés, respondus ainsi qu'il est porté en apostille de chacun d'iceulx.

Fait à Montpellier ce 23e jour du mois de décembre 1600.

Vantadour, Frondirac, Debourg, de Clermont, ainsy signé.

Collationné à l'original estant aux archives de la Maison Consulaire de Montpellier par moy notaire royal et greffier d'icelle, soubsigné :

(Signé) : Fesquet.

De l'ensemble de ces doléances, il semble résulter les faits suivants :

Du côté des huguenots, les réclamations portent surtout sur des questions d'argent, si poignantes à cette heure où tout le monde, y compris et surtout le roi peut-être, était obéré de dettes et ruiné dans ses biens-fonds. Il est fait droit à la demande relative aux écoles, et Scharpe et Rulman dirigent avec éloquence et autorité les études et les consciences des jeunes gens qui leur sont confiés.

Les injures ou les provocations pendant les manifestations des deux cultes doivent être bien réciproques dans cette ville où les populations des deux religions semblent se compenser comme nombre, et où les conditions propres au climat et au

des professeurs de philosophie, les régents de seconde, quatrième et sixième étaient calvinistes, et ces derniers conservèrent ainsi une influence prépondérante (P. Corbière, *Histoire de l'Église de Montpellier*, p. 128).

1. Les pasteurs de Montpellier étaient alors Rudavel, Jean Gigord, Daniel Peyrol et Codur.

terroir rendent plus fréquent l'échauffement des têtes et plus habituelles les violences de toutes sortes. Un peu plus tard, en 1617, les protestants rendront un édit défendant aux catholiques de la ville de se promener « plus de deux ensemble » ; un peu plus tôt, ils ont inventé un « baton à trois angles qu'ils appeloient espoussettes du consistoire! »

Du côté des catholiques, perce déjà un désir de demander plus que l'édit ne leur a accordé. Leurs requêtes sont plus précises; elles portent sur des faits; elles tendent non seulement à rétablir le primitif état des choses, mais encore à prendre pied pour l'avenir, comme cette demande de faire construire « en ville » des couvents et des chapelles pour les ordres monastiques les plus intransigeants. Le partage égal des charges publiques entre les deux religions leur apparaît comme le but immédiat de leurs aspirations, et leur sens politique en cela ne les trompait pas, puisque c'était là le plus sûr acheminement vers la mise hors la loi des protestants, que consacra la suite des temps.

Du côté des commissaires, nous relevons un désir très grand de tenir entre les partis une balance égale : il faut bien reconnaître, néanmoins, que leur principal soin est, dans la plupart des cas, de protéger les catholiques contre les huguenots.

Toujours est-il que le 23 décembre 1600, les deux commissaires ont renvoyé aux intéressés leurs cahiers de doléances, après avoir inscrit en marge les réponses qu'ils ont cru pouvoir y faire, ou ajourné quelques questions à la décision suprême du roi.

Aucun des deux partis n'est satisfait, et la question de la remise de leurs églises aux catholiques n'a pas été élucidée avec une netteté suffisante. La décision des commissaires portait, pour Notre-Dame-des-Tables, que les protestants pourraient « retenir le corps de garde » tout en rendant l'église; mais si cet ouvrage de fortification avait été construit avec des matériaux provenant de l'église même, les catholiques pouvaient-ils le laisser en l'état, alors que l'autorisation leur était donnée de rebâtir leur sanctuaire?

Un ordre plus ferme dans un sens ou dans l'autre eût été

préférable et n'eût pas donné naissance au tumulte du 28 décembre.

Ce jour-là, en effet, l'évêque Guittard de Ratte vient à la tête d'un nombreux et imposant cortège devant l'église Notre-Dame-des-Tables, et ordonne la démolition du ravelin qui en obstruait l'entrée. A peine les maçons s'approchent-ils qu'ils sont assaillis d'une grêle de pierres. L'émeute gronde, un séditieux va porter un coup de masse à l'évêque, quand son bras est arrêté par un capitaine protestant. Vers une heure, les consuls parviennent à arrêter l'effervescence et à calmer la populace.

« Le roi ayant été pleinement informé de ces excès (dit le manuscrit de Serres) envoya un ordre si exprès et si précis qu'il obligea les huguenots à démolir eux-mêmes le ravelin. » C'était supprimer, avec la cause du désordre, tout prétexte à renouveler des scènes fâcheuses. C'était aussi détruire un souvenir cuisant des guerres antérieures, et montrer le désir du roi d'effacer le passé et d'apaiser les discordes. Les consuls durent tenir la main à ce que les églises, et en particulier Notre-Dame-des-Tables, fussent rendues au culte catholique : ils en répondaient « en leur privé nom », c'est-à-dire sous leur entière responsabilité[1].

A la suite de ces incidents, Montmorency, le gouverneur du Languedoc, convoqua à Pezenas une assemblée chargée

1. La cloche de l'église (cette dernière fut rendue momentanément aux catholiques après la conférence de Nérac, 1579), était une propriété de la ville. En 1581, trois consuls huguenots firent démolir la tour qui la portait pour en avoir les matériaux qui servirent à la construction du fameux ravelin ou corps de garde : les ferrements aussi y furent employés. Comme l'esprit français ne perd jamais ses droits, le triolet suivant, qui chansonne les trois consuls, circula rapidement par la ville :

La Place, La Roche et Latour
Ont démoli ceste tour;
Latour, La Place et La Roche
Ont démoli la tour pour en avoir la cloche;
La Roche, la Tour et La Place
Ont démoli la tour pour la remettre en place.

A distance, la démarche de l'évêque Guitard de Ratte nous paraît donc une provocation : 1° parce que les commissaires royaux ont spécifié que le ravelin demeurerait aux mains des protestants; 2° parce que la municipalité étant alors huguenote et les matériaux qui avaient servi à cet oud'examiner les articles présentés par les catholiques; cette assemblée décida, conformément à l'édit de Nantes :

« Que le culte serait rétabli : leurs biens rendus aux catholiques, « que tous tiendraient les boutiques fermées les jours de fête et ta- « pisseraient leurs maisons devant le Saint-Sacrement porté en pro- « cession. Il fut fait défense de faire du bruit aux portes des lieux « de culte ; les malades des deux religions seraient reçus indistinc- « tement dans les hôpitaux auxquels on attribua tous les legs que « les religionnaires (c'est d'Aigrefeuille qui parle) avaient enlevés « aux catholiques : les enfants iraient à des écoles séparées et les « catholiques seraient appelés dans les conseils de la Ville. »

Ces propositions, qui résument ce qu'il y avait de plus équitable dans les cahiers de doléances des deux partis, furent acceptées et, le 2 septembre 1601, elles furent ratifiées par lettres patentes signées Montmorency.

L'épiscopat de Jean Granier, évêque qui succéda à Guitard de Ratte, ne fut troublé par aucun désordre sérieux (1602-1607).

Il semble qu'il n'y ait pas eu de mouvements populaires nouveaux jusqu'à la sédition de 1617, prélude des revendications armées qui aboutirent au siège de Montpellier et aux guerres de religion de Louis XIII.

De cette rapide et incomplète étude, nous retiendrons ces enseignements :

En même temps que la foi éclairée et agissante, la tolérance est le plus ferme soutien des Églises, et le XVIe siècle avait raison de dire, dans sa langue énergique : « Science sans conscience est la ruine des âmes. »

DE CAZENOVE.

Janvier 1898.

vrage de fortification appartenant à la ville, il ne pouvait être question, pour la minorité catholique, de les revendiquer comme siens.

Le tort de la population protestante fut de tolérer un soulèvement de 1,500 hommes dans la ville, et une émeute qui dura de neuf heures du matin à deux heures. L'évêque, qui annonçait déjà les prélats militants de l'époque des Richelieu et des Sourdis, eut une belle attitude. « Messieurs, s'écria-t-il, s'il faut mourir nous n'en trouverons jamais de plus belle occasion, puisqu'il s'agit de la gloire de Dieu et du rétablissement de son culte; ne nous rendons point méprisables à ceux qui ne cherchent qu'à profiter de notre lâcheté ! »

Mélanges

QUELQUES JUGEMENTS SUR L'ÉDIT DE NANTES

Les contemporains sont plutôt brefs. L'ESTOILE mentionne l'Édit entre deux faits-divers de l'année 1598 :

« Le jeudy 16e d'Avril on a eu avis que le Roy avoit enfin accordé aux Religionnaires l'Édit qu'ils poursuivoient depuis longtemps, par lequel il leur est accordé, entre autres choses, de demeurer dans toutes les Villes du Royaume, dans lesquelles ils avoient le libre exercice de leur Religion en 1596 et 1597, sinon dans les lieux exprimés dans les Édits accordés aux Seigneurs de la Ligue. »

DE THOU (livre CXX) se borne à remarquer

« que le Roy avoit terminé nos dissensions par cet Édit de pacification, dans la même ville où trente-neuf ans auparavant les Protestants avoient tenu leur première assemblée pour cause de religion, et formé contre les Guises la conjuration, qu'on peut regarder comme le commencement de la guerre civile et de tous les troubles de l'Etat. »

D'AUBIGNÉ (*Histoires*, livre V, ch. II et III) exprime l'opinion des huguenots intransigeants; il analyse les principales dispositions de l'Édit, sans en reproduire les préambules, les promesses et les déclarations conciliantes qui sont « de stile », dit-il dédaigneusement. Il observe que

« la paix fut mieux reçue des peuples qu'on n'eut estimé, mais surtout pour l'opinion que les plus avisez tenoient qu'elle estoit avantageuse aux Catholiques et ruineuse aux Réformés. »

La même note, plus discrète, de satisfaction très mitigée, se fait entendre dans une lettre de DUPLESSIS-MORNAY à Catherine de Bourbon, sœur d'Henri IV. Il lui écrit, en date du 25 août 1599 :

« L'exécution de nostre Edict de la Religion y prend assez bon cours; moyennant lequel les Églises se redressent par tout et prendront sans doute accroissement. Le tout est qu'il plaise à Dieu nous conserver le Roi en la vie duquel semble résider et le salut de cet État, et la paix de l'Église. » (*Mém.*, t. II, p. 953.)

Si les huguenots sont défiants, les catholiques sont irrités. VARILLAS écrit dans l'Épître dédicatoire de son *Histoire des hérésies :*

« Comme l'Hérésie est en possession de ne trouver jamais de seuretés qui lui paroissent suffisantes, le Calvinisme avoit obtenu par ses importunités que tout ce qu'il y avoit d'avantageux pour son parti dans les Édits de Pacification fût renfermé dans celui de Nantes. »

Cette idée, que l'édit de 1598 fut « extorqué » par les protestants est, au fond, celle de la plupart des historiens catholiques, et surtout après la révocation de l'édit de Nantes. Il y avait là un argument à faire valoir contre la perpétuité de l'Édit, et pour en démontrer le caractère précaire. C'est ainsi que le P. DANIEL, jésuite, écrit au tome X, p. 212, de son *Histoire de France* (édit. de 1729) :

« Jamais Édit ne fut plus extorqué que celui-là ; et quand les Huguenots n'y auraient pas depuis fait autant de contraventions qu'ils en firent, et par lesquelles ils en méritèrent cent fois la cassation, la seule manière dont il avoit été obtenu suffirait pour autoriser et justifier la conduite que Louis le Grand a tenue à leur égard en abolissant cet Édit... »

Quelques auteurs catholiques sont plus impartiaux. Le chanoine MARSOLIER, dans son *Histoire d'Henry de la Tour, duc de Bouillon* (Paris, 1719), a la loyauté de reconnaître

« que les Catholiques avaient d'autant moins de lieu de s'en plaindre, que s'ils eussent été à la place des Calvinistes ils eussent agi comme eux, et fait peut-être pis, et qu'en effet les Seigneurs de la Ligue et les principales Villes catholiques du Royaume n'avoient reconnu le Roy qu'en exigeant de luy des conditions peut-être encore plus dures que celles qui avaient été accordées aux Calvinistes... »

D'autre part, l'abbé DE L'ÉCLUSE DES LOGES, réédite dans les *Mémoires de Sully* qu'il a composés en 1745, cette calomnie contre laquelle Agrippa d'Aubigné proteste si énergiquement dans un chapitre souvent cité de ses *Histoires* :

« Que c'est à la conjoncture du siège d'Amiens, et aux mouvemens que se donnèrent les Calvinistes de France pour en profiter, qu'ils eurent l'obligation du fameux Édit de Nantes, qui leur fut accordé l'année suivante... Lorsque les Calvinistes ont rempli l'Europe de leurs plaintes sur la révocation de l'Édit de Nantes, c'est qu'un espace de temps de plus de 80 ans leur avoit fait perdre de vue les moyens dont ils s'étaient servis pour l'arracher... »

Mais, avant le XVIIIe siècle, les appréciations les plus remarquables sur l'Édit sont celles de *Saint-Simon* et... de Louis XIV, ces dernières exprimées sans doute par Mazarin, dans le préambule de la Déclaration du 18 juin 1656 portant que des commissaires seront envoyés dans les provinces et confirmant solennellement ce qui allait être révoqué vingt-neuf ans plus tard.

« Nous avons toujours considéré l'édit de Nantes comme un ouvrage singulier de la prudence parfaite de Henri le Grand notre orgueil, qui jugea que ce n'étoit pas assez d'avoir vaincu ses ennemis et conquis, par sa valeur, la meilleure et la plus grande partie de son royaume, mais qu'il étoit nécessaire d'ôter toutes les causes qui avoient été les sources de tant de malheurs qui s'étoient répandus sur cet État, depuis le roi François Ier jusqu'à son règne. Ce grand prince croyoit que comme la division des esprits de ses sujets étoit née et entretenue par la diversité de la religion, elle continueroit toujours, si l'on ne mettoit des bornes pour en arrêter le cours et empêcher que les guerres civiles ne vinssent à renaître. Attendant que Dieu eût disposé les cœurs pour quitter ces nouvelles opinions qui s'étoient introduites contre la vérité de la religion, il étoit à propos de laisser l'exercice libre de la R. P. R., avec cette pensée qu'il y avoit lieu d'espérer que dans une profonde paix les soins que les prélats apporteroient pour l'instruction et la conversion de ceux qui s'étoient séparés de l'Église, feroient des effets bien plus certains et plus assurés que les armes qui n'avoient rien produit jusqu'alors que la ruine de l'État et de l'Église. La fin que s'étoit proposée ce grand prince, a été telle qu'il l'avoit espérée ;

la division de ses sujets cessa en même temps que cet édit fut publié et la France ensuite a joui d'une *profonde paix* tant qu'il a plu à Dieu de la conserver à cette monarchie. »

Voici maintenant comment Saint-Simon s'exprime dans celui de ses ouvrages où il s'est le plus appliqué à juger les trois règnes de Henri IV, Louis XIII et Louis XIV, c'est-à-dire dans son *Parallèle des Trois Rois* (Hachette, 1880), p. 121 à 123 :

« On doit regarder l'édit de Nantes comme un chef-d'œuvre de politique et de grand sens. Si on se place dans le point de perspective du temps qu'il fut fait, on verra combien il estoit nécessaire et pressé de fixer l'estat de la religion, et combien difficile de le faire parmi ce redoutable reste de Ligueurs qui ayant Rome et l'Espagne en croupe n'estoient occupés qu'à rendre la conversion du Roy plus que suspecte, à crier qu'il sacrifieroit toujours les catholiques à ses anciens amis, et n'avoient de pensées qu'à ralumer les feux que la valeur et l'adresse d'Henry venoient d'esteindre. Il avoit bien alors le dessus par la force, mais il falloit ménager Rome, sitost après son absolution, qui influoit encore beaucoup alors dans les affaires de l'Europe par un reste d'habitude et de considération qui s'est bien effacée depuis, et qui tenoit dans sa main la dissolution si pressante de son mariage, qui seule luy pouvoit faire espérer et à la France postérité, auquel, mesme la dissolution prononcée, cette Cour mécontente à un certain point et appuyée de la Maison d'Autriche pouvoit jetter des fascheuses entraves.

« Les huguenots n'estoient pas plus aisés à gouverner ; ils estoient accoustumés depuis si longemps à tant obtenir, qu'ils ne pouvoient se résoudre à décheoir sous un Roy dont ils s'étoient figurés avoir droit de tout prétendre et de tout emporter pour avoir esté nourri parmi eux, avoir esté longtemps leur chef pour seule existence effective, et avoir tant contribué à le faire véritablement Roy. Outre ces raisons générales à tout le parti, ils avoient aussy leurs Ligueurs, leur appuy des protestants de toute l'Europe, avec qui Henry avoit un si puissant interest de ne se pas brouiller. Ils avoient des factieux qui ne respiroient qu'un renouvellement de prise d'armes et des chefs tels que le mareschal de Bouillon qui souffloient le zèle et le feu pour se mettre à découvert à la teste du parti, traiter ainsy avec leur Roy de couronne à couronne, et dont le but particulier estoit de mettre le parti sous la protection d'un souverain protestant dont Bouillon seroit lieutenant général, exerceroit toutte son autorité, l'auroit en croupe luy et les autres protestants, seroit ainsy un Estat dans un Estat, et deviendroit en quelque sorte égal au Roy comme se trouvant l'un et l'autre chefs de chacun un parti égal en nombre et en force, mais inégal en appuys, parce que ceux du parti huguenot seroient asseurés par la puissance de son protecteur estranger et des autres protestants, tandis que Henry ne pourroit se fier à l'impuissance temporelle du Pape ny à la jalousie et à l'infidélité de la Maison d'Autriche et de Savoye; aussy n'y eut-il rien que Bouillon ne fist pour empescher l'édit de Nantes et irriter les huguenots sur tous ses points. Ce fut donc le chef-d'œuvre de la sagesse, de la connoissance et de la patience d'Henry IV d'estre venu à bout d'une affaire si peu possible, et d'avoir ouvert assés les yeux aux huguenots pour leur faire sentir l'interest particulier et les veues pernicieuses de Bouillon et de sa cabale parmi eux, et en mesme temps leur avoir pu persuader comme en secret des catholiques, tous les avantages réels qu'ils tiroient des articles de l'édit; en mesme temps aussy il les exténuoit aux catholiques, il les effrayoit par la crainte des nouveaux troubles et des désolations dont la France ne faisoit que de sortir, et il leur montroit la séditieuse et perverse intention de ce zèle affecté de ce reste de factieux de la Ligue qui ne songeoient qu'à se ramener d'où on les avoit tirés avec tant de périls, et mis hors d'estat de plus entreprendre, et après de se soustenir. Le choix des rédacteurs de l'édit fut encore un admirable trait de politique. Schomberg, quoyque catholique, avoit du crédit en Allemagne et beaucoup de considération dans les cours protestantes de son païs. De Thou passoit dans les deux partis pour un magistrat également éclairé, modéré et sans reproche, bon et vray catholique, et toutesfois agréable aux huguenots. Jeannin, le plus habile, le plus adroit, le plus accort de tous, avoit esté secrétaire du duc de Mayenne dans les plus forts temps de la Ligue, avant et après les derniers Estats de Blois, de laquelle il connoissoit à fond tous les replis et tous les personnages : c'estoit luy qui avoit lié les premières démarches de paix et qui estoit secrettement entré dans les premières négociations, qu'il avoit suivies jusqu'à l'accommodement du duc de Mayenne, auquel il estoit demeuré attaché très confidemment quoyque devenu ministre d'Henry IV. Il ne pouvoit donc estre suspect à Rome ny aux catholiques, et avoit par ses lumières et sa capacité de quoy imposer aux catholiques factieux. Enfin Colignon[1],

1. Lisez Soffrey de Calignon.

bon et franc huguenot, chancelier de Navarre, et administrateur depuis toutte sa vie des biens particuliers d'Henry IV, depuis sa première jeunesse, duquel il avoit esté le ministre après l'avoir esté de la Reine sa mère, estoit l'homme qui connoissoit le plus intérieurement et le mieux tout le parti huguenot, et qui en estoit le mieux aimé, le plus estimé, qui en avoit le plus la croyance et la confiance que méritoient aussy sa probité et sa profonde capacité. »

Les jugements de VOLTAIRE, sur la question, sont assez superficiels, mais il a quelques mots heureux. C'est dans le *Siècle de Louis XIV* qu'il a formulé son opinion sur la politique d'Henri IV à l'égard de « la faction réformée » :

« Il la chérit, la protégea et la réprima. »

Il remarque aussi que l'édit de Nantes,

« c'était à la vérité attacher des ennemis ensemble; mais l'autorité, la bonté et l'adresse de ce grand roi, les continrent pendant sa vie. »

Dans un autre de ses ouvrages, l'*Histoire du Parlement de Paris* (ch. XLI), il écrit :

« L'édit de Nantes avait les mêmes inconvénients que les édits de pacification du chancelier de L'Hospital. Ce n'était pas une loi de tolérance destinée à maintenir tous les membres de l'État dans le droit de professer librement la croyance et le culte qu'ils ont adoptés, droit donné par la nature, droit auquel jamais un homme n'a pu renoncer sans être fou, et dont, par conséquent, aucune loi positive ne peut légitimement priver un seul citoyen, fût-elle portée du consentement unanime de tous les autres; l'édit de Nantes n'était qu'un traité de paix entre les sectateurs des deux religions, et par conséquent il ne pouvait subsister qu'aussi longtemps que les forces des deux partis se contrebalanceraient. »

Au XIXe siècle les jugements sont moins sommaires et plus indépendants.

RANKE, dans son *Histoire de France aux XVIe et XVIIe siècles* (t. II, p. 263 de la traduct. Porchat), dit :

« L'édit de Nantes, conçu dans le même esprit que ceux de 1563, 1570, 1577, n'est, en beaucoup de points, que la reproduction du dernier avec les modifications exigées par le changement des circonstances; son objet est la sérieuse et définitive réconciliation des deux partis; il paraît comme une sentence arbitrale entre les obligations souvent opposées que la royauté nouvelle avait contractées en montant sur le trône... A tous égards le catholicisme demeura la religion d'État, la règle: néanmoins, l'autorité souveraine, dans le sentiment de sa mission sociale, sut excepter les protestants de la règle et leur faire des concessions étendues. »

Une réflexion de MICHELET est bien caractéristique :

« Cette paix ne les défendait pas [les protestants], elle les compromettait, les forçant, contre un roi livré à leurs ennemis, de devenir une faction. »

EDGAR QUINET, dans sa *Philosophie de l'Histoire de France* (t. III des *Œuvres complètes*, p. 407), s'indigne de lire dans un historien, alors très populaire, M. LAVALLÉE, ces lignes :

« On ne saurait dire si les libertés concédées par l'édit de Nantes étaient compatibles avec l'existence de l'État »,

tant il nous est impossible, ajoute-t-il,

« de reconnaître une seule déviation de la ligne droite classique dans notre marche continue vers la justice. »

Notons ici l'opinion modérée, que représente M. DARESTE (*Histoire de France*, t. IV, 1866, p. 555) :

« Tel fut l'édit de Nantes, au fond assez semblable à l'édit de Poitiers, mais beaucoup plus étendu et plus large. C'était moins un édit qu'un traité, analogue sur quelques points aux traités de la Ligue; celui-ci pourtant était plus grave en un sens. Les traités de la Ligue n'étaient guère que la ratification du passé; le traité avec les huguenots constituait un ordre de choses durable, et consacrait, dans l'État, comme on l'a dit, à juste titre, non pas une république indépendante mais une république autorisée. Aussi, les troubles de religion, conjurés pour le moment, ne le furent-ils pas pour toujours. Ils recommencèrent sous le règne suivant.

« Henri IV signa l'édit de Nantes sans hésiter, satisfait d'avoir désarmé, dans une certaine mesure, un parti considérable, gagné ses chefs et empêché la formation d'un protectorat. Ce n'est pas qu'il s'en dissimulât les dangers à venir, mais il comptait sur son ascendant personnel pour les conjurer. Il regardait l'édit sinon comme absolument bon, du moins comme le meilleur possible dans les circonstances où il se trouvait. Il se flattait d'amener peu à peu les deux religions à vivre pacifiquement et il croyait habituer les esprits à la tolérance. »

M. Henri Martin (*Histoire de France*, t. X, p. 425) est à la fois plus décidé et plus optimiste :

« L'ombre de L'Hospital dut applaudir, sa pensée triomphait; les démons de la Saint-Barthélemy étaient vaincus. Il ne s'agissait plus, comme sous Charles IX ou Henri III, d' « édits pro- « visoires » de trêves accordées aux nécessités de la guerre civile; « l'édit perpétuel et irrévocable » tendait à constituer définitivement la dualité du culte sous le commun patronage du pouvoir temporel et à ouvrir une ère nouvelle où la société laïque ne serait plus basée sur l'Église. Au moyen âge, l'Église était une; la société laïque était multiple; maintenant l'Église est double et la société laïque est une : le moule social du moyen âge est brisé; la réaction unitaire de Louis XIV pourra détruire momentanément l'œuvre de Henri IV, mais ne constituera pas d'une manière durable l'unité de l'État et de l'Église : la pensée de Henri IV sera reprise et dépassée par la France nouvelle... »

L'opinion de Prévost-Paradol est encore plus ferme et plus caractéristique :

« Henri IV paya de son sang la paix qu'il avait rendue à la France. Les deux partis auxquels il avait fait poser les armes ne pouvaient lui pardonner, l'un son abjuration, l'autre sa tolérance. Un catholique l'avait déjà blessé à la bouche d'un coup de poignard : « Vous n'avez renoncé Dieu que des lèvres, lui dit Agrippa d'Au- « bigné, et il vous a frappé aux lèvres : si vous le renoncez du cœur, « il vous frappera au cœur. » Le roi sentait lui-même qu'il était dangereux pour sa vie de porter en sa tête la destinée de l'Europe. « Leur dernière ressource est dans ma mort », disait-il. Le 14 mai 1610, il fut poignardé dans sa voiture par Ravaillac, qui donna jusqu'au supplice pour unique raison, « que le roi était huguenot, et « déterminé de faire la guerre au pape » (Prévost-Paradol, *Essai sur l'histoire universelle*, t. II, p. 359).

Les appréciations toutes récentes de M. L. Pingaud, dans le tome V de l'*Histoire générale* publiée sous la direction de

MM. Lavisse et Rambaud (Paris, 1895), méritent de trouver place ici, comme exprimant peut-être l'opinion moyenne des universitaires de nos jours.

« La première clause de l'édit de Nantes exigée par le roi était celle-ci : le culte catholique sera rétabli partout où il a été supprimé, ainsi que tous les biens et droits antérieurs du clergé. C'était une leçon de tolérance donnée, en même temps qu'un acte de justice. En revanche, le fait de professer la religion dite réformée n'était plus acte répréhensible, mais un acte légal... Catholiques et protestants manifestèrent chacun à sa façon leur mécontentement de cet édit. Le pape le qualifia d'acte impie ; toutefois il se borna à cette protestation de principe et se rassura, comme le clergé de France, à la pensée des avantages promis par l'article Ier, à l'Église catholique. Le peuple qui avait fait et soutenu la Ligue, fut plus difficile à persuader, et dans bon nombre de villes et de bailliages, les dissidents ne purent obtenir de culte public. Aussi, de leur côté, n'oubliaient-ils rien et restaient-ils en défiance. D'Aubigné lançait contre les ralliés à la foi royale sa *Confession de Sancy*, la douairière de Rohan publiait son ironique et virulente *Apologie de Henri IV*; Mornay, rouvrant les controverses irritantes, qualifiait hautement le pape d'Antechrist... Deux nations demeuraient en présence dans la France pacifiée : l'une aspirant au rétablissement complet de l'unité religieuse, l'autre réclamant le droit de cité, non pas au nom de la liberté, mais au nom de la vérité divine. »

Nous nous reprocherions de ne pas rapporter aussi, malgré sa longueur, l'opinion de M. Poirson, l'historien le plus complet et le plus impartial d'Henri IV. Elle se lit au tome Ier (1856), p. 372, de son *Histoire du règne d'Henri IV* :

« Après tout ce qu'on a écrit sur l'édit de Nantes, il nous semble qu'il reste encore à porter un jugement réfléchi et impartial sur cet édit. Ses effets immédiats furent salutaires. En 1598 et 1599 il sauva l'État d'une nouvelle conflagration, devint la gage de la paix et de la prospérité publiques. Durant tout le reste de ce règne il resta pur de tout excès, et n'engendra aucun trouble ; Henri contint les calvinistes par sa puissance, par l'ascendant de sa gloire, par l'obéissance et l'amour de la nation dont il sut s'entourer et s'appuyer.

« Mais il faut examiner les principes mêmes de l'Édit et jetant un regard sur l'avenir, voir quelles conséquences il entraîna bientôt à sa suite.

« Les réformés restaient constitués en parti qui avait ses assemblées politiques, ses finances, ses nombreuses places de défense, sa force militaire et tout ce qui était nécessaire pour résoudre et pour agir contre le corps de la nation, le jour où ils se laisseraient égarer par l'esprit de faction ou l'ambition de leurs chefs... [Sous Louis XIII] dès que le gouvernement eut faibli, les réformés employèrent les forces dangereuses dont ils disposaient, à un soulèvement et à deux guerres civiles. Ce résultat suffirait seul pour montrer les vices de leur constitution politique.

« On les saisit bien mieux quand on voit qu'elle ne protégea ni leur existence comme parti, ni leur liberté civile et religieuse comme citoyens; qu'elle ne leur sauva ni la prise de La Rochelle, ni la révocation de l'édit de Nantes. Les réformés commirent une faute énorme en cherchant leur point d'appui et leur sûreté dans leur force matérielle, laquelle ne pouvait jamais être que médiocre, puisqu'ils formaient la minorité, et la très faible minorité de la nation. Leurs véritables garanties résidaient dans des moyens qu'ils négligèrent. Ils devaient avant tout rester sévèrement étrangers aux séditions et convaincre la France qu'elle n'avait rien à redouter d'eux. Ils devaient se concilier les catholiques par l'union des familles au moyen de mariages; accroître leur influence par les services rendus dans les emplois civils, les grands services intérieurs du gouvernement, les négociations et les ambassades; agir incessamment sur l'opinion publique par les écrits, la gagner, la mettre de leur côté. Ces moyens leur étaient faciles, car, de l'aveu même de leurs ennemis, ils avaient, au XVIe siècle, conquis la supériorité intellectuelle, et il ne s'agissait pour eux que de la conserver. Sans sortir des probabilités, on peut croire qu'ils auraient ainsi, à force de services et de raison, élevé à leur liberté civile et religieuse un solide rempart contre le despotisme et l'aveugle intolérance de Louis XIV.

« Nous avons relevé dans l'édit de Nantes ses vices et ses conséquences funestes; voyons maintenant ses sérieux avantages, ses importants et salutaires effets.

« Le principe de la tolérance religieuse proclamé par L'Hospital et inscrit par lui le premier dans notre législation, était resté, malgré ses généreux efforts, l'exception et non la règle. Mis en pratique durant de faibles intervalles, quand la nécessité commandait, il avait été habituellement combattu avec fureur par les peuples et par les rois : il n'était passé dans les usages ni de la nation, ni du gouvernement.

« L'édit de Nantes donna à ce principe la force et la durée dont il avait manqué jusqu'alors : par sa vertu propre, par son efficace puissance, il assura aux réformés, pour près d'un siècle, la liberté civile et la liberté de conscience. La merveilleuse sagesse de Richelieu, vainqueur, l'ayant respecté dans sa partie religieuse, en lui enlevant sa partie politique, parasite et dangereuse annexe, le mit à l'état de loi pure qui protégeait une classe entière de citoyens, sans dommage pour la chose publique. Par un excès sans nom de l'absolu pouvoir, Louis XIV put bien révoquer l'Édit, proscrire les calvinistes, et frapper ainsi la France d'une plaie plus profonde que toutes celles que lui firent les désastres réunis de la fin de son règne. Mais le scandale dépassa encore le mal. Ce fut, au moment même, une clameur et une malédiction dans l'Europe entière. Ce fut plus tard, en France, une réclamation permanente, passionnée, de la justice et de la raison contre l'intolérance de cet acte inouï. L'édit de Nantes servit peut-être autant au triomphe définitif de la liberté de conscience par sa suppression, que par ses quatre-vingt-six années d'existence.

« Une chose bonne et salutaire ne dure pas impunément un siècle au sein d'une nation. Quand on la rase au sol, elle vit dans ses racines, et pousse bientôt après au dehors des rejets d'une telle vigueur, que nulle main humaine n'a plus la puissance de l'arracher. »

Voici enfin le jugement d'un des derniers historiens qui se soient occupés de Henri IV, de M. Desclozeaux, à qui l'on doit une biographie très complète de *Gabrielle d'Estrées, marquise de Monceaux, duchesse de Beaufort* (Paris, Champion, 1889), p. 158-162 :

L'Édit fut scellé à Nantes le 13 avril, sous les yeux de Gabrielle d'Estrées; il attache à jamais au nom de Henri IV l'honneur d'avoir, le premier, associé à l'exercice de l'autorité, la pratique de la tolérance religieuse et du respect des croyances d'autrui. A cet Édit s'attache aussi le nom de Gabrielle qui, associée à Mme Catherine et à la princesse d'Orange, travailla avec une habileté et un succès dignes d'une si bonne cause, d'abord à modérer les injustes exigences des uns et des autres, ensuite à gagner les conseillers du roi aux concessions nécessaires, enfin, et ce fut la mission la plus difficile et la plus longue, à obtenir l'adhésion de la magistrature.

Henri IV et avec lui Gabrielle mirent en pratique en cette occasion des idées plus avancées que celles de leur temps.

La conspiration d'Amboise (1560) avait commencé l'ère des

guerres religieuses; dirigée contre les Guises, elle fut réprimée dans le sang des protestants, que les Lorrains eurent la perfidie de faire passer pour les auteurs d'un complot qui était dans le cœur de tous les bons Français. Les Guises furent assez habiles pour faire croire à François II et à la majorité de la nation que la guerre aux Guises était la guerre au catholicisme. Cette période de luttes intestines, de persécutions et de massacres fut définitivement close le 13 avril 1598, lorsque Henri IV signa l'Édit à Nantes, dans cette même ville où la conspiration d'Amboise avait été ourdie.

La première trêve apportée à cette lutte impie fut l'édit de Poitiers de 1577. Cet édit royal assurait aux calvinistes la jouissance de leur liberté civile, leur liberté de conscience tout entière et la liberté du culte restreinte à des limites acceptables. Mais Henri III n'avait pas le désir d'exécuter des engagements que la crainte seule lui avait fait contracter, et la pression exercée par la Ligue sur lui ne tarda pas à amener la violation constante de l'Édit. Il en fut ainsi jusqu'en 1589. Cette politique sans grandeur et sans franchise ne profita guère au dernier des Valois. Il s'était aliéné tous ses sujets protestants et il n'avait pas satisfait les ligueurs.

Dès son avènement Henri IV rétablit, en fait, l'édit de Poitiers. Mais cet édit ne satisfaisait déjà plus les protestants qui réclamèrent le droit de parvenir aux offices, charges et dignités du royaume. Ce n'était pas le moment de soulever une question aussi irritante pour les catholiques et le roi en ajourna la solution à la prochaine réunion des États généraux.

Toute sa politique, pendant les premières années de son règne jusqu'à l'édit de Nantes, n'eut qu'un but : améliorer le sort des protestants. Malheureusement ses loyales intentions étaient méconnues par ses coreligionnaires eux-mêmes. Dès juillet 1591, l'édit de Mantes remit légalement l'édit de Poitiers en vigueur. Le 16 mai 1593, à la veille de l'abjuration du roi, les seigneurs catholiques du parti royaliste firent une déclaration publique de nature à tranquilliser les calvinistes. Le sort de ces persécutés de la veille avait bien changé : ils jouissaient d'une liberté complète au point de vue de leurs droits civils et d'une situation identique à celle des catholiques en tout ce qui concernait leur nationalité, leur domicile, la possession des biens, les héritages, les testaments. Leur liberté de conscience était absolue : ils ne pouvaient être recherchés pour leurs croyances. L'exercice du culte seul était soumis à quelques règles restrictives. Le service religieux était interdit dans quarante villes sur huit cents et dans dix-sept bailliages sur trois cent vingt.

En 1595, tous les parlements, les uns après les autres, et celui de Paris le dernier, avaient dû, sur les jussions du roi, enregistrer l'édit de Poitiers.

Cet édit, pour lequel les réformés avaient combattu pendant douze ans, ne leur suffisait plus. L'avènement de Henri IV leur avait paru devoir être le triomphe de leur secte et non la pacification du royaume. Il faut reconnaître avec impartialité que les protestants étaient aussi injustes que les catholiques dans leurs prétentions, et que Henri IV n'était approuvé ni par les uns ni par les autres; tous avaient une arrière-pensée : dominer et persécuter leurs adversaires.

La tolérance qui était dans le cœur de Henri IV n'était pas dans les idées du XVIe siècle. Est-il même certain qu'aujourd'hui nos contemporains aient le respect des croyances d'autrui et de leur libre manifestation comme l'eut alors le chef de la maison de Bourbon ?

Henri IV n'alla-t-il pas au delà de ce qu'il devait à ses anciens amis et n'est-il pas étrange qu'une secte religieuse ait pu réclamer et obtenir le droit de percevoir des impôts, d'entretenir des troupes, de posséder des villes fortes, de réunir des assemblées, en un mot de constituer un État ayant sa vie politique, à part dans la monarchie ?

On se demande aujourd'hui comment il a été possible que des troupes de nationalité française aient pu, sous le prétexte qu'elles étaient protestantes, abandonner Henri IV au siège de La Fère, ne pas obéir à son appel au siège d'Amiens, dans le but de le contraindre de céder à leurs exigences relativement à l'édit de Pacification. Hâtons-nous d'ajouter que les catholiques à l'occasion ne se conduisirent pas mieux et que, d'un côté comme de l'autre, Henri IV avait affaire à des sectaires qui ne comprenaient pas sa pensée. Devant tant de difficultés vaincues, la reconnaissance de tous les esprits tolérants et éclairés doit rester acquise au Béarnais qui a su accomplir son œuvre sans irritation ni découragement.

Après le rétablissement de l'édit de Poitiers, il n'y avait plus que deux questions à régler : la liberté du culte, le droit pour les protestants de remplir les charges publiques.

La liberté du culte fut accordée par l'édit de Nantes dans les châteaux des seigneurs hauts justiciers pour eux, pour leurs vassaux et pour tous ceux qu'ils voudront admettre sans limitation de nombre. Les seigneurs bas justiciers, en dehors de leurs vassaux, ne pouvaient recevoir chez eux plus de trente personnes étrangères.

Dans chaque bailliage ou sénéchaussée, les réformés eurent le droit de célébrer leur culte dans deux locaux différents. Enfin le trésor royal devait partout pourvoir aux traitements des ministres, le roi les autorisait en outre à recevoir toutes donations et legs.

Le culte réformé était interdit dans les anciennes villes de la Ligue, qui, par des traités particuliers, avaient stipulé cette exclusion. Il était encore interdit dans les villes où il n'y avait pas de protestants et dans celle où le culte public serait un danger pour la paix publique. En fait, Henri IV alla, pendant tout son règne, au delà de ses promesses et partout où le besoin d'un culte public fut constaté il fut autorisé.

La création des chambres mi-partie assura dans tous les parlements une justice impartiale aux protestants.

Enfin les réformés furent déclarés capables d'exercer tous les emplois civils, comme ils exerçaient de fait de nombreux emplois militaires. Telle fut l'œuvre nouvelle de pacification.

L'Édit rédigé et signé, le plus difficile restait encore à faire, c'était d'obtenir l'adhésion des parlements.

Ce qui sera la gloire de Gabrielle d'Estrées, c'est d'avoir compris la pensée du roi, de s'y être associée et d'avoir été une alliée utile et active. Elle a usé de l'influence qu'elle devait à sa situation et à sa beauté, pour prendre part à la lutte qu'il fallut soutenir et contre les protestants qui étaient insatiables, et contre les catholiques qui n'auraient rien voulu céder. Il ne s'agissait plus pour elle de combattre en allant encourager les soldats par sa présence dans les camps. Son rôle lui convenait mieux, c'était au milieu de la cour, dans la société de l'époque qu'elle recrutait des partisans aux idées de tolérance du roi. Elle apportait à cette propagande une vivacité qui inquiétait les catholiques et dont s'émurent particulièrement les parlementaires. Un jour de décembre 1598, alors que la querelle était la plus chaude, des conseillers qui considéraient comme dangereux pour la sécurité de l'État d'accorder aux protestants le droit de parvenir aux charges publiques, lui demandèrent audience. Le président Séguier porta la parole au nom de tous. La brave fille, que le canon du cardinal d'Autriche n'avait pas effrayée à Amiens, ne se laissa pas intimider par les robes rouges du Parlement. Elle leur ferma la bouche et refusa son intervention auprès du roi dans le sens que lui demandaient ces magistrats. « Elle savait fort bien quelle estait la volonté du roy pour ce regard et qu'il n'en ferait pas autre chose; aussi ne voiait-elle pas grands raisons pour vouloir empescher ceux de la Religion, qui avaient esté bons serviteurs du roi, d'entrer aux États veu qu'il l'avait trouvé bon des ligueurs qui toutefois avaient levé et porté les armes contre Sa Majesté[1]. »

Les parlementaires se retirèrent, et M. le duc de Bouillon qui, depuis que le roi était catholique, avait cru devoir se donner les allures de chef des protestants, vint la remercier des paroles qu'elle avait dites.

Le 25 février 1599, le parlement de Paris enregistra l'édit de Pacification.

Gabrielle d'Estrées est morte quelques semaines après, sans avoir pu jeter un voile sur le scandale de sa vie, en devenant l'épouse légitime du roi. On ne lui a ménagé sur ce passé ni les reproches ni les injures. Son intervention en faveur de la pacification religieuse nous fait tout lui pardonner. C'est sa réhabilitation, c'est l'honneur de sa vie d'avoir aidé Henri IV dans l'accomplissement de cette œuvre de tolérance et de sagesse patriotique.

Arrêtons ces citations qui pourraient être indéfiniment allongées et multipliées sans profit. Aux grands événements historiques aussi l'on peut appliquer l'adage : *Major e longinquo reverentia.* Leur importance, qui échappe si souvent aux contemporains, se discerne à l'épreuve, et se justifie mieux après des siècles de discussion. C'est la conclusion qui s'impose à la lecture des jugements que nous avons recueillis, d'autant plus respectueux et plus équitables qu'ils s'éloignent de 1598.

H. Dannreuther.

1. L'Estoile, *Journal de Henri IV*, décembre 1598.

NOTES BIBLIOGRAPHIQUES

Aucun ouvrage important sur l'édit de Nantes n'a paru à l'occasion de son troisième centenaire. Mais l'édit lui-même a été expliqué et apprécié dans un grand nombre de conférences ou allocutions plus ou moins historiques ainsi que dans des articles de journaux et dans quelques brochures. Dans nos temples de Paris, de Bolbec et d'ailleurs les services religieux du 1er mai lui ont été consacrés; à Marseille ceux du 5 juin; à Luc-en-Diois, Barnave, une conférence sur le même sujet, d'un de nos collaborateurs, M. Émile Gautier, a attiré de nombreux auditeurs, etc., etc.

Déjà, avant le commencement de l'année, M. G. Appia avait fait paraître, *L'édit de Nantes et ses précurseurs, ou deux fêtes de Noël au XVIe siècle*. Cette brochure, de 53 pages in-16 (Paris, Société des Écoles du dimanche), nous parle d'une manière intéressante du chancelier l'Hospital, de Jeanne d'Albret, qui communia pour la première fois suivant le rite protestant à Noël 1560, et de sa fille Catherine de Bourbon, qui passa au Louvre et à la huguenote, malgré son frère, les fêtes de Noël 1598. Cette plaquette, illustrée de quelques portraits, a eu deux éditions et a été largement répandue, surtout dans nos écoles. — Celle de M. Jacques Pannier, *L'édit de Nantes, quelques souvenirs historiques* (21 pages in-16, Fischbacher), est formée de deux articles qui parurent dans l'*Ami de la Jeunesse* des 1er et 15 mai, pour expliquer et analyser un document plus célèbre que connu. — Celle de M. Henry Lehr, dont le nom est aussi familier à nos lecteurs que celui de M. Pannier (*L'édit de Nantes*, 29 pages in-16, Lausanne, Bridel), a été écrite pour en donner aux lecteurs suisses de la *Liberté chrétienne* (15 avril) une appréciation raisonnée. — Enfin, celle de M. R.-C. Benner (*L'édit de Nantes*, 32 pages in-8°, Toulouse, Société des livres religieux) est la rédaction d'une conférence faite à l'Union chrétienne de jeunes gens de Montpellier le 28 mars. — Une conférence d'un caractère plus littéraire a été faite par M. le professeur R. Allier à l'Union chrétienne de jeunes gens de Paris. Elle a paru dans la *Revue bleue* du 28 mai sous le titre de *L'édit de Nantes et les débuts de la Tolérance*[1]. Elle nous introduit, avec force citations, dans la société de Mme des Loges et de Conrart où se rencontrèrent, sous le régime de l'Édit, tous les beaux esprits tant huguenots que catholiques. C'est de ce dernier milieu « intellectuel », large, et où la

1. Et a été résumée dans l'*Aurore* du même jour.

controverse, si âpre au début du siècle, était devenue courtoise, que sortit un beau jour l'Académie française qui tient tant à renier l'esprit de son fondateur.

Dans la presse quotidienne, le premier article dont j'aie eu connaissance est celui de la *Liberté* du 25 janvier 1898. M. P.-Ch. de Villedeuil y prétend que l'édit de Nantes « créait dans l'Etat un État protestant », que la Révocation permettait aux protestants de « pratiquer chez eux leur religion » et que « Louis XV *eut même* « *l'attention de créer pour eux une décoration spéciale* qui n'impli- « quait pas le serment d'orthodoxie des chevaliers de Saint-Louis « et de Saint-Michel ! » Après cela, on ne s'étonnera pas de lire, dans le même article, que « la genèse de l'attentat catholique de « Ravaillac est... dans la parole intransigeante de d'Aubigné, adressée « à Henri IV après celui de Chatel : Comme vous ne l'avez encore « renié que des lèvres, Dieu a permis que vous ne fussiez atteint « qu'à la bouche. Quand vous l'aurez renié de cœur, il en sera au- « trement! » — Un article beaucoup plus sérieux et aussi plus libéral — ce qui n'était pas difficile — est celui que notre collaborateur M. H. Hauser a inséré dans le *Siècle* du 13 avril, sur le *centenaire de l'édit de Nantes*. Il a été suivi, dans le *Journal de Genève* du 17 avril, d'une non moins remarquable lettre de M. le professeur A. Sabatier et a provoqué, dans le *Soleil* du 23 avril, une inqualifiable diatribe d'un M. Charles Maurras. On sait que ce journal est dirigé par un des quarante successeurs actuels de Conrart. C'est peut-être pour cela qu'il accuse les protestants de former encore aujourd'hui « un État dans notre État; et ce petit État, par la force des choses, « *est conduit à trahir le nôtre*. Ses membres tendent, non pas indi- « viduellement, mais en masse, à des desseins antifrançais... Ils « nous refusent la paix religieuse... Prenez garde, messieurs, pourra « leur dire à Nantes M. Hanotaux, que votre procès, le procès des « ennemis publics, ...ne finisse par se régler à coups de fusil ! » C'est sans doute pour cela aussi qu'il a refusé d'insérer, sur la Révocation, l'opinion du duc d'Aumale et du comte de Montalembert que M. R. Hollard prenait la liberté d'opposer aux allégations de M. Maurras et qu'on trouvera, après un article de M. Ch. Frossard, dans le *Christianisme au XIX*[e] *siècle* du 29 avril, et dans le *Signal*, dont le numéro du 26 avril renferme une autre protestation de M. Frank Puaux (ainsi que le *Petit-Comtois* du 16 mai sous la plume d'A. Cadix, etc.). — Mais, si l'on veut se rendre compte du degré de haine et de mauvaise foi où peut atteindre la presse cléricale, il faut lire, dans la *Croix de Reims* du 18 mars, un article intitulé *Le com-*

plot protestant. Après avoir énuméré quelques protestants occupant en France des situations en vue, cet article — anonyme bien entendu — continue ainsi : « Les protestants bien Français sont soumis à « trois influences : l'influence de Berlin qui s'exerce par les protes-« tants originaires d'Alsace ; l'influence de Londres, par les sociétés « bibliques, l'influence de Genève qui dépend elle-même de Berlin... « Nous pensons à la fois à l'allemande et à la protestante. Notre « philosophie est allemande et protestante. C'est Kant et Hegel qui « forment plus ou moins directement nos cerveaux. Et ce virus ger-« manique s'introduit même dans nos institutions catholiques, ce « qui a permis de dire qu'aujourd'hui les meilleurs catholiques sont « des protestants ! »

Des études d'une allure un peu différente, mais en apparence seulement, ont paru, — peut-être pour contredire un confrère, la *Libre Parole* du 21 avril, avouant que « *par l'édit de Nantes, la France donna au monde le signal de pacification religieuse* », — dans deux autres journaux cléricaux, l'*Univers* des 30-31 mai et 2 juin, et les *Questions actuelles* du 4 juin. Cette dernière étude, qui renferme quelques détails intéressants sur ce que le Saint-Siège *exigea* de Henri IV pour prix de son absolution, et qui s'étend surtout sur la célèbre fiction « l'État (huguenot) dans l'État », n'est pas signée. Mais les deux précédentes sont du R. P. Constant, des Frères Prêcheurs. Ce dominicain démontre : 1° que Henri IV n'a pas donné l'Édit avec empressement, ce que personne, que je sache, n'a jamais affirmé ; 2° que l'apaisement et la tolérance ne furent nullement les fruits de l'Édit, puisque Henri IV fut obligé de faire décapiter Biron, et d'autres féodaux (aussi huguenots que Biron, n'est-ce pas ?), et Louis XIII, de combattre les huguenots qui prétendaient garder les places de sûreté que l'Édit leur garantissait. Mais il faut citer ceci : « Que vous en semble de la tolérance de *Henri IV* et de « *Richelieu* ?... La vérité est que ce fut la *vigueur intelligente* de « ces hommes qui en finit avec le mal... et produisit la paix. *Le « premier édit, celui de* 1562, *aurait eu tout l'effet de celui de « Nantes, si l'on eût traité Condé et Coligny comme Henri IV « traita Biron*... Catherine de Médicis... manqua l'heure... Au « lieu de procéder comme Henri IV et Richelieu, qui toujours *exé-« cutaient* et jamais n'*assassinaient*, elle prit le parti de l'*assassinat*, « pour avoir laissé passer l'heure de l'*exécution*[1] ! »

1. Ces paroles ne rappellent-elles pas celles qu'on vient de prononcer (juillet 1898), à la distribution des prix de l'école des Dominicains d'Arcueil : « *Malheur à ceux... qui laissent le glaive s'émousser... le*

Ainsi Catherine de Médicis n'est coupable que d'une chose, de n'avoir pas fait, dix années plus tôt, une sorte de Saint-Barthélemy légale! Et qui est-ce qui donne de pareils conseils? L'ÉGLISE. « L'Église, dit, en effet, la *Revue du Clergé français* (citée par l'*Au-« rore* du 21 janvier), a le droit de régner, non seulement sur les « individus et les familles, mais encore sur les peuples. En d'autres « termes, dans l'ordre spirituel, l'État n'est pas indépendant de « l'Église; l'État a le devoir d'embrasser, de professer et de proté-« ger la religion catholique..., *l'État est subordonné à l'Église...*, « l'État doit user de la loi et du glaive pour le règne social de Jésus-« Christ... L'Église possède, avec le pouvoir doctrinal et législatif, « le pouvoir coercitif qui en est l'accompagnement *nécessaire; elle « a le droit de punir par elle-même, et de peines matérielles, le « fidèle et l'hérétique coupables.* Mais aussi *elle a le droit d'exiger « que l'État mette la force dont il dispose au service des intérêts « spirituels qu'elle a mission de sauvegarder.* » En vérité, quand le troisième centenaire de l'édit de Nantes n'aurait servi qu'à faire paraître au grand jour des théories — historiques et autres — de cette force, il n'aurait pas été inutile.

Dans la presse protestante, le *Signal* du jour de Pentecôte a été consacré tout entier à l'édit de Nantes. Il reproduit les portraits de Coligny, Théodore de Bèze, Claude, Jurieu, Rabaut de Saint-Étienne et des gravures représentant le supplice d'Anne Dubourg, le port de La Rochelle et le temple de Charenton. — Une série de paragraphes sont intitulés : *Les principes, avant l'édit de Nantes, Anne Du Bourg, la prise d'armes, Coligny, après la Saint-Barthélemy, l'édit de Nantes*, etc. Ce numéro a été tiré à 35,000 exemplaires. — Les 16 pages de l'*Étendard évangélique*, supplément à l'*Éclaireur* du 15 juin, sont aussi consacrées à l'Édit. — Dans la *Revue de Droit et de Jurisprudence des Églises protestantes* de juin, notre ami, M. Armand Lods, a écrit sur l'Édit un article juridique plus développé que celui qu'il avait précédemment inséré dans le *Témoignage*. — La *Revue de Bordeaux et du Sud-Ouest* du 15 juin renferme, de M. Eug. Moutarde, à propos de l'édit de Nantes et de sa révocation, une statistique, d'après les registres des Églises huguenotes de Dublin, « de la part fournie par les provinces de *Poitou, Saintonge et Guyenne* à l'émigration pour cause de religion ». — Enfin notre collaborateur, M. César Pascal, vient de faire paraître, dans l'*Église libre* du 15 juillet, une critique de l'édit de Nantes.

« pays... les rejettera flétris pour n'avoir pas su vouloir — même au prix « du sang — le défendre et le sauver! »

Quant aux Fêtes de Nantes, proprement dites, elles ont été « reportées » généralement avec exactitude ou même avec sympathie, non seulement dans tous nos journaux protestants religieux, mais encore dans la presse locale et générale, à une ou deux exceptions près, que je signalerai. A Nantes même, le *Phare de la Loire*, le *Petit Phare* et le *Populaire* du 1er juin au 4 et 5 juin ont donné, chaque jour, de longs résumés des réunions tenues dans le temple et ailleurs. Ce dernier journal, du 1er juin, avait même commencé par donner une excellente appréciation de l'Édit.

A relever aussi les correspondances du *Signal* du 2 au 6 juin, celles du *Christianisme au XIXe siècle*, du 3 et du 10 juin [1], celles du *Bulletin évangélique de l'Ouest* du 1er et du 15 juin [2], ainsi que du *Progrès religieux de Genève* des 4, 11 juin et 2 juillet, de l'*Evangéliste* des 10 et 17, et surtout les lettres de M. le professeur A. Sabatier au *Temps* des 1er, 2 et 5 juin et au *Journal de Genève* du 5 juin, celle (de M. R. Allier) au *Siècle* du 5 juin, quelques notes dans les *Débats* du 4 juin, l'*Aurore* des 5 et 8, la *Vie Moderne* du 26, etc. — Même le *Figaro* du 4 juin, sous la plume de J. Cornély veut bien approuver l'Édit, déplorer sa révocation, et louer la tolérance. Mais dans l'*Événement* du 9 juin, M. Camille Le Senne déclare que « la liberté de conscience ne doit pas grand'chose à l'édit « de Nantes... C'était si bien un acte politique — comme tel destiné à « contenir et en même temps à mécontenter tous les partis — qu'à la « fureur des catholiques répondit la dédaigneuse mauvaise humeur « des protestants... La révocation de l'Édit fut un malheur public, « une honte politique, une jacquerie militaire, un désastre écono- « mique... Mais, en bonne justice, ce n'est pas le centenaire de l'édit « de Nantes que devraient célébrer nos réformés, mais celui de la « publication de l'*Esprit des Lois*. » — L'*Univers* tient à garder le record de la haine vipérine. Dans le numéro du 7 juin, M. E. Tavernier voudrait faire croire, sans doute parce qu'il prend son mot d'ordre à Rome, que les protestants vont chercher le leur à Berlin. A côté de cet épanchement fielleux, la glorification de la Révocation par M. Léon Cros dans le *Peuple français* du 10 juin, paraît un peu fade, et l'on se demande ce qu'il a voulu dire en s'écriant : « La tolé- « rance protestante, en voilà un carcan ! On peut dire, à la lettre,

1. Le premier de ces deux numéros renferme la péroraison du sermon de M. le pasteur Couve et un article spécial de M. E. Doumergue.

2. Ce dernier journal signale des articles dans la *France du Sud-Ouest* et la *Petite Gironde*. Je ne connais que ceux du *Mémorial* et de la *Gazette des Deux-Sèvres*.

« que toute la politique de ces trente dernières années, au dedans « comme au dehors, est d'inspiration protestante. Sur ce sujet, « M. Thiébaud a écrit des choses D'UN RELIEF PUISSANT ! »

Peut-être trouvera-t-on que nous attachons trop d'importance à la mauvaise humeur de ceux qui, pas plus en 1898 qu'en 1598 ne signeraient l'édit de Nantes. Ce qui montre bien pourtant que toutes ces citations concordantes caractérisent un état d'âme qui a déjà envahi certains milieux dirigeants, c'est qu'un journal très répandu et d'opinion conservatrice, comme l'*Illustration*, a cru devoir y aller de son petit « filet de vinaigre ». Oyez plutôt M. Jean-Paul, dans le numéro du 11 juin :

« ... Certes, rien de plus légitime, rien de plus naturel en soi que « la commémoration d'un fait historique de haute importance. Mais « il est des manifestations qui, contre le gré de leurs promoteurs « sans doute, prennent je ne sais quel air de croisade où les pieux « chevaliers partiraient en guerre, comme don Quichotte, contre « des moulins à vent.... La liberté religieuse règne chez nous, Dieu « merci ! Toutes les confessions y jouissent de droits égaux, et je « ne pense pas que personne songe sérieusement à rouvrir l'ère « des persécutions. Alors à quoi bon proclamer en grand apparat « des principes qui ne sont plus en péril ni même en discussion ? « Cette démonstration platonique serait d'ailleurs sans inconvé- « nient, si elle ne risquait de provoquer un mouvement en sens « inverse. Il n'est point si téméraire, en effet, de présumer qu'elle « pourrait suggérer à quelques catholiques intransigeants, ou plutôt « à quelques « fumistes », l'idée de commémorer la révocation de « l'édit de Nantes et de fêter l'anniversaire de la Saint-Barthélemy. « — Nous avons déjà parmi nous trop de sujets de discorde ; il est « inutile d'aller en chercher encore d'autres dans les éphémérides « du calendrier. »

Ainsi tout ce qu'on a lu plus haut ne tend nullement à « rouvrir l'ère des persécutions ». Et si quelqu'un trouble la paix, ce sont ceux qui commémorent un traité de paix tel que l'édit de Nantes. Rappeler la tolérance qu'il recommandait, c'est préparer — pour 1972 et 1985, — la glorification de la Saint-Barthélemy et de la Révocation ! Après cela, je pense qu'on peut « tirer l'échelle ».

N. WEISS.

Le Gérant : FISCHBACHER.

5418. — L.-Imprimeries réunies, B, rue Saint-Benoît, 7. — MOTTEROZ, directeur.

TABLE

5418. — L.-Imprim. réunies, B, rue Saint-Benoît, 7. — MOTTEROZ, direct.

www.ingramcontent.com/pod-product-compliance
Ingram Content Group UK Ltd.
Pitfield, Milton Keynes, MK11 3LW, UK
UKHW022055260726
13993UKWH00001B/120

9 782019 990022